문예신서
321

도미니크 이야기

아동 정신분석 치료의 실제

프랑수아즈 돌토

김승철 옮김

東 文 選

도미니크 이야기

FRANÇOISE DOLTO

Le cas Dominique

차 례

제 I 부 임상 이야기 ——————————————— 7

어린 시절부터 비현실적인 한 소년에 대한 열두 번의
정신분석 치료 상담 ————————————————— 9

— 첫번째 상담: 6월 15일 ———————————————— 15
— 두번째 상담: 6월 30일 ———————————————— 45
— 세번째 상담: 10월 18일 ——————————————— 61
— 네번째 상담: 11월 16일 ——————————————— 71
— 다섯번째 상담: 1월 4일 ——————————————— 99
— 여섯번째 상담: 1월 18일 —————————————— 119
— 일곱번째 상담: 3월 1일 ——————————————— 129
— 여덟번째 상담: 5월 1일 ——————————————— 135
— 아홉번째 상담: 5월 25일 —————————————— 145
— 열번째 상담: 6월 7일 ———————————————— 155
— 열한번째 상담: 6월말 ———————————————— 187
— 열두번째 상담: 10월말 ——————————————— 203

제 II 부 두 형제의 관계와 이상적 자아의 도착적 역할 —— 217

제 III 부 정신질환자의 정신분석에서 만남,
인간 상호간의 의사소통과 전이 ———————— 233

부록: 오이디푸스와 관련된 성의 발달 과정에서 개인 심리 심급의
프로이트 이론에 관한 해명. 신경증과 정신병 ──────── 271

색 인 ──────────────────────────── 308

제I부
임상 이야기

어린 시절부터 비현실적인 한 소년에 대한 열두 번의 정신분석 치료 상담

치료 관행과 이론적 성찰

정신분석 치료에 있어 임상의 기록은 치료 상담의 관행이라는 측면에서 본다면 매우 드문 일이다. 프로이트가 자신의 사례에서 빌려 온 몇 가지 구두·필사 자료——아동 정신분석에 대해서 한스와 늑대인간이 생각난다——는 이론적 추론과 함께 우리에게 상당한 도움이 되었다. 그는 거기에서 우리의 개인적 성찰과 정신분석가 교육의 비평에 문을 열어주었다.

오늘날 우리는 수백 가지의 상담에서 뽑아낸 매우 짤막하거나 세부적인 짧은 기록들을 많이 읽는다. 그것은 전이와 역전이에 관한 기술적 탐구나 토론을 정당화하는 데 자주 사용하는 담론·꿈 또는 행동에 관한 짧은 기록들이다. 그러나 임상가들은 이러한 짧은 기록들을 선택하는 이유에 대해 혼란스러워한다.

게다가 나는 치료 작업에서 다른 정신분석가들의 도움이 이러한 특수한 작업에 있어 상당히 유리하게 작용할 수 있다고 항상 생각해 왔다. 다시 말해 이는 피분석자가 자신의 무의식으로부터 표현하는 모든 것을 가장 정확하게 청취하고 가장 깊이 존중하는 가운데서 그 의미를 찾는 우리의 방침에 관해 해명해 줄 수 있다. 따라서 청취자 쪽의 무의식적인 수용에 대한 비평이 가능하게 되었고, 또한 우리 자신의 역전이가 항상 우리에게 감추는 진실 속에서 정신분석적 만남을 복원하는 것이 가능하게 된다.

나는 진료에서 이러한 작업 방식(입회인들과 함께하는)은, 보조자의 존재가 자발적으로 주의를 기울이거나 수용하는 데 있어 내 자신을 거북하게 했던 때를 제외하고는 나와 함께 정신분석 치료를 받는 환자를 불편하게 만들지 않는다는 것을 알았다.

보조 정신분석가들이 참여한 이러한 상담들에서, 그들 중의 한 사람은 환자와 분석가 양쪽에서 나눈 모든 말들을 기록한다. 아동들의 데생은 그들 앞에서 상담 동안에 내가 제작했던 모형의 연속적인 크로키들과 함께 보존되었다. 기록계 여비서의 역할은 하찮은 것으로 보이지만 나중에 비평하는 데 매우 유용하다. 환자와 의사의 무언극(동시에 행해진 무의식적 몸짓과 행동)에 대해 말하자면, 그것은 모두에 의해 완전히 관찰될 수 있다. 보다 정확한 비평적 이해는 이처럼 계속된 상담들의 차후 연구에서 생겨난다.

이와 같은 정신분석적 '만남' 의 변형된 기법에서 전이의 반응은 종종 뚜렷하게 전이를 왜곡시키는 병행 참석이나, 그보다도 오히려 감정적 요소들(다른 보조자들의 참석과 청취)과 함께 고려되어야 한다. 정신분석가의 개입 시에 공공연하게 그 점이 참작된다.

병원 진료에 참석했던 모든 사람들은 거기에서 어떤 교훈을 끌어낼 수 있고, 이러한 참여가 약간의 개인적인 역전이의 반응과 더불어 분석가와 분석의 탈신화화를 어떻게 허용했는지 알게 된다. 그들은 분석적 만남에서 항상 문제가 되는 분석가와, 잔존하는 나르시시즘의 여러 가지 양상을 토대로 거기에서 어떤 개인적인 경험을 끌어내는지 안다.

불행하게도 이런 기법은 작업상의 비밀을 배려해서이거나 여러 가지 저항을 이유로 해서 일반화될 수 없다. 우리는 종종 확고한 선택을 통해서, 또 한편으로는 우리에게 역전이를 허용하기도 하고 다른 한편으로 방해하기도 하는 나르시스적 이유들로 인해서, 수정되고 매우 요약된 이야기로 한정된다. 그리고 우리의 작업 경험들을 있는 그대로 전달하는 문제가 항상 남아 있다.

내가 하나의 사례를 총체적으로 작성하는 것이 흥미있는 일이라고 판단했던 것은 정신분석 탐구에 기여하기 위함이다. 다소간 전보 문체로 상세하게 적어둔 자료는 단순히 전서만 했을 뿐이다. 나는 환자의 담론과 동시에 모형의 연속적 상태를 '크로키했다.' 나에게는 익숙한 이러한 처리 방식은 거의 자동적이고 '떠도는' 내 주의력을 발산시켰다.

여기서 나는 공중 입원 진료에서 다룬 사례를 보고하지 않았다. 다수의 참석자들에 대한 전이의 특수성은 문제를 보다 심각하게 만든다. 그래서 나는 의학-교육센터 진료 시에 '두 사람의 대화'에서 관찰한 사례를 출판하고 싶었다. 내가 그런 사례를 선택했다면, 그것은 그 사례를 읽는 데 너무 지루하지 않게 하고 어떤 것도 삭제하지 않은, 다시 말해 독자에게 진실한 자료들을 제공하도록 해주는 상담 횟수를 제한하기 위한 것이었다.

이 사례와 이어진 왕진 사례 사이의 차이는 상담 비용이 정신분석가가 아니라 무료진료소의 금고에 지불되었다는 것이다(우리는 나중에 기차표의 환상을 통해서 이러한 지불 방식이 어떻게 전이 속에 새겨지는가를 보게 될 것이다. 거액이 개찰구를 통해 영수증을 주었던 한 여비서에게 건네졌다). 회합과 상담의 템포는 환자와 가족과 나 사이의 합의로 조절되었다. 상담이 잘못되었을 때는 비용을 받지 않았다. 나는 누락된 상담이 환자 자신으로 인해 생겨난 것이 아니라 그와 함께 왔던 사람이나, 상담하기로 예고되었던 날과 일치하는 짧은 휴가 때문이었다는 점을 말해야겠다. 유일하게 한 번 상담 날짜를 바꾼 것은 나의 개인적인 사정 때문이었다.

이 사례의 선택에 관해 독자는 아마도 실제적인 사건들 중에서 매우 특이한 상담이었다고 생각할 터이지만 그 생각이 잘못되었다는 점을 깨닫게 될 것이다. 각자는 신경증 환자든 아니든 자신의 이야기 속에 많은 특별한 사건들을 가지고 있다. 정신분석적으로 중요한 것은 이러한 사건들이 아니다. 다시 말해 주체의 발달을 구조화하는 무의식적 역동성 속에서 우리는 그 점을 이해하게 될 것이다. 그것은 진행중인 충동적·인격 논리적 구성으로 인해 주체가 거기에 반응을 보이는 방식이다. 가족 사이에서 체험한 사건들은 주체가 그런 사건들 때문에 리비도 발달의 여러 단계와 인간화의 거세에서 벗어났을 때에만 외상적 의미를 가졌다.[1] 장차 읽게 될 이 사례에서 형성중인 인격의 심급은 부모의 주변에서 그에게 불안을 불러일으켰던 손상을 입히는 무기력에 대해 인간적 상징화의 특성인 최소한의 말이나 몸짓의 지원도 받지 못했다. 반대로 가족과 사회의 주변에서 근본적인 현실의 가치를 지녔던 것은 그의 불안인데, 이 불안은 그에게 불안의 고통-이미지임과 동시에 타인의 말없는, 몸짓 없는 이미지이다.

---

1) 바라건대 이 말은 문맥 속에서 밝혀질 것이다. 나는 모든 인간 존재가 성장하면서 자신의 욕망에 비해 참기 어렵지만 필요 불가결한 규제를 만난다는 것을 말하고자 한다. 이러한 제한된 현실은 실재적·상상적 고통과 신체의 절단감과 불안을 가져온다. 그 결과로서 주체에게 구조화된 몸의 이미지 수준이나 동시에 그 주체가 자기 주변에서 조우하는 반응과 언어의 수준(언어 활동, 행동, 말과 거기에 수반된 불안)에 따라 질환성 퇴행이나 진전(문화적·사회적 승화)이 일어난다. 이러한 과정들은 거울 단계 이전에 매우 상이하다. 왜냐하면 그때 아이는 자기 얼굴의 존재를 알지 못하기 때문이다. 정신질환자의 병리학은, 나에게는 그렇게 보이는데, 자기 몸에 대해 말하기 전과 관찰 전의 경험에 관련된다. 도미니크 사례가 그러하다.

만일 이 작업이 비평적·건설적인 성찰——나의 입장에서 보면 논쟁은 정신분석 비평의 영역을 벗어나 있다——을 가져올 수 있다면, 내가 한 일이 헛된 것은 아닐 것이다.[2]

---

2) 직업상의 비밀을 고려하여 인명과 지명을 고쳐 쓰는 일은 불가피했다. 그러한 변경 내용은 환자에 대한 의미 연상의 가치를 변질시키지는 않는다.

첫번째 상담: 6월 15일

제1부
어머니의 면담

어머니와 함께 온 도미니크를 맞이하고서, 나는 그를 대기실에서 모형과 데생을 준비하도록 한다. 벨 부인은 나와 함께 남는다.

도미니크 벨은 진단을 받고 위탁 권고가 필요해서 우리에게 소개된 열네 살의 남자아이다. 1년 전에 사춘기에 접어든 이 소년은 오래전부터 매우 비정상적으로 학교 생활을 해왔다. 그는 2년 전부터 특수교육 학교에 다녔는데, 거기에서는 별로 진전도 없었고, 전형적이긴 하지만 그의 행동은 더 악화된 것처럼 보였다.

몇 해 전부터 계속 그를 지켜보았던 의료 · 교육 무료진료소 의사는 그를 단지 박약아로만 보았다. 그러나 그가 사춘기 이후부터 정신분열증으로 진행되지 않을까 걱정했다. 그것은 최근에 학교에서 경험했던 사람들의 인상이기도 하고, 내가 처음 받았던 인상이기도 하다.

도미니크는 초등학교 9학기를 세 번 다녔다. 그런 이후에 그는 이 특수학교에 들어갔는데, 거기서 수업을 방해하지 않았지만 아무런 진전이 없었다. 그는 그리기에 열중했다. 여기에 **전형적인 데생**의 표본이 있다. 그것은 여러 해 전부터 동일하게 그린 비행기, 자동차(이전에는 배) 같은 기계 엔진들이다. 그것은 표현 기법으로 보면 모노블록 모양을 하고 있고, 거의 항상 동일한 페이지 위에 양반대 방향으로 그려져 있다. 데생 중의 하나는 페이지 상단에, 다른 하나는 페이지 하단에 그려져 있다. 도미니크는 **전형적인 모형도** 역시 만들었는데, 그 견본이 여기 있다. 그에게 있어 그것은 '**인물들**'이었다. 그것은 넓은 면적을 차지하고, 가장 작은 것도 길이가 40센티미터나 된다. 그는 짐짓 조심스럽게 그것을 구운 마카로니처럼 바꿔 놓는다.

도미니크는 자기 또래의 모습을 지니고 있다. 마르지 않았지만 몸통은 작고 팔다리가 길며 갈색머리이다. 매우 촘촘하고 숱이 많은 짧게 깎은 머리에, 이마는 매우 낮고 입술 주변에는 벌써 솜털이 나 있다. 그는 똑바로 서 있지 않고 약간 건방져 보인다. 또한 전형화된 듯한 웃음을 띠고 마치 변성되지 않은 것처럼 아주 높은 이중음조의 '알랑거리는' 목소리를 지녔다. 그는 마치 뒷발로 걸어가려고 일어선 개가 앞발로 그렇게 하는 것처럼, 팔꿈치를 굽히고 손을 늘어뜨린 채 자기 어머니를 따라왔다. 이 소년은 시간과 공간 속에서 방향을 완전히 잃어버렸다. "저 아인 어머니가 시킨 잔심부름을 하기 위해 길거리 한 바퀴 도는 것도 할 수 없고 혼자 생활할 수도 없어요. 누군가가 지적하지 않으면 너무나 방심해서 잠옷을 입고 외출하거나, 겨울에 외투를 입은 채 집에 있고, 식사 시간에 벙어리장갑을 끼고 있기도 했어요." 반쯤 눈을 감은 채 수수께끼 같은 웃음이 그의 경직된 얼굴 위에 떠돌고 있다.

도미니크는 2년 전부터 항상 형과 함께 같은 학교를 다녔는데, 어느 날 형이 방심한 탓으로(이런 일은 그에게 단 한 번밖에 일어나지 않았다!) 길을 잃고 매일 타고 다니는 미슐린과는 다른 기차를 탔다. 그래서 그는 지방의 어느 도시인지도 모르는 곳으로 갔다가 온종일 가

어머니가 가져온 데생
(CEM(표시연구센터)에 아이가 오기 전에 만든)

1

치료 이전의 상투적인 데생

2

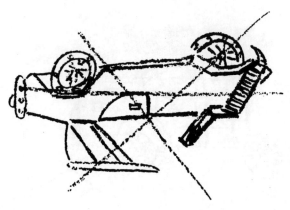

트론 전시회장의 유령열차.

치료 이전의 상투적인 모형
(항상 매우 크게 차지한 표면)
높이 40센티미터

3

녹색이 주조를 이루는 점토.

족들을 불안하게 만들고 하루가 지나서야 혼자서 집으로 되돌아왔다. 그는 학교가 파하고 교사가 제지하지 않으면 아무나 따라갔다. 그 자신은 이유를 알지 못하는 듯했다. 게다가 나중에 보겠지만, 그는 말을 하지만 질문에는 대답하지 않는다. 그는 읽는 법을 배웠는데, 우리는 나중에 그 방법을 알게 될 것이다. 그것이 거의 전부이다. 계산에 관해서 계산 능력 장애자를 위한 가장 잘 계발된 교육에도 불구하고 그는 전혀 그것을 이해하지 못했고, 그로 인해 강박에 사로잡혀 의식적이지만 그만큼 쓸데없이 구구표를 반복해서 외웠다. 어머니는 때때로 그가 정말로 뭔가를 배우려는 악착스러움을 보여주고는 아무것도 기억할 수 없어 절망한 채 다른 사람들에게 내맡겨 버린다고 말한다.

그는 친구도 없고 적도 없다. 집에서는 작은 자동차를 가지고 조금 놀지만 실제적인 것에는 전혀 몰두하지 않는다. 그렇지만 어머니가 말하는 것처럼 그렇게 손재주가 없지는 않은 모양이다(?). 왜냐하면 그는 특히 그리기를 매우 좋아하기 때문이다. 그는 짜깁는 기다란 끈들을 모형으로 만들기를 좋아한다. 어머니가 말했듯이, 1년 전부터 비록 성기에 대한 어떤 수줍음이나 호기심을 갖고 있지 않은 것처럼 보이지만 "그 아이는 사춘기로 인해 시달렸을 것이다." 그러나 그것은 그녀가 덧붙였듯이 '어머니의 인상'이다. "이 아이는 독서를 좋아하고 분명히 많은 상상력을 가졌다는 것을 믿게 하기 위해서 얼마 전부터 이 아이가 지어낸 이야기들을 들려줘요. 우리는 그를 즐겁게 하기 위해 그의 말을 경청하거나, 아니 그보다는 오히려 이 아이가 말하는 즐거움을 갖도록 하기 위해 그런 체하지만 전혀 그 말을 이해하지 못해요." 사실상 그는 상상적 이야기를 꾸며내기보다는 헛소리를 한 것이다.

도미니크는 삼남매 중 둘째이다. 큰아이는 폴 마리라는 남자애인데 그보다 2년 6개월 먼저 태어났고, 셋째딸 실비는 그보다 2년 9개월 늦게 태어났다. 도미니크가 2년 전부터 다니는 학교에서 가져온, 내가 갖고 있는 문서에는 이 아이가 조용하고 유순하며 착하지만 아무 재주가 없다고 기록되어 있다. 다시 말해 사람들은 그에게 동정이 간다고 말하고 있는 것이다.

어머니는 도미니크가 신체적으로는 매우 건강하다고 주장한다. 형과 여동생이 여러 가지 소아 질병을 심하게 겪었던 데 비해 그는 그런 것을 매우 가볍게 치러냈다. 그는 아무거나 잘 먹었고 나쁜 기후에도 잘 견뎠다.

또한 학적부에는 여동생이 태어나기 전까지 신체상으로나 성격적으로 매우 건강했는데, 여동생이 출생할 당시에 그는 매우 심한 질투(사람들은 현재의 행동 장애를 이런 질투의 반응 탓으로 돌린다)를 보였던 것으로 나타난다. 여동생이 태어나기 전에 아주 일찍부터 집 근처에 있는 적극적인 몬테소리 유치원에 맡겨졌을 때, 그는 그곳에서 매우 환영을 받았고 즐거워했다. 그러나 조부모 집에서 지내고 난 두 달 후, 여동생이 태어났을 때 이 학교는 더 이상 그를 받아들이려 하지 않았다. 어머니는 나중에 시험 삼아 여러 유치원에 넣어 보았으나 아무 곳에서도 그를 받아들이려고 하지 않았다.

다음은 어머니의 이야기를 통해 확인한 세부 사실들이다. 조부모의 집에서 돌아온 도미니크는 어떤 아기가 자신의 유아용 침대를 차지하고 있는 것을 발견했다. 그는 조부모 집으로 떠날 때까지 부모의 방에 있는 그 침대에서 잠을 잤던 것이다.

그는 이제 형의 방 안에 있는 성인용 침대에서 자게 되었다. 그는 이 점에 대해서는 아무런 내색도 하지 않았지만 어린 여동생이 젖을 빠는 것을 보고는 매우 심한 불안 반응을 보였다. 그는 여동생이 '엄마를 먹는' 것을 보지 않으려고 하면서 젖에서 여동생을 떼어 놓았다. 그는 다시 자기 몸을 더럽히기 시작했다. 유뇨증은 거의 계속되었고, 밤에 대변 실금도 있었다. 낮에 이 아이는 바지에 오줌을 누고 대변을 보았다. 유치원에서 그를 거절했던 것도 이 때문이었다. 조부모 집으로 떠나기 전에는 그도 집안에 매우 잘 동화했었다. 집으로 돌아와서 그는 사방을 더럽혔고, 성가시고 불안정하며 공격적이었다. 그래서 이 아이는 집에 남아 있게 되었다.

이듬해 여름에 그는 어머니, 형, 그리고 여동생과 함께 외조부모 집으로(이번에는) 갔다. 거기에서 보낸 여름은 끔찍했다. 대항하고 성내고 분노를 터뜨리는 발작이 계속되었다. 이러한 발작은 그 심각성으로 인해 어머니를 불안하게 만들었다. 항상 자기 자신을 해칠까 그를 보호하고 또한 여동생을 보호해야만 했다. 한동안 무언증과 불면증을 보였다. 사태는 집으로 돌아와서야 나아졌다. 그는 집에 남아 있었고 수월해 보였다. 여섯 살이 되어 의무적으로 그를 초등학교에 보내야 할 때가 왔다. 당시에 그는 사람들과 접촉을 하지 않았고 공격적이지도 않았지만, 자기 공책을 더럽히고 어머니가 그에게 대소변을 가릴 수 있게 했는데도 다시 바지를 적시면서 극도로 불안정해 보였다. 몇 달이 지나고, 이러한 부적응을 겪고 난 후 여자 담임교사는 처음으로 그를 파리의 한 병원에서 유아 신경정신병 진찰을 받게 했다.

이 아이는 정신공학 검사와 여러 가지 다른 검사, 그리고 **EEG**(뇌파) 검사를 받았는데, 거기에서는 아무런 병인을 밝혀내지 못했다. 의사는 그를 흥분시키고 까다롭게 만들었던 약제를 처방했고, 그때까지 그는 불안정하긴 했지만 매우 상냥했다. 그래서 한 여자 정신분석가에게 정신요법을 받아보기로 결정했다. 그는 1주일에 두 번씩 6개월 동안 이 치료를 받았다. 그래서 오래전부터 있어 온 질투가 드러났고, 이러한 질투는 오랫동안 임상학적으로 관찰될 수 없는 것이었다. 그에 따라 어머니는 그 점에 관해 충분히 이야기해 주었다. 어머니는 그 당시에 일어났던 모든 일과 두 살 반과 세 살 사이에 아이의 행동들, 그녀가 때마침 분위기의 변화와 성장에서 비롯된 일시적인 피로의 탓으로 돌렸던 모든 것을 기억해 낼 수 있었다. 어머니는 처음에는 질투를 알아차릴 수 없었던 만큼, 성격 장애와 여동생의 탄생을 연결지어 살펴볼 수 없었다.

그 정신분석가 덕분에 어머니는 자신의 아이가 거쳤던 시련기를 이해했고 아주 잘 알아보게 되었다. 어머니는 오늘도 여전히 연민에 젖어 그 얘기를 했다. 그러나 어머니는 필요로 했던 것이 바로 '그것'(정신 치료요법을 의미한다)이어야 했는지 의아하게 생각한다. 왜냐하면 결국 호전된 것이 없었기 때문이다. 이 소년은 치료 전이나 치료 후나 매우 상냥했다. 그의 정신 수준은 괜찮은 것 같았다. 자기 생각을 잘 표현했던 아이였다. 단지 그는 사교적이지 못했다. 학교를 싫어했고, 항상 유뇨증을 보이고 어떤 것에도 몰두하지 못했다. 꿈꾸거나 수동적인 그는 다른 사람을 방해하지도 않고 만나는 것도 거부했다.

아무런 호전도 가져오지 못했던 이러한 정신 치료요법을 한 지 6개월이 지난 후, 그 정신분석가는 치료를 중단해야겠다고 말했다. 그리고 상태는 차츰 변할 것이며, 그에게 여동생만큼 사랑받았다고 확신시켜 주고, 그들을 '똑같이' 대하고, 그를 학교에 다시 보내라고 말했다. 그게 전부였다.

그래서 그는 읽는 것을 배우지 못하고 별다른 교제도 없이 여섯 살에서 일곱 살, 그리고 일곱 살에서 여덟 살까지 첫번째 2년 동안을 초등학교에서 보냈다. 그는 얌전했고 바깥세상을 두려워했다. 학교에서는 다른 아이들과 떨어져 있었다. 집에서는 여동생이 해왔던 모든 발전에 대해 가족들이 반복해서 하는 감탄을 그도 기꺼이 함으로써 여동생에게 매우 '상냥' 했다. 그 정신분석가는 또한 어느 정도 시간이 지나고 나서야 상태가 좋아지게 됨으로, 필요하다고 생각되면 그를 시골에 보내라고 충고했다. 그 아이가 동물들을 매우 좋아했기 때문이었다. 학업에 실패하자 이 충고를 떠올리면서 부모는 페르피냥 지역에 있는 조부모 집에 도미니크를 1년 동안 보내게 되었다. 거기에서 고모의 아이들을 보게 된다. 그는 그곳에 매우 만족했고 아주 행복해했던 것으로 보였다. 여덟 살이 되어 그가 집으로 돌아왔을 때 그는 읽을 줄도 알았다. 그러나 집에서 그가 없는 사이에 많은 발전을 했고 이번에 학교에 가는 여동생을 발견하게 된다. 도미니크는 할 줄 알았던 읽기를 못하게 된다. 어머니는 그가 더 이상 혼자가 아니고 여동생과 있게 되자 질투로 고통을 겪게 된 것을 확실히 이해하게——그녀는 그렇게 주장한다——되었다. 그녀는 그 정신분석가가 해주었던 충고를 상기하면서, 그리고 여동생이 그보다 더 사랑받지 않았다는 것을 보여주기 위해 최대로 귀여워해 주면서 그녀가 할 수 있는 범위에서 그를 보살폈다. 그러나 학업은 아무런 성과가 없었다. 그래서 어머니는 그를 위해 초등학교에서 이해심 많은 여교사를 찾았다. 이 교사와 함께 있으면서 그는 차츰 다시 독서를 할 수 있었고, 이러한 독서 지식 덕분에 여덟 살부터 열두 살까지의 4년 동안 역사와 이야기 책 속에 빠질 수 있었다. 그러한 책 읽기가 그의 유일한 독서이기도 했다.

그의 성격은 여덟 살 때부터 바뀌지 않았다. 누군가가 그를 위해 모든 것을 해주어야 하고, 자신에 대해 아무런 걱정도 없이 방심한 것을 제외하고는 항상 유순한 아이이다. 극단적인 경우에는 먹고 입고 씻는 것도 잊어버린다. 전혀 기억하지 못하고 유뇨증을 보이는데, 이것은 매우 불편하게 한다. 확실하지 않지만, 유뇨증이 여덟 살 때 할머니 집에서는 문제가 되지 않았던 것 같지만 "그는 시골에 살고 있었다." 그는 이해할 수 없는 이야기를 중얼거리면서 혼자서 놀았다. 그리고 그 이야기가 그를 매우 즐겁게 하는 것 같았다. 그는 겁주는 것을 좋아하고 시트 천을 가지고 '유령으로' 변장한다. 그러나 사람들이 더 이상 그에게 주의를 기울이지 않으면 그는 진짜 겁을 주지 못했다고 매우 실망하는데, 사람들은 그를 즐겁게 하려고 종종 겁내는 체했다. 그는 악몽을 꾸지 않고 잘 잔다. 음식 문제는 별로 신경 쓸 것이 없다. 무언증, 불면증, 그리고 완전한 요실금이 겹친 최근의 심한 장애가 있었던 시기에도 그것이 문제되지 않았던 것 같다. 그는 어머니가 접시에 담아주는 것이 무엇이든 아무 생각 없이 깨끗이 먹어치운다.

어머니는 그가 '의사들이 공포증이라 부르는 것,' 즉 까닭 모를 두려움을 갖고 있다고 말한다. 예를 들면 자전거에 대한 공포이다. 그는 전혀 거기에 접근하지도 않고 그것을 타보려고도 하지 않는다. 그는 또한 말 타는 것에 두려움을 갖고 있다. 그가 겁에 질리면 자기 어머니에게 달라붙어 앞으로 가거나 뒤로 물러나려 하지 않는다. 그러나 그 지방의 축제에서 그는 유령열차에 반했다. 거기에 넋을 잃고 있었고 전혀 겁을 먹지 않았다. 어머니는 그가 또한 이상한 버릇을 지니고 있다고 한다. 항상 똑같은 아무런 의미도 없는(어떤 의미인가?) 제스처이거나 아니면 오히려 편집증에 가깝거나 이상한 행동 같은 것들이다. 어떤 물건들은 자리를 바꿔서는 안 되고 옷장 속에 속옷을 빨지 않은 채 넣어야 한다. 그는 자신의 양말과 내의가 물 속에 들어가는 것을 무서워한다. 그는 그런 것들을 갈아입는 것을 기꺼이 받아들이지만, 다음 주에 다시 입기 위해 더러운 내의가 곧장 정돈되기를 원한다. 그는 혼자 목욕하는 것에 까닭 모를 공포를 갖고 있지만, 손과 얼굴을 씻는 것에는 그런 두려움 갖고 있지 않다. 손이나 얼굴을 씻기 위해 아직도 어머니의 도움이 필요하다.

도미니크는 계산이나 비율에 대한 개념을 전혀 갖고 있지 않다. 예를 들면 그는 크고 부피가 있는 어떤 물건을 큰 상자나 작은 상자에 구별 없이 넣을 수 있다고 생각한다. 그는 형태와 크기로 상자 안에 그것을 넣을 수 있는가 없는가 하는 것을 이해하지 못한다. 그는 돈의 가치에 대한 개념도 역시 갖고 있지 않다. 그는 논리적인 구조화를 지니고 있지 않다. 그가 유일하게 잘하는 것은 그리기이다. 그가 그린 선은 훌륭하다. 재현된 대상(항상 동일한)은 알아볼 수 있다. 그래서 그의 부모는 나중에 '데생에서' 직업을 가질 수 있기를 원한다.

그를 보았던 의사들——그는 진찰에서 많은 뇌파 검사를 받았다——, 그를 주의 깊게 관찰했던 의사들, 최근에 두 번 연속으로 검사를 받았던 무료진료소(사회보장)에서처럼 모든 사람들은 어머니에게 똑같은 말을 했다. 이런 경우는 이해가 되지 않는다는 것이다. 의사들은 소년의 사춘기와 함께 열한 살이나 열두 살경에 '좋아질 것'이라고 예상했다. 그런데 열두 살과 열세 살 사이의 여름 동안에 유뇨증만은 멈췄다. 사춘기가 되었던 것과 동시에 어머니는 침대 시트에 얼룩을 통해 그것을 알아보았다. 그러나 이 소년은 그것에 관해 전혀 생각하지 않았다. 그는 결코 수음을 하지 않았다. 모든 의사들은 어머니에게 질문을 했고, 그녀는 그것이 있었는지를 몰랐다. 그녀는 그가 그렇게 하는 것을 본 일이 없었다. 그에게 수치심은 아무런 의미도 없었다. 우리가 나중에 보게 될 것이지만, 그녀는 그 점에 대해 매우 만족해했다.

도미니크는 자기 아버지에게 '고착되어' 있다고 그녀가 말한다. 그런데 우리가 그의 아버지에 대해서 말한 것은 이번이 처음이다. 그러나 그녀는 그에 대해 더 이상 말하지 않는다. 그는 자기 외할아버지를 닮았다. 외할아버지는 어머니처럼 갈색머리이고, 이것으로 어머니처럼 많은 고통을 겪게 되었을 것이다. 아버지, 형, 그리고 아버지의 집안인 벨 가문의 사람들은 짙은 금발이다.

다른 한편으로 도미니크는 어머니 자신을 포함해서 모든 사람과의 육체적 접촉을 피한다. 그런 행동은 아주 어린 시절부터 한 것 같으나, 그녀가 곰곰이 생각해 보니 여동생이 태어나기 바로 전부터 있었던 듯하다. 그러나 예외적으로 승마나 자전거에 대해 알 수 없는 공포에 휩싸이는 순간에는 어머니에게나 혹은 그녀가 그 자리에 없으면 아무에게나 찰싹 달라붙는다.

여섯 살 이후로 그가 다녔던 학교에서는 그에게 전혀 불평을 할 필요가 없었다. 그러나 집에서는 정확히 뭐라고 말할 수는 없지만 그로 인해 생활이 불가능했다. 불가능이라는 것은 그가 모든 것을 뒤죽박죽으로 만든다는 뜻이다. 그러나 그는 울지도 않고 아무런 불평도 하지 않는다. 그의 존재가 생활을 고통스럽게 만들 뿐이다. 하지만 다시 잘 살펴보면 그가 특별히 불쾌하게 만드는 것은 없다. 어머니는 어떻게 생활이 불가능한지를 잘 설명하지 못했다. 그래서 그녀의 어머니, 즉 외할머니는 이 모든 것이 여동생이 태어났을 때 도미니크가 온갖 변덕을 부리는 것을 묵인한 데서 생겨났고, 그 순간에 그를 야단쳐서 길을 들여야 했는데, 그가 말하고 싶어하지 않는다고 말하지 않고, 더럽히고 싶어한다고 씻어주지 않고, 자고 싶지 않다고 내버려두는 등등 때문이었다고 말한다. 사실상 어머니는 아마도 도미니크에게 잘못된 어머니 역할을 했다는 것으로 자신의 어머니를 통해 상당히 죄의식을 느끼고 있었다. 그녀는 또한 자기 아들의 고통스런 질투에 대해 의심해 보지 않았다는 이유로 첫번째 정신 치료요법을 통해 커다란 죄의식을 느끼고 있었다. 그녀는 지금 우리가 말한다 하더라도 새로운 치료의 가능성을 받아들이기를 망설인다. 게다가 그녀는 남편이 받아들이지 않을 것을 두려워한다. 왜냐하면 그는 '치료요법'을 별로 신뢰하지 않기 때문이다. 그는 자기 아이가 지체아로 남는 것을 어쩔 수 없는 일로 받아들였다. 게다가 그녀가 심리교육센터에 온 이유는 그를 치료하기 위해서(1주일 전에 사회보장센터에서 종합건강진단을 했지만 치료권고는 없었다)가 아니라 다음 학년의 학교 문제 해결책을 찾기 위한 것이다. "어떻게 해야 하는가?" 왜냐하면 형이 학교를 졸업해서 도미니크를 특수학교에 데려갈 수 없기 때문이다. 도미니크는 그 학교에 남아 있을 수 있다. 교사들은 그를 학교에서 잘 보살펴 주고 싶어했다. 그는 학교에서 다른 사람들을 방해하지 않는다. 그러나 거기에 그 혼자 갈 수가 없다. 아침저녁으로 기차를 타야하기 때문이다. 어머니도 그를 데리고 갈 수 없는데, 그것은 그녀가 떼어 놓을 수 없는 딸이 있기 때문이다. 그래서 그녀는 기숙사나 이 경우에 해당되는 반기숙사를 찾는다. 그것이 의료·교육센터에 온 목적이다. 어머니와 아들을 거기에서 처음으로 보았던 사람이 나의 견해를 물었다. 벨 부인은 결국 기숙사가 있는 특수학교 배치 지시를 나에게서 기다린다.

나는 어머니 자신과 남편에 관한 보다 상세한 정보를 요구한다. 다음과 같다.

어머니는 아버지의 직장이 있는 아프리카에서 살았던 부부의 외동딸이다. 그녀의 부모는 현재 그들의 출신지인 프랑스 동부 지역에 살고 있다. 그녀는 아프리카 적도 지역에서 어린 시절을 보냈고, 그곳에서 아버지는 청부업자였다. 그리고 콩고에서 기숙생으로 있었다. 그녀는 매우 쓸쓸한 생활을 했다. 그녀가 유일하게 행복했던 시기는 콩고에 있을 때였다고 말한다. 그때 그녀는 수녀원의 기숙생이었고, 그곳에서 거의 모든 공부를 했으며 1차 바칼로레아에 합격했다. 전쟁 때문에 그들이 조국으로 돌아왔을 때 그녀는 자기를 길렀던 수녀들처럼 가르치고 싶었다. 그래서 동부 지역의 한 도시에서 2차 바칼로레아에 합격한 후 프랑스 비점령지 독일어 자격시험을 준비했다. 열여덟 살 때는 너무나 권태로워 죽고 싶을 지경이었고 살이 찌기 시작했다. 몸무게가 약 90킬로그램(키는 165센티미터)이나 나갔고, 너무 불행하다고 느껴 옷을 갈아입지도 머리를 손질하지도 않았으며, 극도로 소심해져 있었다. 그녀가 교사 자격을 마무리할 무렵 이미 독일어 교사로서 생활비를 벌고 있었을 때, 예전에 탈옥한 포로였던 남편을 알게 되었다. 그는 기술자 학교에서 공부를 하고 있었고, 가족과 멀리 떨어져서 그 역시 그곳에서 외롭게 살고 있었다. 그녀는 자기 남편과 만나는 특별한 기회를 가졌고, 그들 둘 다 '불행한 청춘의 쌍둥이'였다고 생각했다. 그녀는 교사 자격증을 끝낼 작정이었지만 곧 임신을 했다. 아무런 문제도 일으키지 않았던 폴 마리를 낳았고, 이후에 오히려 딸이길 기다렸지만 상관없이 매우 기대했던 아이인 도미니크를 낳았다.

도미니크의 아주 어린 시절에 대해서는 말할 만한 것이 없다. 활기나 몸무게로 보면 건강한 아이였다. 그러나 그녀는 그 아이가 매우 못생겼다고 생각했음을 '고백해야' 했다. 왜냐하면 그는 외할아버지처럼 털북숭이였고 갈색이었기 때문이다. 그녀는 아이를 1년 동안 젖을 먹여 길렀다. 아이는 한 살 때 걷기 시작했고, 매우 일찍 이가 났으며, 정상적으로 말을 했고, 아마도 너무 이르다고 할 수 있을 터인데 사실상 그 아이는 젖을 떼기 전에 말을 아주 잘했다. 반면에 그 아이는 형이 잠자리를 더럽히지 않고 '곧바로' 습득했던 대변 처리가 어려웠다. 그것은 아주 상대적임에 틀림없다. 왜냐하면 그녀는 도미니크가 두 살

반 때에 여동생이 태어나자 더럽히는 것을 '다시 시작했다'고 말하기 때문이다. 따라서 이전에 그 아이는 대소변을 가릴 줄 알았던 것이다.

어머니는 20개월경에 자신이 '대변 실금'이라 명명했던 일시적으로 '불결한' 시기에 관해 말한다. 곰곰이 생각해 보니 그때는 어머니가 여동생을 임신하기 시작했을 때라는 것이다. 도미니크를 몬테소리 유치원에 보내고, 만삭에서 실비가 태어날 동안 할머니 집에 머물렀던 시기에는 도미니크가 다시 대소변을 가릴 수 있었다고 어머니는 덧붙인다. 그러나 도미니크가 집으로 돌아와 여동생이 있는 것을 보고는 이미 언급했던 온갖 퇴행을 보였고, 동생처럼 잠자리를 갖춰 달라고 했으며, 동생처럼 젖을 빨려고 했고, 게다가 동생이 당시에 만족해하던 모든 것을 원했다고 어머니는 말한다. 그런다고 나아지는 것은 아무것도 없었다. 더구나 그 아이는 거의 말을 잃어버렸다. 그러다가 차츰 말을 되찾았으나, 무언증은 한 달 정도 지속되었다. 이런 모든 것이 도미니크를 처음 치료하던 시기에 어머니의 기억 속에 되살아났다. 그때는 사람들이 실비의 출생 시기에 주의를 쏟고 있을 때였다.

어머니는 여름 바캉스에서 돌아오고 좀더 큰 아파트로 이사하는 것을 계기로, 여동생이 출생한 얼마 후의 상황이 급작스럽게 바뀐 것 같았다고 덧붙인다. 새집으로 들어가면서 도미니크는 말을 되찾고 얌전해지고 밤에만 제외하고는 청결해졌다.

도미니크는 변함없는 성격을 지녔고, 혼자 있을 때를 제외하고는 절대 웃지 않는다. 결코 울지도 않고, 종종 그가 원하지 않는 일을 시키는 것에 흥분하고 몹시 화를 내지만 그것을 말하지는 않는다. 그것은 분명하다. 어머니는 그것을 잘 안다.

자기 남편에 관해서 벨 부인은 도미니크가 태어날 때부터 "산업 수출을 한다"고 말한다. 어머니는 남편이 이 직업을 가진 후로 대단히 외로웠다. "그녀는 아버지이기도 하고 어머니이기도 하다." 남편은 거기서 '매우 불안정한' 상태에 있다. 그가 저녁에 집으로 들어올지는 아무도 모른다. 종종 예고 없이 보름이나 한 달 동안 출장을 가 있다. 사무실에 전화도 하지 말아야 하는데, 그것이 방해되기 때문이다. "처음에는 견디기 힘들었어요. 다행히도 아이들을 가졌어요. 우리 서로가 완전히 잘 이해하듯이 아이들도 마찬가지죠. 사실 애들 아버지가 없을 때조차도 아이들은 부족한 게 없어요."

남편의 직장이 아주 괜찮아서 돈 문제는 없었다. 나에게 그들 생활 방식의 한 예를 들어주려고 어머니는 이렇게 말한다. "예를 들면 어제 저녁에 남편이 자정에 들어왔어요. 우리는 새벽 2시까지 이야기를 나누었죠. 그는 가방을 가지고 아침 6시에 다시 떠났죠. 아이들은 그를 보지 못했어요. 그가 집에 들어오지 않은 지 보름째였어요." 또 다른 예를 들면 "그가 우리 가족과 함께 펜트코트에서 바캉스를 보내기로 했죠. 아이들은 그 계획을 듣고 즐거워했어요. 그런데 아침 7시에 한 통의 전화가 걸려왔고 그는 바로 떠나야 했어요. 그의 작은 가방은 항상 준비되어 있었죠." 그는 기술자이고, 직업은 종종 긴급하게 자주 독일에 호출되어 가야 하는 일이다. 그는 전화가 오면 어디라도 떠날 준비가 되어 있다. 그는 또 다른 한 명의 기술자와 동업을 한다. 그 다른 사람은 평범한 집안 출신의 용기 있는 남자이고, 그녀의 남편보다는 나은 자격을 주는 그랑제콜 출신의 기술자이다. 그녀가 생각건대 이 사람은 부부 생활이 원만하지 못하다. 그는 부유한 여자와 결혼했고 아이들은 어릴 때부터 기숙학교에 다녔다. 그 남자는 일밖에 몰랐다. 그와 그녀의 남편은 동업자 이상으로 절친한 친구였다. 그들은 서로 의지할 수 있었다. "그러나 내 남편은 아무리 바쁘더라도 필요할 때는 항상 알아서 처신을 합니다. 해산할 때면 그는 항상 같이 있었죠.

필요한 경우에 그에게 의존할 수 있어요. 그는 아이들에게 매우 자상해요. 재작년에 처음으로 남편과 아이들과 함께 바캉스를 보냈어요. 그처럼 지난해에도 모두 함께 15일간의 바캉스를 보낼 수 있었죠. 내 남편이 집에 있는 동안에는 소일거리로 시간을 보내는데, 정원 가꾸기나 목공일과 배 만들기를 좋아해요. 남편은 아이들이 애기였을 때 그들을 좋아했죠. 그런데 아이들이 그를 도와주는 걸 좋아하지 않아요. 왜냐하면 그는 정확하고 잘된 작업을 하고 싶어해서 아이들이 약간은 방해가 되기 때문이에요. 집에서 시간이 별로 없으면 그 일로 소일할 수도 없고 아이들에게도 거의 이야기할 수도 없어요. 하지만 나를 통해서 모든 것을 잘 알고 있고 전적으로 나를 신뢰해요."

나는 그녀가 그런 공백을 어떻게 메워 가는지 묻는다. 그녀는 이렇게 말한다. "다행히도 저는 몹시 바빠요. 아이들이 셋인데 모든 것을 나 혼자 하고 또 그게 재미있어요. 그리고 내 딸에게 많은 시간을 보내죠. 그 아이 공부도 돌보는데 그 앤 나를 많이 필요로 해요. 집에는 가족밖에 없어요. 물론 집에서는 아무도 볼 수 없죠. 도미니크도 역시 자기 아버지 외는 남자를 보지 못하죠. 왜냐하면 학교에서는 여교사들뿐이기 때문이죠. 1년에 한 번 또는 두 번 정도 우리는 일요일에 남편과 함께 일하는 기술자의 집에 초대를 받았죠. 우리는 형과 실비를 데려갔지만 도미니크는 데리고 가지 않았죠. 그것은 사장의 아내 앞에서 내 남편을 거북하게 만들었기 때문이죠. 세 아이는 자기 아버지를 매우 좋아해요. 그들은 바캉스 때 보트 타러 가는 것을 좋아하죠. 도미니크를 빼놓고는요. 왜냐면 그 애는 수영을 할 줄 알지만 물을 무서워하거든요. 우리가 보트를 타러 가는 동안 도미니크는 감독을 받는 아동 클럽 안의 해수욕장에서 남아 놀아요."

어머니의 부모는? 그들의 성격은?

그녀는 자신의 어머니에 대해서는 아무 말도 하지 않는다. 아버지는 그녀가 젊었을 때 극도로 엄격했다고 한다. 반면에 결혼한 이후로 아버지는 그녀를 즐겁게 해주려고만 했다. 그러나 그녀는 "나와 남편 사이에 의견 차이가 있으면 아버지가 옳다고 인정했던 사람은 내 남편이었다고 확신해요. 내 아버지와 어머니는 그들이 항상 가졌으면 하고 바라던 아들보다 더 내 남편을 환대했기 때문이죠. 내 부모님은 딸을 원하지 않았어요"라고 지적했다.

그녀의 시부모는?

그들은 피레네 지역에 산다고 한다. 시아버지는 함께 토론을 하지 말아야 할 퇴역 장군이다. 항상 그가 옳으니까. 그러나 인정이 많은 것 같다. 남편과 그의 아버지 사이에 의견 일치는 없었다. 그들은 생각이 달라 차라리 서로 말하지 않는 것을 선호한다. 남편 조르주는 장남이고 현재 마흔두 살이다. 그는 어린 시절을 힘들게 보냈다. 장교의 아들로서 열일곱 번 이사를 했고, 공부를 뛰어나게 잘한 것처럼 보이지 않는다. 그러나 아무도 그를 잘 돌보지 않았던 그 당시에 신통찮은 성적에도 불구하고 월반을 하여 매년 고등학교를 바꿔 다녔다. 그들 가족에게는 여러 번의 비극이 있었다. "내 남편 바로 아래 동생은 그가 한 살 반이고 남편이 다섯 살일 때 사고로 죽었죠. 그 어린애는 남편이 가지고 놀던 기차 조각을 삼켜 버렸어요." 남편은 그것을 생생하게 기억하고 있었고 그 빈 요람이 그에게 엄청나게 충격을 주었다고 그녀에게 이야기했다. 이 점을 주목하자. 그가 자기 아이들 사이에 이 지독한 요람을 텅 빈 채로 놓아두고 싶지 않았기 때문이다. 폴 마리는 요람을 도미니크에게 물려주고서야 거기에서 벗어난다. 부부의 방에 있는 이 빈 요람은 아버지에게 충격을 주었을 것이다. 도미니크가 곧바로 폴 마리의 자리를 차지했다면, 마찬가지로 실비도 할머니 집으로 떠났던 도미니크의 자리를 차지했다. 그들은 셋째아이가 탄생하기 전에는 그를 위해 침대를 사지 않았다. 또한 아이들은 그런 기억과 발생할지도 모를 위험 때문에 어렸을 때는 기차를 갖고 놀 수 없었다. "그러나 지금은 내 남편의 불안이 사라진 것 같아요. 왜냐하면 몇 년 전부터 집에는 전기기차가 있는데, 남편은 더 이상 사고를 생각하지 않는 것 같기 때문이에요."

이 동생이 사고로 죽고 난 후 여동생이 태어났다. 그 여동생은 조르주보다 일곱 살 어렸고 모네트라고 불렸는데, 벨 부인과 거의 똑같은 별명이다. 그녀는 결혼해서 부모 집 가까이 살고 있다. 그녀에게는 아기가 다섯이 있다. 아마 여섯 명이었을 것인데, 그 집에도 역시 비극이 있었다. '청색병'을 갖고 태어난 사내아이가 도미니크가 거기 있는 동안에 여섯 달 만에 죽었다. 벨 부인은 자기 아이들에게 삶이나 죽음에 관해서 진실을 말하지 말아야 한다고 주장하는 자기 어머니와는 반대로 항상 그들에게 진실을 말해야 한다는 원칙을 갖고 있기 때문에, 그녀는 도미니크가 어린 사촌동생의 죽음을 관찰할 수 있기를 원했다. 그래서 그녀는 그 아이가 어떻게 매장되었고, 땅속에서는 어떻게 시체가 변하는가를 설명해 주었다. 그 당시 도미니크의 나이는 여덟 살이었다.

벨 집안에는 네 명의 아이들 중에 그녀의 남편과 시누이 두 명만 남게 된다. 벨 씨에게는 그보다 열두 살 어린 또 다른 남동생이 한 명 있었다. 그러나 그는 도미니크가 태어나던 해인 열일곱 살 때 산에서 실종되었다. 그 일은 끔찍한 비극이었다. 그녀는 다음과 같이 그 일을 상세하게 들려준다. "그는 자기 여동생과 한 청년과 함께 피레네 산으로 떠났어요. 그러나 그들이 산기슭의 오솔길로 접어들었을 때 그의 동료가 비탈진 덤불 숲 속에 멋진 단도 한 자루를 떨어뜨려 잃어버렸어요. 내 시동생은 이렇게 말했대요." "내가 쫓아가서 다시 찾아올게. 계속 걸어가라. 나중에 지름길에서 만날 수 있을 거야." 그리고는 그를 다시는 볼 수 없었어요. 사람들은 그가 스페인 탈옥수로 취급되거나 기억상실증에 걸렸다고 생각했어요. 그래서 프랑코 감옥들을 찾아봤죠. 3년 동안 부모는 희망을 버리지 않았어요. 그들은 그를 사망자로 신고할 수 없었어요. 제가 생각하기에 실종자는 3년이 지나야 사망자로 선고될 수 있기 때문이죠."

"얼마나 끔찍했던가! 얼마나 고통스러웠던가! 그때 저는 도미니크를 임신하고 있었어요. 3년이 지난 후 내가 딸아이를 낳을 무렵에 베르나르를 기리는 대리석 묘판을 설치했지만 교회에서 의식을 치르지는 못했어요. 가족들은 아마도 언젠가는 그를 되찾을지도 모른다는 공연한 희망을 품고 있었기 때문이지요. 시부모님들은 독실한 가톨릭 신자들이지만 우리 부모님들은 교회에 나가지 않아요. 저는 저를 가르쳤던 수녀들 때문에 예배를 봅니다."

다른 아이들은?

형은 화가가 되고 싶어하는데, 2년 전부터 성적이 좋지 않지만, 아버지는 학교에서 제시하는 의견에 개의치 않고 우선 그에게 계속 공부를 시키고 싶어한다고 했다. 학교에서는 그가 중등 교육을 승인하는 시험을 볼 수 없을 것으로 생각했다.

그는 3학년이다.[1] 자기 아버지의 바람에도 불구하고 내년이면 결정되는 일이라 그는 포기해야 한다. 그리고 그것은 도미니크가 다닐 시설을 찾게 만든 일이기도 하다. 독일에서 탈옥한 후에 기술자가 된 아버지는 치과 의사나 실내 장식가가 되고 싶었지만 공부하는 기간이 너무 길었다. 장남인 폴 마리는 자기 아버지처럼 옷에 대한 확실한 취향을 갖고 있다. 반대로 어머니는 별 취미가 없다고 말한다(도미니크가 입에 관련된 것에 대한 '취향' 이 없다는 점을 주목하자). 그녀는 장남에 대해 이렇게 이야기한다. "그 아이는 나이에 비해 매우 조숙한데 여자애들도 좋아하지 않고, 남자애들이 여자애들과 장난처럼 연애하는 것을 이해하지 못해요. 남자와 여자가 함께 잘 수 있다고 생각하는 것 역시 그 애는 이해하지 못해요."

그는 매우 '신중하다.' 그녀는 다시 한번 반복해서 말한다. "그 애는 역시 나이에 비해 매우 조숙해요. 나는 그것이 우리가 함께 많이 있는 데서 비롯된 거라고 생각해요."

여러 번 '우리' 라는 말이 나온다. 그녀와 장남은 커플을 이룬다.── "그가 여자를 싫어하는 것을 보고 그녀는 불안한가?"── "아뇨. 전 여자아이들에 대한 그 애의 태도에 별로 근심이 되지 않아요. 그 애는 한 남자가 아는 유일한 여자가 처음이자 영원히 그의 아내인 것이 매우 좋다고 생각해요. 게다가 우리 부부 사이에도 그렇거든요. 남편은 여자들에 관심이 없어요. 그 점에 있어서는 편안하죠. 그는 단지 일과

---

1) 프랑스 중등 교육 전기 과정의 최종 학년.[역주]

나밖에 몰라요." 폴 마리는 친구들을 만나고 기타를 치거나 춤추기를 좋아한다. 그러나 그는 여자애들을 미학적인 관점에서만 평가한다. 그는 데생학교에 들어갈 것이다.

이때 그녀는 도미니크에 관해 좀더 상세하게 얘기한다. 이렇게 말한다. "그는 리듬 감각이 있어요. 그의 형이 친구들과 함께 댄스곡을 듣고 있으면 도미니크는 옆방에서 혼자서 춤을 춰요. 누군가 보고 있다고 느끼면 즉시 멈춰 버리죠. 도미니크는 극도로 비사교적이에요. 거리에서, 우리와 함께 외출할 때 자동차들이 겁이 나서 벽을 따라 걸으면서 항상 10미터 정도 우리 앞에 떨어져 있어요. 자기 형과 함께 갈 때도 10미터 정도 떨어져서 가는데, 형은 버스나 기차를 잘못 탈까 봐 그걸 좋아하지 않아요. 오늘 도미니크는 매우 걱정했어요. 우리가 그 아이에게 여자 의사를 만나러 갈 것이라고 했거든요. 그는 정신질환자를 치료하는 남자 의사인 줄 알고 두려워했어요. 그를 감시하고 가둘까 봐 겁냈어요." 도미니크는 어머니에게 이렇게 말한다. "저는 똑똑하거든요. 하지만 교양을 쌓지 못했어요. 그래서 지체아들이 다니는 학교에 가는 거죠." 그녀는 "그것은 그 아이가 반복해서 말하는 문장의 의미를 이해하지 못한다는 것을 증명해요"라고 말한다.

딸은?

"그 아인 남편을 많이 닮았어요. 남을 돌보는 걸 좋아해서 의사가 되고 싶어해요. 손재주가 좋은 것은 아닌데 요리나 아기를 돌보는 데는 재주가 있어요. 공부하는 것을 매우 좋아하고 친구들도 많아요." 어머니 자신은 친구들이 있는가? "아, 아니에요. 전 시간도 없고 식민지에서 오래 살아서 사귀었던 모든 친구들은 흩어졌어요. 어쩔 수 없이 돌아와야 하고 빨리 생계를 꾸려 가야 하는 일만 없었더라면 식민지에 남아서 기숙사에 머물러 있는 게 더 좋았을 거예요. 나에게 기숙사는 천국이었죠. 부모님에게는 한 달에 한 번 편지를 썼는데 그것으로 충분했어요. 제가 좋아했던 것은 흑인 아이들과 함께하는 보이 스카우트 소녀 단장이었죠. 전 흑인들과 교제하는 것을 결코 무서워하지 않았어요. 저는 형편없는 교육을 받았고 아무것도 몰랐죠. 내 어머니가 옳은지 모르겠어요. 어머니는 도미니크가 아마도 너무 응석받이로 자란 아이 같다고 생각하는데, 저는 모르겠어요." 벨 부인은 여전히 자기가 수녀원에 들어가고 검은 아프리카에서 교직 생활을 하는 것이 아주 행복할 것이지만, 아내나 어머니로서의 삶도 또한 매우 행복하다고 말한다.

도미니크와 처음 만나기 전에 가진 면담은 이렇게 끝난다. 내가 도미니크를 만나 보기에 앞서 나의 견해나 충고가 어떠하든 벨 부인은 자기 남편을 보기 전에는 어떤 결정도 하지 않을 것이라고 알려준다.

제2부
도미니크와 단독 면담

도미니크는 '센터의 부인을 위해' 만든 모형을 들고 들어온다. 그 모형을 만들기 위해 그는 녹색 점토[2]를 선택했는데, 이 모형은 그가 오래전부터 상투적으로 만든 모든 것들 중에서도 전형적인 모형이다. 그는 내가 방금 전에 말했던 모습을 하고 있고, 목소리는 콧소리를 내고 부자연스러우며 극도로 높다. 그는 쳐다보지 않고──일부러 시선을 피하는 것일까?──눈길을 눈썹 아래쪽으로 살짝 돌리면서 그가 만지작거리고 손가락 끝으로 가볍게 두드리는 모형 쪽을 향해 흘겨본다. 나는 내 소개를 하고 자신이 느끼는 것에 대해 설명하고 싶은 말이 있는지 물어본다. 그는 불안하고 경직된 웃음을 띠고 이렇게 말한다. 저, 저는요, 다른 사람들과 같지 않아요. 전 종종 잠에서 깨어나면서 나에게 진짜 뭔가가 일어났다고 생각해요(이 말은 그가 나에게 했던 첫번째 말로 정확하게 전사해 두었던 것이다).

나는 그에게 말한다. 누가 너를 진짜가 되지 않게 했니?
도미니크: 그렇죠! 그런데 그것을 어떻게 아시죠?
돌토: 난 그게 뭔지 몰라. 너를 보면서 그렇게 생각하지.
도미니크: 어렸을 때 방안에 있었다고 생각해요. 전 강도가 두려웠어요. 그것이 돈을 **빼앗을** 수 있고 그것이 은그릇을 **빼앗을** 수 있어요. 선생님은 그것이 **빼앗을** 수 있는 걸 전부 생각하지 못하죠?

그는 입을 다문다. 나는 속으로 생각한다. 방(salle)이 '더러운(sale)'을 뜻하는 것은 아닐까. 그래서 나는 말한다. 그렇지 않으면 네 어린 여동생이니?

도미니크: 오! 선생님, 그런데 어떻게 다 알아요?

---

2) 19쪽 그림 참조.

돌토: 내가 미리 알고 있는 것은 아무것도 없어. 네가 말로 여러 가지 것들을 이야기하고 나는 최선을 다해 네 말을 듣기 때문이지. 너에게 일어났던 것을 아는 사람은 내가 아니라 너지. 그렇지만 우리 함께 이해할 수 있을 거야.

침묵. 좀 오랫동안 기다린다. 그런 후,

돌토: 무얼 생각하니?

도미니크: 생활에서 잘 안 되는 것을 찾아요. 다른 사람들과 같았으면 좋겠어요. 예를 들면 한 과를 여러 번 읽었는데 그다음 날이면 그걸 알 수 없어요. 종종 다른 사람들보다 더 바보 같다고 생각하거든요. 혼자선 이렇게 중얼거려요. 별로 안 좋아. 헛소리하는구나! (이 말은 강하게 악센트를 주고 날카로운 톤으로 세 음절로 분리되었다.)

돌토: 그런데 네가 헛소리하는 건 사실이야. 나는 네가 그걸 알아차리고 있다는 걸 알지. 아마 넌 꾸지람을 안 들으려고 머리가 돈 사람처럼 하고 있는 것 같구나.

도미니크: 아! 그런 것 같네요. 그런데 그걸 어떻게 알아요?

돌토: 난 그걸 모르지. 그렇지만 네가 미친 척하거나 바보인 척하지만 그렇지 않다는 것을 난 알지. 왜냐하면 네가 그걸 알아차리고 있고 변하고 싶어하기 때문이야.

그는 여러 번 구구셈에 대해 강박적으로 언급한다. 나는 다음과 같이 분명하게 그에게 한마디 해준다. 그런 건 아무 상관없고, 나는 수업에서 하는 그런 계산에는 아무런 흥미도 없으며, 그가 나를 만나러 온 것은 내가 선생이기 때문이 아니라 어떻게 하면 그가 더 이상 미치지 않을 수 있는가, 그래서 정말로 그가 의지가 있다면 모든 사람들처럼 학교에서뿐만 아니라 어디에서든 숫자를 갖고 공부할 수 있는가를 알아보는 의사이기 때문이다.

나는 또한 이렇게 말한다. 삶에 있어 중요한 것은 네가 하고 있는 수업 과목이나 노트, 교과서가 아니라 진실하거나 진실하지 않은 모든 너의 방식, 너의 머릿속에 일어나고 있는 모든 것들과 네가 말하고 싶어하지 않는 것들이다. 나는 조금 전에 네 어머니를 만났고 함께 이야기했다. 나는 네 아버지를 만나볼 것이다. 거기서 나는 그에게 직업상의 비밀을 설명해——그러나 그가 내 말을 듣는가?——준다. 그리고 우리는 아버지 없이, 다시 말해 그가 원하지 않더라도 적어도 그의 허가 없이는 아무것도 시작할 수 없다고 설명한다. 도미니크가 나를 만나러 오는 것을 아버지가 받아들여야만 우리 둘이 함께 그가 모든 사람들처럼 되는 것을 방해하는 것이 무엇인지 알아보려고 할 것이다.

나는 도미니크가 보는 앞에서 어머니를 다시 만난다. 나는 아버지와 같이 그를 볼 것이라고 말한다. 만일 아버지가 여름휴가에 앞서 15일 안에 어머니와 아들과 함께 올 수 없다면, 나는 적어도 아버지가 원하는 일시에 저녁 늦게 센터 밖의 내 사무실에서 아버지 혼자라도 만나기를 요청한다. 아버지가 꼭 와야 한다. 나는 아버지가 계산하지 않은 것(인용 그대로)은 집에 자주 없기 때문이 아니며, 더구나 어머니는 부부 공동의 결정이 있은 후에야 항상 행동한다는 사실을 어머니 앞에 있는 도미니크에게 반복해서 말한다. 센터의 여소장(그가 처음에 만났던)인 나 자신과 아마 어머니 역시도 돌토 부인(나)과 함께 어떤 작업을 시도할 수 있을 것이라 생각하지만, 단지 아버지가 동의할 경우에만 그럴 수 있다는 사실을 도미니크에게 다시 말해준다.

첫번째 상담: 6월 15일 41

이 순간, 분명히 아무 관련이 없어 보이는 도미니크는 가려고 한다. 그는 대기실에서 어머니를 기다릴 것이다. 나와 함께 혼자 남은 벨 부인은 나에게 물어본다. "선생님, 선생님 생각은 어떠세요?"

도미니크와 나눈 이야기들을 상세하게 말하자면, 우리는 어떤 접촉이 있었다는 것을 잘 느낄──독자와 나 자신──수 있다. 그러나 소원한 태도와 더불어 부자연스러운 목소리, 경직된 웃음, 거리를 두는 자세, 쳐다보지 않거나 악수도 하지 않는 일, 인사를 하지 않는 일, 내가 어머니에게 말할 때 지겨워하는 어린애나 고양이 같이 회피하는 일, 이런 모든 것은 완전히 정신질환자처럼 보이면서 동시에 똑똑해 보이기도 한다.

벨 부인에게 내가 생각하는 것을 설명해 준다. "단순한 박약자와 관련 있는 것이 아니라 지적인 아동 정신질환자와 관련이 있습니다. 그래서 내 견해로는, 어렵게 만드는 것은 학업이 아니라 그의 정신적 균형과 미래의 사회 생활이 불가능하다는 것입니다. 내 생각에는 나이에 맞추어 그를 받아들일 수 있는 곳, 다시 말해 학교가 아니라 부적응자를 위한 특수 아틀리에와 같은 보호시설에 맡기기로 결정하기 전에 절대로 정신분석 치료를 해봐야 합니다. 그러나 우리가 아직은 시도해 볼 수 있는 정신분석이 실패할 경우에만 이러한 위탁을 결정해야 합니다. 왜냐하면 그가 사춘기에 이르렀고, 정신분석 치료하기에는 적기이기 때문이다. 그런 접촉이 없고 어디에 있건 따로 떨어져서 생활하는 것은 심각한 문제이고, 교육을 받았건 못 받았건 그리고 그가 똑똑하다 하더라도 그것은 그를 적응할 수 없게 만드는 것입니다."

그때 그녀는 이렇게 말한다. "남편은 선생님께서 원하시는 걸 모두 말할 거예요. 하지만 아시는 것처럼 그는 회의적이죠. 외과학만 신뢰하고 내과(치료요법)는 신뢰하지 않아요. 이 경우에는 수술을 할 수 없다는 게 불행이죠." 그리고는 이렇게 덧붙인다. "남편과 나에게 의견 충돌이 있으면 우리는 그것을 아이들에게 절대 얘기하지 않아요. 우린 항상 의견이 같은 것처럼 하지요. 남편은 분명히 선생님이 도미니크와 다시 만나는 것을 막지는 않을 거예요. 그러나 그는 도미니크가 어릴 때 그 아이의 정신 치료요법에 대해 나쁜 기억을 갖고 있어요. 그 당시에 의사는 어린 여동생에게 하는 것과 똑같이 해주고 우리들의 사랑을 보여주면 잘될 것이라 했어요. 남편은 의사가 우리에게 말했던 것을 다 했지만 아무것도 나아진 게 없기 때문에 해야 할게 아무것도 없다고 생각해요. 그는 그것을 운명이라 여기고 체념했어요. 또한 사람들도 많은 애정을 갖고 참고 기다리면 나아질 거라고 얘기했지만 그 아인 점점 더 이상해졌어요. 지금은 그것이 눈에 잘 드러나요. 이미 지나간 일이에요." 그래서 나는 그녀에게 이렇게 말한다. "그렇습니다. 그것이 바로 내가 '광기'로 진행되는 것을 중단시켜야만 한다고 생각하는 이유입니다."

이러한 진찰이 있고 나서 8일이 지난 후에 우리는 **벨 부인이 보낸 편지** 한 통을 받았다. "……저는 선생님께서 도미니크가 미쳤고 그 애를 그렇게 돌봐야 한다고 조용히 선언했을 때 엄청나게 놀랐다는 것을 고백합니다. 12년 동안 의사는 그 애가 지체아이지만 많은 애정을 갖고 참고 기다리면 나아질 것이라는 말로 그쳤는 데 말이에요. 처음에 받았던 충격이 지나가고 나는 선생님 진단을 받는 게 좋겠다고 생각했어요. 왜냐하면 정말로 그 애가 우리를 걱정스럽게 했던 많은 것들에 대답을 하기 때문이에요. 저는 이틀 동안 그 애를 검사했던 정신보건 위원회가 왜 그것을 말하지 않았는지가 이해되지 않아요. 그들이 그 아이를 보살피기 위한 모든 것을 시도해야 한다고 말했더라면 상황은 나아질 수 있을 텐데! 그러나 그들은 이렇게 말했어요. 학교를 찾아보고 그 애가 거북해하지 않으면 집에서 보살펴야 한다. 시간이 흐르면 나아질 수 있다고요. 선생님에게 말할 수 있는 것은 도미니크가 선생님을 만나 본 이후로는 완전히 행동이 바뀌었다는 사실입니다. 그때까지 집에서도 낯선 사람처럼 살아왔던 그 애가 뭘 요구하지 않았는데도 도움이 될 만한 일을 찾습니다. 그 아이는 집 안을 청소하고 벽장을 질서정연하게 정돈하며, 식탁 위에 아무것도 없다는 것을 알고 내 일을 덜어주려고 주방으로 서둘러서 달려옵니다. 그 아이는 남 도와주는 것을 좋아하고 우리 각각에 대해 특별히 친절합니다. 그 아인 즐겁게 해주려고 애쓰고 조금이라도 기회가 있으면 도움이 될 일을 찾습니다. 나는 그 아이가 참 애처롭다고 말해야겠어요. 그 아이 방에서 아무런 기척이 없어서 올라가 보니까 작은 목소리로 손에 들고 있는 구구표를 절망적으로 반복하는 도미니크를 볼 수 있었어요. 그는 수업을 잘 따라가고 싶어해요. 이런 모든 노력이 소용없다는 것을 알고 다음 날 나에게 이렇게 얘기했어요. "내가 언젠가는 공부 잘할 수 있다고 생각해?" 그래서 대답했지요. "그러지 말고 그 산수책 내려놓거라. 이제 곧 여름휴가잖니. 돌토 의사 선생님이 그걸 가지고 머리를 피곤하게 할 필요가 없다고 하셨어. 그리고 네가 멍청하지도 않고 네 머릿속이 뭔가 잘못됐지만 아마 나아질 수 있을 거라고 말씀하셨어……."

그녀는 자기 남편과의 약속을 하지 않았기 때문에 불안해하는 **또 다른 한 통의 편지**를 보내왔다. 그런데 남편은 완전히 결심했다.

아버지는 출두했다.

도미니크의 아버지 벨 씨는 아내와 아들과 함께 6월 30일에 왔다.

두번째 상담: 6월 30일
이전 상담 15일 경과 후

제1부
아버지와 면담

나는 아버지를 단독으로 만나 이야기를 나눈다. 그는 집에 잘 있지 않다고 하고는 자신의 직업에 대해 말한다. 거의 아내가 했던 내용을 반복해서 얘기한다. 그는 자기 사장과 뜻이 잘 맞아 친구로 지낸다. 여유가 별로 없으며 항상 그의 지시에 따라야 한다. 그가 하는 일은 그런 거지만 보수를 많이 받기도 하고 재미도 있다. 여동생이 태어나기 전 아주 어릴 때의 도미니크는 까다롭고 많은 것을 요구하는 아이였다고 한다. 그는 아이가 어머니를 오게 하려고 요람에 박치기를 해서 퍼렇게 멍이 들면 매우 불쌍한 생각이 들어 양보할 수밖에 없었다고 한다. 벨 씨는 자기 아내가 모든 것을 돌보고 매우 활동적이며 더할나위 없이 책임감을 갖고 있다고 한다. "집에 들어갔을 때 나는 환영받았죠!"라고 말한다. 그녀는 아내일 뿐만 아니라 1백50퍼센트짜리 어머니이기도 하다. 그녀는 그들이 바라는 것은 무엇이든 한다. 나는 웃으면서 이렇게 말한다. "아내에게 조금도 결점이 없습니까?" 그는 웃으면서 말한다. "내 아내는 가끔 성을 잘 내는 편이지만 오래 가지 않아요. 신경질을 내고 소리지르다가 곧 잊어버립니다."

벨 씨는 나의 요청에 자신의 젊은 시절을 얘기해 준다. 그보다 두 살 어린[1] **첫째동생**은 어처구니없는 사고로 죽었다. "그는 내가 가지고 놀던 장난감 기차 조각을 삼켰습니다." 그의 마음속에 동요를 불러일으키는 나의 질문에 그는 이렇게 대답한다. "부모님은 그렇게 심하게 비난하지는 않았어요. 그 아이는 눈에 보이는 것이면 모두 입 안에 넣었으니까요. 우리는 그 아이가 그것을 삼켰는지 그렇지 않은지 의심하고는 모자라는 조각을 다시 찾으면서 이틀 동안을 보냈습니다. 결국 **X**선 사진을 찍었습니다. 그 조각은 위 속에 있었고 수술을 해야 한다고 생각했습니다. 그 아이는 수술대 위에서 죽었습니다." 그의 **또 다른 동생**은 아내가 말했던 것처럼 사고로 열일곱 살에 실종되었다.

그는 그의 어머니가 그 아들이 곰에게 잡아먹히는 꿈을 꾸었고, 특히 어머니에게 그 일은 끔찍한 시련이었다고 말한다. 비극은 아무도 그의 흔적을 찾을 수 없다는 것이었다. 아무것도……. "내 동생은 나보다 열두 살 아래였는데, 나와는 정반대로 아주 호감이 가는 타입이었습니다."

나는 그에게 "어떻게 다르죠?"라고 물었다.

"네, 그가 **인색**했던 반면에 나는 헤픕니다. 그가 완전히 개방적이지 못하다면 나는 상냥한 편입니다. 나보다는 일곱 살 적고 그보다는 다섯 살 많은 내 여동생과 그 사이에는 난투가 벌어졌습니다." 그는

---

1) 그의 아내가 말했던 것처럼 네 살이 아니다. 그런데 사실은 네 살이다. 벨 씨는 실언을 통해 그와 폴 마리를 동일시하고 그의 어린 동생과 도미니크를 동일시한다는 것을 의미한다.

그 **여동생**이 자신감을 갖고 있는 자기 딸처럼 성격 면에서 1백 퍼센트 닮았지만 딸이 동생보다는 더 대담하다고 말한다. 반면에 그는 **장남인 폴 마리**에 대해서는 이렇게 말한다. "그는 나처럼 알고 지내는 사람에게는 상냥하지만 소심한 편입니다. 그는 감히 노크도 제대로 하지 못합니다." 그러면 **도미니크**는 어떤가? "말하기 쉽지 않습니다. 그는 다른 행성에서 온 것 같습니다. 우리와는 어딘가 다른 사람 같습니다." 그는 다른 것을 말할 수 없었다.

"도미니크는 당신에게 다정한가요?" "그 아인 특히 내 여동생 남편 보비에게 애정을 갖고 있습니다." 그는 여전히 딸에 대해서 얘기한다. 그 딸은 벨 집안에서 1백50년 이후로 처음으로 태어난 딸이라서 특별히 귀염을 많이 받았다. 이 딸은 그에게서는 물론이고 모든 사람들에게서도 대단히 기쁘게 환영받았다. 그것은 벨 가문에 딸들이 귀했기 때문이었다. **그의 아내는?** 그는 그녀에 대해 이렇게 말한다. "남의 집에 가서는 진짜 곰처럼 무뚝뚝하고 소심하지만 집에서는 손님이라면 대환영입니다. 아무나 집에 올 수 있습니다. 아내의 성격은 매우 온순해서 아이들이 원하는 것이면 무엇이든 정말로 합니다. 그래서 아이들은 종종 자기 엄마를 들볶아 멍청하게 만듭니다." 이어서 이렇게 말한다. "15일 전부터 도미니크가 엄청나게 변했습니다. 아내는 관련을 짓습니다만, 나는 그 아이가 여기에 방문한 것과 관련 있는 것으로 보아야 하는지 우연인지 잘 모르겠습니다. 그 아이는 항상 뭔가 해야 할 게 있는지, 그리고 그 아이가 도와줄 게 있는지 묻습니다. 요전 날 그 아이는 요리책을 가지고 완전히 혼자서 정말로 멋진 클라푸터(밀가루·우유·계란·과일을 섞어 구운 과자)를 만들었습니다. 그것이 나에게 신뢰감을 주었습니다. 사실 그 아이가 정말로 흥미가 있다면 요리사가되는 것도 나쁜 직업은 아니잖습니까! 나는 그 아이가 또한 제화공이 될 수도 있을 것이라고 생각했습니다. 그것 역시 혐오감을 주지 않고 그렇게 어렵지도 않으며 많은 교육을 요구하지도 않는 직업입니다."

아버지는 도미니크의 가능성에 대해 환상을 품고 있지 않다. 그러나 그는 자신을 갖고서, "도미니크가 사회에 적응할지도 모르겠습니다"라고 이야기한다. 아버지는 모든 자식들의 해산에 참석했으며, 아이들이 태어날 때마다 왔던 장모와 함께 둘이서만 도미니크의 해산을 돕기도 했다고 말한다. "**장모님**은 매우 마음씨가 착한 분입니다. 자기 속옷이라도 내주실 분이니까요. 시골 농부로 자라서 미신을 갖고 있습니다. 예를 들면 마르모트 발을 잘라 아이들 목 주변에 놓아둡니다. 내 아이들을 위해서 그런 일들을 많이 했습니다. 나는 그냥 내버려두었습니다. 장모님은 농부의 거친 성격을 갖고 있으니까요. 그분은 혼자서 형제자매를 길렀는데, 그분의 어머니가 젊어서 돌아가셨기 때문입니다. 생계 때문에 귀염도 받지 못했던 여자입니다. 내 아내가 장모님과 끊임없이 다툰다는 것을 알았습니다. 그러나 우리가 결혼한 이후로 내 존재가 사태를 많이 나아지게 했습니다. 장인어른은 매우 용감하고 약간은 거친 분이십니다. 그는 식민지 지배를 했습니다. 그것은 분명합니다……."

그는 도미니크의 해산에 대해 "마치 어제 일 같다"고 회상한다. 그들 가족은 모두 렉스 극장에 갔다("장모님이 집에 있을 때면 아내와 함께 잠시 외출합니다"). 벨 부인은 진통을 느끼기 시작했고 그들은 서둘러 집으로 돌아왔다. 아기는 의사를 부르기 전에 태어났고, 의사는 모든 일이 끝나고서야 도착했다. 도미니크는 솜털로 뒤덮인 채로 태어났고, 머리카락이 눈과 광대뼈가 있는 곳까지 내려온 것 같기도 했다. 그는 웃으면서 다음과 같이 말한다. 그 아이는 마치 원숭이 같았고, 그 아이가 너무 못생겨서 그가 아내를 격려해 주어야만 했다.

"내 큰아들 폴 마리는 어떤가 하면, 그는 아이들 특히 다른 집 아이들을 매우 좋아합니다. 정말 그 아이는 집에서 성격이 좋습니다. 게으르고 수동적이지요. 아내는 내가 집에 없을 때는 그 애가 그렇지 않다고 합니다."

"반대로 내 딸은 매우 열심히 공부하는 모범생입니다. 그 애는 많은 친구들과 사귑니다. 폴 마리는 혼자 있기를 매우 좋아합니다. 아내의 말에 따르면 그 아이도 친구들이 더러 있는 것 같은데 나는 그 친구들을 모릅니다. 그 아이가 나에게는 마음속을 털어놓지 않습니다."

"도미니크는 쉽게 친구들을 사귀지 못합니다. 그렇지만 바닷가에서는 일곱 살에서 여덟 살 또래의 아이들과 어울려 놉니다." "그가 논다고요?" "말하자면 그 아이가 피하지 않은 유일한 아이들입니다. 그 아이는 혼자 있기를 더 좋아하고 혼자서 말을 하면서 사소한 것을 가지고 잘 놉니다. 그 아이는 다른 아이들을 피하고 다른 아이들은 걔를 찾지 않습니다."

이런 면담이 있은 후 벨 씨는 도미니크가 개학할 무렵에 나와 함께 정신분석 치료를 해보기로 하는 데 완전히 동의한다. 그는 아들을 위해 모든 것을 하고 싶어한다. 그러나 그는 별로 기대하고 있지는 않고, 도미니크가 15일 전부터 하던 것처럼, 다시 말해 스스로 깨어난 것처럼 보이는 아이처럼만 유지해도 실망하지 않을 것이다.

이 면담에서 벨 씨는 매우 바쁘고 붙임성이 있으나 가족들과는 그렇게 친밀감을 갖고 있지 못한 것처럼 보이는 사람으로 드러났다. 그러나 그는 선량하고 부지런한 사람이다. 그가 사장이자 친구인 그 동업자에게 고착된 것은 아닐까? 그는 자기 아내를 매우 높이 평가하고 아무에게도 불만을 품지 않는다. 그러나 나는 그 점에 대해서는 더 이상 말할 수 없다. 나는 폴 마리가 성적인 관점과 여성들에 대한 관점에서 현실 생활을 잘 이해했다고 생각하는지 그에게 물어보았다. 그는 최근에 아들과 잠깐 면담을 했는데, 아들이 결혼하기 전에는 여자애들과 사귀지 않기로 했다는 것을 알고는 매우 만족스러웠고, 사실 그 자신도 그랬으며 그렇게 한 것을 만족해했다고 말했다. 그러나 그들에게는 교류가 없다. 그는 거의 집에 없었고, 게다가 집에 있을 때에도 해야 할 일이 많았다.

벨 씨는 나의 요청으로 개학할 무렵에 돌토 부인과 함께 작업을 시작하는 것에 동의했다고 도미니크에게 말한 후 떠났다. 그는 독일로 떠나기 때문에 아내와 아들에게도 작별 인사를 했다. 그는 그들을 상담에 맡겨두고 떠났고, 나는 도미니크와 상담을 가졌다. 나는 그 상담을 약간 짧게 할 수 있으리라 생각했지만 거기에서 드러났던 진단상의 흥미로운 점으로 인해 그것을 좀더 연장했다.

제2부
도미니크의 면담

도미니크는 부자연스럽고 비음이 섞인 매우 날카로운 목소리로 이렇게 말하면서 들어온다. 끊임없이 나를 따라오는 그들을 피하기 위해 난 거기서 벗어나야 해요.

돌토: 거기서 벗어나고 싶다고?

도미니크: 정말로 꼭요. 그리고 또 꿈을 꾸었어요. 내가 열 살 때였

어요. (나는 지난번에 꿈꾼 것을 이야기해도 좋다고 그에게 말했다.)

돌토: 오래전이니?

도미니크: 정말 오래전인데요.

돌토: 그런데 넌 몇 살이지?

도미니크: 그들은 내가 열네 살이라고 해요. 하지만 내가 열 살이었던 아주 오래전이라고 생각해요. 아시겠지만 나는 계산을 못해요. 그때 그 꿈은 내가 어떤 역에서 길을 잃었고 거기에서 마녀를 만났는데, 그 마녀가 쫙, 쫙, 쫙(그는 손을 아래위로 대고 으깨는 몸짓을 한다) 하는 말만 했던 거예요. 전 뭔가 알아보려고 했는데 그것이 초조하게 만들기 시작했어요. 그래서 이야기를 하고 싶지 않았어요. 특히 역에서 일어났던 일은요. 종종 전 도와줄 준비를 하고 있었지만 그렇지 못했어요. 아무도 나를 필요로 하지 않았거든요. 그리고 또, 아시겠지만 내가 5백 프랑을 갖게 될 때마다, 5백 프랑을 받게 될 때까지 기다리기만 하면 돼요. 그, 그러면 나중에 부자가 될 거예요. 그런데 오래 걸릴 거예요. 참고 기다려야만 돼요. 그는 마치 말하는 사람이 그가 아닌 것처럼 목소리를 다르게 바꾸어서 그와 같이 덧붙여 말한다(그의 목소리는 이미 가장된 것처럼 보이는 원래의 콧소리로 변해 있다).

나는 그가 침묵하고 있어 그의 아버지가 왔던 것에 대해 이야기한다. 그것이 그에게 방해가 됐지만 아버지가 그에게 관심을 갖게 된 것은 잘된 일이라고 말하고, 나를 기다리면서 그가 만들었던 것에 관해 말해 달라고 했다(나의 기법에 있어 아동들은 상담에 앞서 그림을 그리거나 모형을 만들도록 권유받는다).

그가 만든 모형.[2]

그것은 어떤 '인물' ──이 인물은?──이다. 그는 이 인물에 자기 생각들을 담고 있을 것이다.

언뜻 보아 정신착란 상태로, 콧소리를 내는 긴 이야기를 늘어놓았는데, 따라가기가 너무 어렵고 듣기도 힘들어 받아 적을 수가 없었다. 나는 단지 그의 아버지가 섞여 있는 이야기로 어떤 역 근처에서 자동차들이 나무 위로 달려가고 있었다는 것을 안다. 이 모든 것은 아주 높은 톤으로 말해졌고, 간간이 무슨 비밀을 이야기하는 것처럼 톤을 낮추어서 큰 소리로 발음했던 것밖에는 이해할 수가 없었다. 나는 그 이야기가 끝날 때까지 단지 고개만 끄덕였다. 그런 후에,

돌토: 네가 말하는 것을 전부 잘 이해해야겠는데, 자 네 그림 좀 볼까? (그 그림은 완성되지 않았다.) 이게 뭐니?[3]
도미니크: 그건 트로이 전함이에요, 트로이인들의 배 말이에요. 그들은 그 안에 있었어요. 그들은 죽었을지도 모르죠. 죽은 사람들도 마찬가지고요. 또 배들 위에 집들이 있어요. 사람들은 모든 것을 빼앗아 가요. 아무도 믿지 않았어요. 그건 물이 아니에요.

나는 이집트, 죽은 자들의 배, 트로이의 목마를 생각한다. 그는 내가 '3'으로 이해하는 말들을 계속해서 덧붙인다. 그것은 도시보다는 숫자를 상기시킨다.[4]

---

2) 53쪽 그림 참조.
3) 54쪽 그림 참조.
4) 트로이(Troie)와 3(trois)은 발음상 동일하다. [역주]

첫번째 상담에 가져온 모형

4

착한 사람(끝과 끝을 맞댄
동글동글한 작은 똥 모양의 덩
어리를 접착해서 만든).
길이 40센티미터.

5

완성되지 않은 초벌 그림.
전 생각을 바꿨어요. 모형을 더 좋아해요.
"그건 배였어요."
길이 11센티미터.

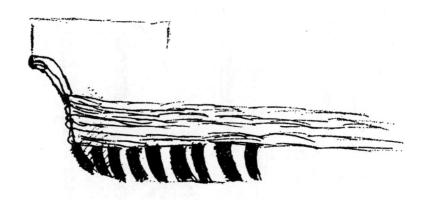

트로이 배: "트로이인들은 그 안에 있었어요. 그들은 죽었을지도 모르죠. 죽
은 사람들도 마찬가지죠(반쯤은 헛소리를 하면서). 배 위의 그들의 집에서 사람
들이 모든 것을 빼앗아 가요. 아무도 믿지 않았어요! 그건 물이 아니에요."

내가 말한다. 숫자 3이 네가 말하는 거니?

도미니크: 3 곱하기 3은 9, 9 나누기 3은…? 그리고는 다른 톤으로. 그는 몰라요!!! 그런데 사람들은 그게 같다고 말해요. 곱셈을 하기 위해 반대로 나누기만 하면 된다고 하는데 그는 3에서 전혀 이해하지 못해요!

그에게 일련의 선들을 종이 위에 그리게 한 후, 나는 그것을 그와 함께 세어——20개가 있다——본다. 나는 그에게 곱셈과 나눗셈의 과정을 보여주기 위해 그것들을 4개나 5개 단위로 묶는다. 도미니크는 세 가지 전제 요소들을 전혀 고려하지 못하는 것으로 드러났다. 20:4=5가 그에게는 4=5를 의미한다. 20:4는 아무 의미도 없거나 20의 의미가 4이다. 더하거나 빼는 것 외는 숫자들 사이의 어떤 관계도 없다:=x 같은 기호들을 그는 '～이다'라고 한다.

그가 했던 말에 대해 반복해서 **트로이 전쟁은?**이라고 묻자, **그건 전쟁에서 승리하기 위해 죽은 사람들과 함께 들어갔던 배에 대한 이야기예요.** —— **어디로?** 대답이 없다. 그에게 아무것도 물어볼 수 없다.

엄밀하게 말하자면 우리 사이에 말을 주고받은 것은 없다. 그는 스스로에게 말하다가 그치고 또다시 말한다. 그러나 그는 나라는 인물에게 가끔씩 말한다 하더라도(적어도 나는 그것을 느낀다는 생각이 든다), 내가 그의 말의 문자 그대로의 의미에 있어서 어떤 의미를 찾을 수 없고, 그라는 인물을 찾을 수도 없는 어떤 세계 속에 있다. 그의 말들은 뚜렷하게 다른 것을 전사(轉寫)한다.

이처럼 오늘 진료소(사람들이 영수증을 받고 지불하는 역, 대기실, 개찰구와 같은)에 그들이 뭔가를 문의(renseignement)하기 위해, 재교육(re-enseignement)받기 위해 왔고, 세 명의 천재(crack)들에 대해 말하거나 으깨는 소리를 내는 한 마녀(돌토 부인)를 발견한다(나중에 우리는 여동생이 천재라는 것을 다시 한번 말할 것이다). 여기서 천재는 용감한 사람이다. 간단히 말해 오늘 나에게 있어 으깨는 흉내가 동반된 쫙쫙거리는 소리(crac)는 뚜렷한 육체의 이미지 재현, 다시 말해 빠는 턱뼈들 사이에 놓인 존재가 되는 유일한 역동성이다. 그것은 그가 모든 접촉의 시작처럼, 나라는 이상하고 용감한 인물에게로 전이하는 것임에 틀림없다. 그것은 그가 담론의 구술적 특성과 관련하여 겪는 이런 위험한 접촉 방식에서 내가 이해하는 것이다. 우리 사이에서 그것은 그가 리비도적 관계를 이해하는 것에 따른 일종의 상호 소모이다.

바캉스에 대해서는 아무런 조언도 하지 않았지만 어머니와 나 사이에 결정된 것은 10월에 다시 만나기로 한 일인데, 그런 결정은 내가 어머니에게 통고한 것이나 다름없다.

학업에 대해서는? 어머니는 다음 학기에 무얼 할 건지 묻는다. 도미니크는 면담에 남아 있고 싶어하지 않아 지난번처럼 인사도 하지 않고 살짝 빠져나가 버린다. 나는 그들이 사는 구역에서 초등 교육 재교육반에 들어갈 것을 충고한다. 아니면 데리고 다녀야 하는 문제의 해결책으로 그들이 사는 근처에서 찾아보아야 할 특수학교(그가 2년 전부터 다녔던)에 계속 다닐 것을 충고한다. 덧붙여서 나는 학교 생활에 '동화' 될 수 있도록 해주는 것은 **치료**이지 가장 완벽한 교육의 유형이 아니라고 말한다. 그러한 증거는 가장 유연한 특수교육을 하는 우수한 학교에서 있었던 지난 2년간의 실패가 그것이다. 나는 금전적인 수단이 제한되어 있기 때문에——적어도 사람들은 그렇게 말한다——무상 초등학교를 선택하는 게 더 낫고, 어쨌든 시험 삼아서라도 치료하는 데 금전상의 희생을 하는 편이 낫다고 생각한다.

9월이 흘러가는 동안 센터로 **어머니는 여러 통의 편지**를 보내왔다. 첫번째 편지는 내게 전달되지 않았는데, 거기에는 도미니크 또래의 아동들을 위한 재교육 수업이 그들 집 근처에서 개설되었지만 교장은 도미니크의 입학을 단호하게 반대했다고 적혀 있었다. 벨 부인의 이러한 편지들은 돌토 부인이 도미니크의 입학 허가를 지원하기 위해 간단한 쪽지를 보내줄 것을 간청하는 내용이었다. 그것이 남아 있는 유일한 희망이었다. 동반 보조원이 있는 특수학교에서 학업을 계속하는 것은 엄청난 비용이 들 것이고, 그들은 그것을 지불할 수 없을 것이다. 그리고 재교육 수업이 열리는 학교는 그들 집에서 몇 분밖에 걸리지 않는 데 있다. 진료소의 상담센터(사회보장제도와 **OPHS**(사회위생사설사무소))에서 받았던 자료들을 비추어 볼 때 교장은 도미니크를 받아들일 수 없다고 평가했다. 그 수업은 성격장애아나 정신질환자를 위해 개설되지 않았기 때문이다. 그는 어머니에게 이렇게 대답했다. "예, 예. 사람들은 항상 아이들이 매우 얌전하다고 얘기합니다. 그러고 나서 아이들은 모든 것을 방해합니다. 이 학교는 단지 단순한 지체나 수업에 자주 나오지 않았던 지체 아동들을 위한 것이지 문제 아동들을 위해 개설된 것은 아닙니다." 교장은 수령한 자료에 따라 도미니크가 그 수업에 적합하지 않다고 주장한다. 그래서 벨 부인은 내가 개인적인 편지로 교장이 도미니크를 받아들이도록 요청할 수 없는지 물었다. 나는 그렇게 했다. 또 다른 한 통의 편지는 내가 요청했던 것처럼 적어도 몇 주 동안 시험 삼아 받아들이기로 했다는 사실을 알려주었다. **어머니는 9월말에 또 한 번 편지를 썼다.** 10월초에 나와 했던 약속에 꼭 올 것이라는 내용이었다. 그녀는 도미니크가 며칠 전부터 학교에 나가기 시작했고, 여교사는 그 아이만큼 열심히 하는 아이는 결코 보지 못했다고 말했다고 전해 왔다. 그는 문자 그대로 그녀의 한마디 한마디에 귀를 기울였고, 그래서 그녀는 이 학생에 대해 매우 만족했다. 그렇게 계속하면 그가 주의 깊고 의지도 있어서——그런 경우는 드문데——자신의 지체를 만회할 수 있을 것이라고 그녀는 확신했다. 집안에서 이 소년의 행동이 변했을 뿐만 아니라, 모든 가족들을 놀라게 한 것은 도미니크에게 겁에 질려 있었던 개가 지금은 다른 사람들보다는 그를 더 꼬리치며 반긴다는 사실이다. 도미니크는 이렇게 말한다. "저 착한 개가 얼마나 나를 사랑하고 얼마나 나를 반기는지 보세요." 그것은 전적으로 사실이다. 도미니크가 다른 여자아이들을 마주 대하듯이 개도 도미니크를 마주 본다. 나는 선생님에게 얼마나 그가 그와 거의 키가 같거나 자기 또래의 아이들에게 겁먹었던지, 그리고 그가 꼬마들과 멀리 떨어져 노는 것을 허용했다는 사실을 말했습니다. 그런데 지금 그 아이는 친구들과 놀고 여동생에게 이렇게 말하기도 했어요. "알지, 지금 자전거를 타고 너를 기다리러 빨리 갈 수 있어." 그렇게 말한 것은 여자학교 맞은편에 있는 남자학교의 학생들이 수업을 마치고 돌아가는 여학생들에게 귀찮게 군다고 여동생이 불평했기 때문입니다. "지금은 나도 다른 아이들처럼 키도 크고 힘도 세. 넌 나를 믿어도 돼." 자전거에 공포를 갖고 있었던 그 아이가 올여름에는 자전거를 많이 탔습니다. 그는 그것을 배우자마자 탈 줄 알았어요. 내가 선생님과 만날 약속을 했다고 말했더니 그는 별로 만족해하지 않았어요. 그래서 나는 그가 말했던 것을 인용 부호를 써서 적습니다. "제기랄! 그 때문에 학교를 빼먹어야 할 거야. 왜 거기에 가야 하는지 모르겠어. 지금 나는 매우 건강하잖아. 내게는 의사가 전혀 필요 없어." 그래서 엄마 아빠는 그 아이가 치료받기를 바란다고 대답했어요. 나는 선생님에게 그 아이의 행동이 변한 것을 보여주려고 이런 모든 것을 씁니다. 그 아이는 학교를 다니는데도 불구하고 계속해서 집에서도 나나 여동생에게 친절하고 다정하며 잘 도와줍니다. 예를 들면 평소에 그가 목욕할 때면 아주 천천히 했었고 화장실을 지저분하게 만들어 놓았습니다. 그런데 지금 그는 동생에게 물을 다시 데워줍니다. 우리는 수돗물이 없어서 물을 데워서 욕실에 가져가야 합니다. 그는 더운물을 동생에게 다시 갖다주었고 난방기 위에다 마른 수건을 준비해 두었습니다. 그는 친절이 넘쳐서 동생을 즐겁게 해주기 위해 칫솔에 치약을 짜두기도 했습니다. 내 딸은 깜짝 놀랐어요. 아침 인사나 저녁 인사를 할 생각도 않던 그 아이가 지금은 저녁마다 포옹을 합니다.

이러한 모든 소식들을 받고서 나는 이렇게 생각했다. 이 소년은 사람들이 자신의 심층 구조들을 건드렸다고 느꼈고, 그래서 그는 이제는 또 다른 방식으로 방어를 하고 있다.[5]

---

5) 아동의 뚜렷한 진전에 만족한 몇몇 정신 치료 전문의들은 가족이나 사회의 환경에 아동이 잘 '적응' 하는 것을 보고 치료를 중단하고 싶어한다. 그때 주변의 기대에 부응하는 강박적인 초자아의 관습 뒤에 감춰진 무의식적 저항의 고립된 위험 지대가 있다.

세번째 상담: 10월 18일

어머니와는 사전에 만나지 않았다. 나를 따라올 마음을 먹도록 나는 도미니크의 손을 잡아야 했다. 그는 아마도 바캉스 전처럼 내가 먼저 어른에게 말하리라고 예상했을 것이다. 그렇지 않으면 그때 거부감을 나타내었을 것이다.

그는 와서 앉는다. 그는 어머니가 말했던 것처럼 여기에 오고 싶지 않았으며 그것이 그를 귀찮게 했다는 것을 말하지 않는다. 그것은 전후 관계를 통해 드러날 것이다. 그는 자신의 불만을 나에게 드러내면 내가 몹시 화를 낼지도 모른다(아마 내가 그를 물는지도 모른다?)는 불안을 얘기할 것이다. 나는 열다섯 번 반복 면담을 갖기로 한 결정을 그에게 상기시켜 준다. 그러한 면담을 하는 동안에 데생을 하고 모형을 만들면서 나에게 이야기할 것이라고 했다. 나는 이러한 상담 내용과 관련된 직업상의 비밀——이러한 비밀이 그에게 강요된 것은 아니다——을 확신시켜 주고는 기다렸다.

부자연스러운 목소리 톤은 똑같다. 콧소리도 마찬가지고 시선을 피하는 것도 여전하지만, 그가 말하는 것을 들을 수 있고 필기를 할 수도 있다.

피피 브랭 다시에는 특별한 힘을 갖고 태어난 어린 계집애예요. 걔는 팔 힘이 아주 세요. 걔는 이상해요. 엎어져 자거든요. 또 상냥하고

아주 재미도 있어요. 걔는 동물원에 두 명의 꼬마 친구가 있어요. 그것은 도망친 두 마리 호랑이예요. 경비원과 경찰관들은 '그'를(둘을 문제 삼지 않는다) 붙잡으려고 했어요. 그런데 피피는 호랑이에게 이렇게 말했어요. "네가 물면 나도 너를 물거야." 그는 무모했지만 그렇게 용기가 있지는 않았어요……. 그래서 그는 걔를 매우 무서워했어요. 그때 걔는 그에게 비위를 맞춰주려고 노래를 불러주었죠. "그건 어린 샤-샤-샤였어." 그런데 그는 매우 만족스럽지 못했지만 비위를 맞춰주도록 내버려두었어요……."

그는 용감하고 대담하며, 진실하기도 하고 진실하지 않기도 한 피피 브랭 다시에에 관해 몇 가지 다른 것들을 덧붙여 얘기한다. 처음에 그는 나를 그녀와 동일시했고, 이어서 다음과 같이 말하면서 자신과 그녀를 동일시할 수 있게 된다.

그녀의 엄마는 '그'가 호랑이들과 친구인 것을 보고 약간 불안했어요. 그렇지만 '그녀'는 이렇게 말해요. "엄마 신경 쓰지 말아요. 내가 '크면'(인용 그대로) 나는 알아서 할 거예요.'" (동일한 인물에 부여된 남성과 여성의 교체.) 이어서 그는 톤을 낮추고 마치 비밀인양 아주 낮게, 아시겠지만 우리 학교에서 여선생님은 네 개의 그룹을 만들었어요. 앞선 아이들도 있고(인용 그대로) 늦은 아이들도 있어요, 나는 어떤 그룹에 속하는데 어딘지 잘 모르겠어요. 그런데 아무도 그가 속한 그룹을 몰라요, 그 선생님은 그렇게 그룹을 만들고 나서는 숙제를 내주어요. 그때 우리는 어떤 그룹에 속하는지 알아요. 그러고 나서 아주 큰 소리로 계속 이야기한다. 피피, '그'는 적갈색 머리카락을 갖고 있고, 그의 어머니는 '그녀'가 아기였을 때 죽었어요. 그녀는 사람들의 머리에 전혀 떠오르지 않을 어리석은 짓들을 많이 했어요. 그런데 괜찮은 것도 있었어요……. 어느 날 그녀는 빨갛고 파란 드레스 한 벌과

밤색 스타킹을 하나 만들었어요. 그날은 시시한 자기 세례명 축일이었어요. 목소리를 아주 낮추어 그녀는 자기 아빠의 구두를 신었어요. 그러고 나서 그녀는 초록색 리본들을 위에 달았어요. 아주 큰 목소리로 내가 충격을 받은 것은 나의 작은 장롱 옆에 돌아왔을 때일 거예요. 나는 중세 시대의 군인들을 넣어두었거든요. 우리가 길에서 만나고 싶어하지 않을 사람들을 나는 장롱 속에 넣어두었어요. 그리고 나는 밤에 겁이 났어요. 그래서 나는 날이 새기 전에는 자고 싶지 않았어요. 왜냐하면 그녀가 나를 다시 보기를 바랐기 때문이죠. 그녀가 영향을 끼치게 될 사람은 바로 나예요.[1]

그는 잠자코 있다. 나는 속으로 이렇게 생각한다. 그는 환상 속에서 그를 두렵게 만드는 것을 정리하고 가둔다. 가족 중에 첫째와 막내 사이에 있는 '중간' 나이를 나타내는 것은 바로 그이다. 그가 감금하는 것이 남근 이빨의 공격성인가?

나는 그에게 묻는다. 누가 너에게 영향을 끼칠 거라고? 아무 대답이 없다. 그러나 명백하게 그의 정신착란적인 형태의 전이 속에서 문제가 되는 것은 나이다. 침묵. 나는 꽤 오랫동안 기다린다. 얼마 후 그는 말한다.

그녀가 바캉스에서 돌아왔는데 피부가 까맣게 그을렸든지(사실상 지난 6월에 비교해 보면 내 경우에 해당된다), 아니면 자기 지하실에서 잠깐 동안 유람했다고 가정해요. 걔의 몸 한쪽은 붉고 또 한쪽은 검어요. 저는요, 한 친구가 있을 때 그에게 '그녀' 가 무얼 하면서 놀고 싶은지 물어봐요. (전이 속에서 내가 그에게 아무것도 제의하지 않고 조용히 남

---

[1] 우리는 일상적인 행동(자전거, 개, 친구)을 관찰해 볼 때 사라졌던 것으로 추정되었던 공포증이 사실상 전이 속에서 폐제된 것을 알게 된다.

아 있는 것에 대한 암시. 두 개의 다리 막대기가 있는 두 가지 색 막대사탕 같이 표현된 인물을 보라.)[2]

돌토: 친구라는 게 뭐지? 남자친구나 여자애니?

도미니크: 아뇨, 남자애요. 선생님, 선생님은 텔레비전이 있어요? 왜냐하면요, 그것을 갖고 있지 않은 구역들이 있거든요……. 그리고 또, 그들은 어떤 색깔의 눈을 가졌어요? 아 그래요, 어떤 색깔이죠?

그는 자신이 만든 혀나 비석 모양의 검고 붉은 모형을 보면서 질문을 한다……. 그가 그것을 응시하면서 이렇게 말한다. 아니, 그들은 색깔이 없었어요. 그들은 선명했어요! 그 말은 갑자기 큰 소리로 격한 감정이 섞여 튀어나갔다. 그리고 침묵. 다시 이야기한다. "한 번은 조부모님 집에서 사촌여동생과 어떤 방에 있었어요. 얼마 후에 다락방에서 소리가 났어요. 할아버지는 고양이가 있어 싸우거나 쥐들이 있다고 말했어요. 아시겠지만 그것은 1950년의 오래된 추억이에요. 그렇지만 그건 오늘날이지 선사 시대는 아니에요."

돌토: 어떤 사촌여동생이지?

도미니크: 전 아버지 여동생의 딸[3]이라고 생각해요. 바베트라고 불러요. 걔는 일곱 살(그의 사촌여동생은 사실상 그가 여덟 살이었을 때 일곱 살이었다. 나는 그 사실을 나중에 알게 된다)인데 겁이 없었어요. 그런데 걔가 궁금해했어요. 나도요. 우리는 궁금했어요. 내 머리 위에 있었던 게 무엇인가 하고요. 그리고는 아주 낮게. 그래요, 종종 나

---

2) 65쪽 그림 참조.
3) 생식 관계에 대한 구어인 누구누구의 '딸'이라는 표현에 주목하자.

6

첫번째 모형: 세번째 상담

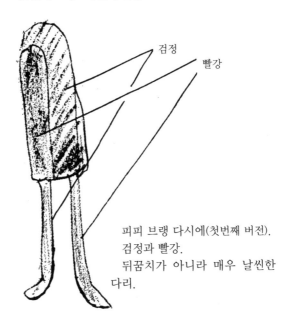

검정

빨강

피피 브랭 다시에(첫번째 버전).
검정과 빨강.
뒤꿈치가 아니라 매우 날씬한
다리.

모형은 처음에는 막대사탕이나 혀를 닮았다. 납작하게 누워 있다. 망가뜨린
다음 다른 색깔로 다시 만든 이 모형은 다음 페이지의 소녀로 바뀐다.

6-1

첫번째와 두번째 모형 사이의 중간 상태.

두번째 모형: 세번째 상담

7

피피 브랭 다시에: 두번째 버전.
공 모양으로 된 단추와 눈(검정 대신
에 자주, 빨강 대신에 장밋빛을 띤다).

오른쪽 팔을 나타내는 돌출은 병 모양의 몸에서 나온다. 그는 "별것 아니에
요"라고 하고는 무엇과 관련 있는지 아무 말도 하지 않고 한참 동안 이런 모양
을 만든다.
　도미니크는 '주머니용'으로 모난 구멍이 난 데생을 그리고, 손이 아니라 높
은 뒤꿈치를 첨가한다.
　도미니크는 이 모형을 손으로 잡아 세우려 한다.

는 생쥐들을 봐요. 내가 그것들을 어디에서 보는지 모르지만 아무튼 그들을 봐요. 그런데 내가 내 머리의 전쟁터에 올라갔을 때, 그때 나는 내 군용 트럭을 위장시키고 다음에는 군인들을 위장시켰어요. 그 후에 한 마리 생쥐가 가로질러 가면 그때 그 생쥐는 모든 군인들을 움직여요. (이것은 그가 인식하는 것처럼 보이는 유일한 현실인 그의 현실 속의 어떤 인물, 다시 말해 가족 구성원들 중에서 생성 관계의 인물과 관련된 추억이다. 그는 거기에서 **환각**이나 **자각적 환각증**을 묘사한다.)

침묵. 그는 다른 모형을 다시 만든다.[4] 그런 후 아주 높고 날카로운 소리로. "우리 선생님은 쥐 한 마리가 방을 건너갈 때 사람들은 항상 그것들을 여러 마리로 생각했다고 말했어요. 살무사 한 마리를 밟고 지나가면 살무사들은 나무 속에 숨어 있는 것 같아요." (나에게 자동차들도 나무 속에 숨겨져 있었던 것이 떠오르지만 그에게 그 말은 하지 않는다.) 그는 계속 말한다. "그다음에, 보세요, 걔는 머리를 땋았어요. 그런데 나는 그것들을 실패에 감았기 때문에 매듭을 매지 않았어요. 그리고 아시겠지만 바베트, 걔와 사이가 나쁜 것보다는 좋은 게 더 나아요. 두 소년이 적갈색머리 때문에 놀림을 받았어요. 그다음에 걔는 그 아이들을 어떤 나뭇가지에 간신히 붙들어 매었어요. 그다음에 걔는 자기 어머니의 큰 하이힐을 신었어요." (그의 사촌여동생 바베트도 아버지가 말했듯이 딸과 마찬가지로 용감한 성격을 지녔고, 게다가 그 딸은 대담한 아버지 누이동생과 꼭 빼닮았다.)

도미니크: 현재 난 중세 시대의 군인들을 수집했어요. 그다음에는

---

4) 66쪽 그림 참조.

성냥갑, 그다음에는 그랭구아르의 휘장[5]을 수집했고, 집에서 나는 농장 하나를 전부 가졌어요……. 사촌과 나는 가축 상인이라는 소문이 났죠.

돌토: 네 사촌이라고?

도미니크: 그럼요. 브뤼노인데, 내 아버지 여동생 아들이에요. 난처한 일은 저런, 내 사촌여동생이죠. 그리고 걔가 할머니에게 너무 귀염받았던 것이었어요. 지금은 변했어요. 그건 '내' 아버지의 '내' 어머니예요. 왜냐하면 달리 메메라고 불리거든요. 아시겠지만 할머니는 팔 밑에 조랑말 한 마리를 끼고 있어요. 할머니 아버지가 주었던 것인데 아주 유명하죠(?). 작은 말, 그것은 망아지보다는 힘이 더 세죠. 그런데 할머니가 힘세다는 사실. 아, 저런! 그는 그가 만든 모형을 응시한다. 키가 15센티미터 되는 이 작은 인물은 테이블 위에 누워 있는데, 그의 다리는 서 있지 못하는 것 같다.

우리는 이 모형과 2년 전의 전형적인 기법에 비해 이 모형의 새로운 특징들을 주목한다. 나는 이번 상담에서 문제되는 것이 무엇인가, 다시 말해 나에게 의존된 전이를 잘 이해하면서 청취만 했다. 도미니크는 집안의 여성 대습자들에 대한 두려움, 오래전부터 사촌여동생에게 혹해 있는 근심, 내 앞에서 느끼는 걱정, 동물들이나 모든 전투적인 공격성에 대한 공포를 표현한다. 그는 성욕에 관련된 어떤 것——그러나 완전히 폐제된——을 표현하는데 그것은 바베트, 일명 여동생과 관련된다. 실패에 감은 바베트의 땋은 머리와 연관된 뱀 이야기, 장롱 속에 위장해 두었던 위험한 군인들을 구해주는 쥐들에 관한 이야

---

5) 우리는 여기서 강박적 방어의 구조화가 예상된 시도를 확인한다.

기,⁶⁾ 나무 속에 위장된 운동의 욕동에 관한 이야기,⁷⁾ 유혹자들이기도 한 여자들에게 처벌받았던 성적 욕동에 연관된 이야기(이처럼 나와 관련되어 있다)가 그런 것이다.

우리가 살펴본 것처럼, 그의 말은 완전히 정신질환자의 언어이다. 그러나 엄격히 보면, 아동들을 잘 아는 사람들은 세 살 이하 아이의 언어라고 말할 수 있다. 그들은 종종 이렇게 표현한다. 특히 그들끼리만 이야기하거나 아무도 듣지 않는 방에서 혼자 말할 때 그렇다. 그때 그들은 스스로 3인칭에게 이야기한다. 이 3인칭은 1인칭을 발견하기 시작할 무렵 주체를 의미하기 위해 '그'나 그들의 이름을 대체하는 '나'와 번갈아 쓰인다. 그가 네 살에서 다섯 살의 정신 연령에 해당하는 IQ로 인해 테스트를 받았던 것처럼, 그런 때 그것이 단순한 박약자의 말이라고 이야기할 수 있을까? 아니다. 왜냐하면 이 또래의 어떤 아이도 시간과 자신의 공간 속에서 방향을 잃은 것처럼 보이듯이 지리학적 장소와 특히 가족의 생성 관계에 대해 확실히 알 수 없기 때문인데, 그는 그런 관계에 있어서, 우리가 모든 상담에서 다시 보겠지만, 전혀 혼동하지 않는다.

---

6) 우리는 장롱이 배를 표현한 것일 수도 있고, 내의를 씻지 않은 채 그 속에 정리해 두어야 한다는 것을 안다.

7) 나무는 아동들의 상상 속에서 식물적 느낌을 가진 인간 유형의 표상이다. 안락감 속에 있는 내장 기관의 침묵이거나 불안하게 하는 내장의 거북스러움.

네번째 상담: 11월 16일
이전 상담 4주 후

2주 정도 상담이 늦어진 것은 투생에서 보낸 바캉스 때문이었다.

내가 대기실로 도미니크를 찾으러 갔을 때 그 아이 앞에서 말하는 어머니를 통해 모든 것이 나아졌으며 여교사도 그에 대해 만족하고 있다는 것을 알게 된다. 그러나 그는 그 점에 대해 아무 말도 하지 않는다. 그가 들어오자 곧바로 앉는다. **양치기 개를 만들겠어요. 아시겠지만 브랭 드 페르, 그 애 이야기하다 그쳤어요.** (여러분들은 그가 그녀를 '브랭 다시에' 라고 불렀던 것을 기억할 것이다.)

돌토: 아 그래?
도미니크 걔는 아버지와 함께 떠났어요. 걔는 친구들이 울고 있다는 것을 알았을 때 그 친구들과 함께 남고 싶었어요. 그렇지만 그것이 그 애에게 대나무 오두막집에 살아야 한다는 말은 전혀 아니었어요. 그런데 걔는 친구들이 울지 않도록 그들과 함께 남았어요. 그래서 지금 나는 아주 재미난 책을 읽고 있어요. 그건 양치기 개 이야기예요. 암캐는 어린 강아지들을 데리고 있었어요. 그 중에 적갈색 새끼는 매력적이었어요. (목소리 톤이 이상하고 몸짓도 어색하다.) 그래서 소년은 이렇게 말했어요. 나는 그 강아지를 지킬 거야. 아버지는 원하지 않아서 그를 다른 것들과 함께 상자에 넣고는 트럭에 실어 보냈어. 그

'양치기 개'의 모형: 네번째 상담
(크기가 기록되지 않음)

8

첫번째 형태: 엉덩이. 그는 개의 형태를 연장해서 만들기에 앞서, 말하는 도중에 여러 번 위아래로 꼬리를 배치하면서 엉덩이의 연장 부분에 꼬리를 단다.

두번째 형태: 완전한 양치기 개. 이 동물은 견고하게 멈춰 서 있다.

첫번째 상태 A: 벌어진 주둥이와 끝이 불룩한 꼬리.

두번째 상태 B: 표시된 출구가 없이 줄어든 주둥이와 두 개의 끝 부분으로 마무리된 꼬리.

세번째 상태 B': 그는 전체적으로 꼬리를 낮춘다. 매우 사실적인 발가락과 발톱이 있는 발.
우리는 귀의 움푹 파인 부분이 없는 것에 주목한다.
눈: 달걀 모양의 볼록한 입체로 된 두 개의 형태로, 수직축을 따른 오른쪽 눈과 수평적인 왼쪽 눈.

양치기 개의 **세번째 형태**: 이 개는
잠을 잔다. 그는 개의 눈을 떼어냈다.
머리는 목끈 주위에서 잘라져 있다.
머리가 없는 개의 몸통은 변형되어 암
소의 몸통이 된다.

네번째 형태: 양치기 개는 암소가 된다. 목끈
에는 두 줄로 된 둥그스름한 이빨이 있다.
　이것은 머리 없이 세워져 있고, 꼬리와 몸통은
길어진다. 발에서는 개의 발 모양이 사라진다.

다섯번째 형태: 신성한 암소(신성한 황소).
　7-8센티미터 높이의 망가뜨렸다 다시 만든
이 암소는 다음 장면의 증거물로 탁자 위에 남아
있다.

개는 요동 때문에(아마도 길 위로 달리는 트럭의 요동 때문에 상자가 떨어졌을 것이다. 그러나 그는 상세히 말하지 않는다) 집으로 돌아왔지. 그게 역 안이었어요. 그다음에 그는 길을 물었어요. (그도 또한 하루 종일 길을 잃고 방황한 후 집으로 돌아왔다.) 그리고 그 소년은 폴로라고 하는데, 자기 아버지에게 이렇게 말했어요. "봐라. 우리는 그에게서 벗어나고 싶은데, 그가 다시 돌아왔어." (그의 형은 폴 마리로 부르지만 종종 그를 폴로라고도 한다. 부모의 마음속에는 우리 센터가 그들에게 특수 수용 시설의 주소를 알려주었으면 했을 것이다.) 나는 아무 말도 하지 않고, 도미니크는 잠시 침묵한 후에 계속해서 말한다.

아 예, 훈련의 시작은 실패했어요. 그렇지만 우리가 무척 애써서 성공한다면 상을 탈 가능성이 있을 거예요. 내년에 그는 다른 사람을 대신할 수 있을 거예요. 그때 그는 말을 그치고서 모형을 만든다. 폴 마리는 나나 내 동생이 말하는 것을 허락하지 않아요. 우리가 어리기 때문이에요. 형만 엄마와 이야기해요. 그런데 나는 그가 말하는 것을 허용하고 그의 말을 듣는다. 그는 양치기 개를 만들고 있는 중이다.[1] 한동안 떼어 놓고 있는 '꼬리'와 하반신 부분을 가지고 갈등한다. 꼬리를 위로 달아야 할지 아래로 달아야 할지 모른다. 결국 꼬리를 위에 놓아둔다. 계속해서 몸통, 그다음에 머리와 귀를 단다. 전체가 탁자 위에 놓여 고정된 채 네 다리로 단단하게 버티고 서 있다.

도미니크: 옳은 사람은 항상 폴 마리 그예요. 그걸 제외하고는 친절해요. 특히 다른 가족의 아이들에게는요……. 그래도 역시 우애는 있

---

1) 72쪽 그림 참조.

어요…! 잠시 침묵. 아, 그는 작은 생쥐 한 마리를 갖고 있어요! (그는 아주 빠른 속도로 길쭉한 장방형의 작은 형체를 만든다.) 잠시 침묵. 아주 낮게. 그는 그 생쥐를 먹을 거예요. (그는 그에게 생쥐를 '먹게' 한다. 그로 인해 길게 찢어진 주둥이는 짧고 찢어져 있지 않게 된다. 도미니크는 꼬리에 끝 부분이 공 모양 같은 것을 붙인다. 그는 눈을 떼어 버린다.) 여기 머리가 있고 기타 등등이에요. 자, 이제 그가 다시 잠들었어요……. (그의 아버지는 도미니크가 잠을 깼다고 말했다.) 그리고 그는 소화해요. 저런, 누군가 그에게 걷는 법을 가르쳐 주려나 봐요! 그런데 생쥐는 어디 있죠? (그는 그 생쥐를 찾는 것 같다.) 좋아요. 사실 그가 그것을 먹었어요. 이젠 아무것도 남아 있지 않아요. 그는 개를 다시 일으켜 세운다. 그때 그는 개에게서 머리를 떼고 꼬리를 바닥까지 늘어뜨린다. 잠시 침묵. 아, 우리는 개에게서 떠났어요. 좋아요. 우리는 이제 곧 암소에 이를 거예요. 개는 암소가 되는 꿈을 꾸어요. 그다음에는…….

그때 나는 두 개의 눈이 있던 곳에 마치 파리 눈처럼 한쪽은 수직 방향으로 다른 한쪽은 수평 방향으로 위쪽이 돌출된 반타원형 계란 모양이 두 개 있는 것을 알아차린다. 바닥에 닿은 이 동물의 머리에는 눈과 움푹한 부분이 없는 귀 이외에는 아무런 감각 기관도 없다. 그때 도미니크는 귀를 떼어 버리고 '뿔,' 다시 말해서 일종의 초승달을 달고 새로운 머리를 단다.

도미니크: 그를 성가시게 굴면서 노는 파리가 한 마리 있어요. 그 파리는 보이지 않아요. 이 숫소는 젖소이기를 꿈꾸어요. 침묵.

돌토: 암소 뒷다리 사이에 있는 것이 '오줌 누는 것'이 아니라는 사

실을 몇 살 때 알았니? 잠시 얼굴이 빨개지더니 이렇게 대답한다. 오, 한참 후예요. 오! 나는 그들이 그것을 네 개 가진 줄로 생각했어요……. 그럼요. 어느 날 학교에서요. 확실하지 않지만……. 첫번째 대답은 재빠르게 모면했다. 그러나 인정된 해석의 가치에 있어서 남근을 나타내는 의미와 관련되는 대답이다. 즉 해석의 가치가 있는 나의 '연상'은 그에게서 요도 유방의 환상을 제거한다.

그는 계속해서 말한다. "그럼요. 그런데 이 암소는 숫소이기를 꿈꾸어요. 암소는 숫소의 꿈이죠. 그런데 그 암소가 꿈꾸는 숫소는 암소이기를 꿈꾸어요."

내가 개입한다. "그 암소가 숫소이기를 꿈꾸니 황소이기를 꿈꾸니?"

도미니크: 아 그거, 그거요. 모르겠어요!

돌토: 황소와 숫소가 다르다는 것을 알고 있니?

도미니크: 아 그거요. 황소는, 사람들이 훨씬 더 사납다(고약하다)고 말했는데, 그렇다고 생각해요. 그렇지만 이 암소는 신성한 암소예요. 그 암소는 자기가 뭐라고 생각하지!! 좋아요! 아주 낮게. 그 암소는 자기가 신성한 숫소라고 생각해요. 그건 신기루예요! 그런 다음, 톤을 다시 높이면서, 마치 여자 목소리처럼. 아시겠지만 신기루들은 종종 역사적이에요.[2]

돌토: 신성한 숫소나 신성한 암소인 것은 아마도 네가 돌토 부인인 나에게 연정을 품기 때문이라고 생각한다. 너는 그 여자를 신성하게 바꾸고 싶니? 그는 귀까지 붉어지면서 그렇다고 말한다. 그리고는 침

---

2) 여러 가지 이야기를 하는 순간 도미니크는 다른 사람들과 합의된 이야기의 녹음테이프에 불과하다는 사실을 주목하자.

묵한 채로 있다. 그건 맞아요. 그는 희미한 목소리로 억눌린 감정을 반복해서 표현한다.

돌토: 아마 다른 누군가에게도 역시 연정을 품었지?

그는 똑같은 표현으로 아주 낮게 말한다. 예, 우리 선생님에게요. 그러고 나서 그는 톤을 바꾼다. 그렇지만 난, 아시겠지만(공격적인 톤으로), 원하지 않아요. 원하지 않아요! 그건 안 좋아요! 부모님을 사랑하고 싶어요! 그는 매우 집착하는 태도를 취하고, 불안하고 흥분한 것처럼 보인다. 음색이 올라가다가 마지막에는 날카로워진다.

나는 그에게 말한다. 그런데 넌 부모로서 네 부모님을 사랑할 수 있지만 부모님에 대해 연정을 가질 수는 없어. 부모를 사랑하는 것과 다른 사람이나 여자를 사랑하는 것은 같지 않지. 그리고 나는 가족의 범위를 벗어난 사랑의 법칙을 그에게 말해준다. 연정을 갖는 것은 좋아. 그런데 그게 부모님의 사랑을 빼앗지는 않지. 그건 같은 게 아니야. 나중에 그처럼 연정을 많이 느낀 뒤에는 약혼하고 결혼해서 아이들을 갖고 싶을 만큼 매우 강한 연정이 생기는 거지. 그건 네 아버지와 어머니가 젊은 시절 기술자와 교사였을 때, 아버지가 어머니를 만난 것과 같지. 그래서 두 사람은 결혼해서 아이들을 갖게 되었던 거야.

그는 매우 주의 깊게 듣는다. 그런 다음 변조되고 가라앉은 톤으로 말한다. 아! 아! 그래요…! 저런! 저런! 내 암소는 잠에서 깨어났어요……. 그후에 그 암소는 전혀 신성하지 않아요. 다른 모든 암소들과 똑같아요……. 그 암소는 한 방랑자의 것이 되기를 꿈꾸어요. (나는 이것이 항상 준비된 작은 가방과 그의 아버지가 아닌가?라고 생각한다.)

그는 내가 알 수 없는 노래를 부르기 시작한다. **뿜, 뿜, 뿜, 뿜.** 그는 암소를 뭉그러뜨린다.

돌토: 그건 무슨 노래지?
도미니크: 그건 방랑자의 노래예요. 암소가 꼬리로 파리를 쫓는 동안 그 방랑자는 자고 있어요. 그런 뒤 그는 말을 중단하고, 나를 향해 남근, 유방, 요도의 자아 이상의 전이를 해석하는 순간에 완전히 부숴 버렸던 암소를 복원시킨다. **그러면 이제 방랑자를 만들겠어요. 그건 나무에서 잠들었던 작은 오색조예요. 그 새는 웃을 때마다 자기 수염 속에서 웃었어요. 그런 다음에 그 수염은 나무 속에 있었어요.**[3] (첫번째 상태의 모형을 보라.)

수염은 아마도 마르모트의 암시인 것 같다. 방랑자는 이 마르모트와 닮았고, 외할머니가 갓난아기인 도미니크의 목 주변에 마르모트의 발을 놓아둔 적이 있었다.

우리는 또한 나뭇가지들 속에 있는 자동차와 뱀의 역동성을 기억한다. 나는 아무 말 없이 기다린다. 그가 다시 말한다. **어느 날 그는 암소와 떨어져야만 했어요. 불쌍한 거지였기 때문이죠. 그후에 그는 우유를 마시는 게 지긋지긋했어요. 그래서 그는 그 암소를 끌고 걸어갔어요…….** (두번째 상태의 모형. 집게 모양의 이빨 빠진 턱 머리를 한 수직 형태로 된 암소라는 것과 '탯줄'로 이어진 방랑자와의 관계를 보라.) **그는 흔히 말하는 음식보다는 풀을 더 많이 찾았어요. 결국에는 암소**

---

3) 여기서 오색조(barbu)는 형용사로 '수염이 있는,' 명사로 '오색조' 또는 속어로 여자의 '음부'를 의미한다. '수염(barbe) 속에서 웃다'라는 표현은 '몰래 마음속으로 웃다'의 뜻이다. 이처럼 barbu, barbe가 여러 의미로 교체되면서 쓰이고 있다. [역주]

(약 2.5센티미터 높이)

두 개의 눈, 두 개의 뿔은 머리와 자라거나 땅에 끌리는 하나의 수염.

첫번째 상태: 유목민인 그는 인도의 대왕이다.

그의 암소 새끼 염소.

두번째 상태: 암소(사람들은 '아가씨'라고 부른다)를 끄는 유목민. 하나의 머리 덩어리와 하나의 몸통 덩어리, 하나의 벙거지 모자.

세번째 상태: 고약한 사람인가, 기진맥진한 유목민인가?
단 한 개의 눈, 벙거지 모자에 난 틈새인 출입구 하나, 납작한 머리 한 덩어리, 입방체 모양의 다른 두 개의 덩어리, 하나의 흉·복부 돌출물.

낙타들.

처럼 풀을 먹어야만 했어요. 불쌍하게 말랐죠. 옛날에는 인도의 대왕이었는데, 실수 없이 문제를 해결하기 때문이었어요. 그리고 또 옛날에 그 암소는 송아지를 낳는 대신에 황금을 낳았어요. 그런데 어떤 질투 많은 요술쟁이가 그를 붙잡아 주사를 놓았어요. 그다음에는 독풀을 먹이고, 그래서 암소는 더 이상 황금을 낳을 수 없었어요. 그러던 어느 날 그 암소는 정상적인 암소처럼 송아지를 낳았죠……. 그때 암소는 세 배나 더 마르게 되었어요. 송아지는 세 배나 더 커지고요. 물론 암소는 죽었어요……. 그 불쌍한 사람은 정말 쓸쓸하다고 생각했어요. 고약한 사람들은 가난한 그 노인을 받아들이지 않았어요. 그는 몇 달 동안이나 걸었고, 또 그 세 배나 걸었어요. 긴 수염은 땅에 닿았는데, 길 위에서 만났던 모든 사람들은 그에게 "안녕, 아가씨"라고 했어요. 얼마 후 그게 그를 지겹게 했어요. 사람들은 그에게 아첨하려고 그렇게 말했던 거예요. 어느 날 그는 멀리서 낙타 무리를 보았어요. 이 순간 그는 거의 방랑자의 발 높이 정도의 아주 작은 낙타들을 모형으로 만들고는(크로키를 보라), 동시에 박자에 맞춘 멜로디로 흥얼거린다. 이 '낙타들'은 아주 가는 하나의 줄로 함께 연결되어 있다.

그리고는 다음과 같이 말한다. 오, 무슨 일이야? (그는 부자연스런 목소리로 이렇게 말한다.) 내 불쌍한 새끼 염소, 난 너를 팔아야 해! (그는 자신이 이름 지은 노인 아주 가까이에 낙타를 갖다 놓는다.) 그랬더니 갑자기 암소가 발 위로 쓰러졌네. 암소가 너무 피곤했어. 아냐, 곧장 널 팔지는 않을 거야. 그런데 난 그 사람에게 물을 달라고 할 거야. 즉시……. 그는 내가 보기에 별볼일 없는 물건이나 사람을 표현한 작은 모형 조각들을 주물럭거리면서 계속 이야기한다. 그때 그는 방랑자에게 모두 얘기해요. 내 불쌍한 새끼 염소(이전의 암소)가 목이 마르고,

나에게 물도 줘야만 하고, 내가 그에게 새끼 염소를 팔 것이고, 그가 영광의 자리를 차지했다는 사실을요. 안녕, 안녕, 내 새끼 염소! 그런데 방랑자는 죽어 버린 자기 낙타를 잃었어요. 그래서 새끼 염소를 샀죠. 아냐, 넌 이 남자를 따라가야 해. 하지만 새끼 염소는 그를 따라가고 싶지 않았어요! 그래서 며칠 동안 우리는 새끼 염소가 이 사람에게 말하지 못하게 했어요. 새끼 염소를 팔았던 그보다 훨씬 더 고약한 사람이었어요. 이 마지막 말들을 하면서 그는 근엄한 모습을 하고 심각한 목소리에 이상한 어조를 띤다. 그는 또한 계속 옆에 놓아두었던 네 발 달린 첫번째 염소를 변형시킨다. 그 암소의 코를 잡아당기려고 주둥이를 엄청나게 길게 늘인다. 그는 말한다. **인간은 강건했어요. 그는 동물이 인간에게 복종해야한다고 말했어요. 동물들은 복종하기 위해 만들어졌어요. 그래서 그 암소는 그를 등에 매고 끌어야 했어요. 왜냐하면 그 불쌍한 사람은 발이 하나밖에 없었거든요.** (모형의 세번째 상태를 보라.)

반쯤은 정신착란적인 이번 상담은 점진적인 동일시의 변화로 인해 흥미롭다. 처음에는 주체의 아버지와 함께 떠났던 소녀에 대한 환상(지난번 상담의)이 있었다. 그래서 우리는 무슨 일이 일어났는지 잘 이해하지 못한다. 이 소녀는 이중인격화되었던 같고, 이 소녀의 일부는 도미니크가 단수로 말하는(아마도 터부에 의해 보호되지 않은 어머니의 젖가슴에 대한 그의 식인 본능인 것 같다)[4] 동물원에서 탈출한 두 마리 야생 동물들과 오두막집에 있는 가난한 사람들과 함께 연민에 젖은 채 남아 있었던 것 같다. 도미니크는 모순을 알아차리지 못했다. 다음으로 양치기 개이다. 우리는 지난번 상담의 어린 소녀처럼 마음에 드는 이 개가 적갈색이라는 사실을 주목한다. 사람들은 이 양치기 개를 몰아내려고 했지만 성공하지 못했다. 그것은 도미니크에게 일어났던 일이다. '가족들'[5]은 1년 동안 그를 몰아냈고, '가족들'은 그를 페르피냥에 보냈지만 그는 집으로 되돌아왔다. 그래서 '가족들'은 그를 몰아내지 못했다. 실제로 폴로(**일명** 폴 마리)는 '가족들'이 그를 기숙사에 맡김으로써 몰아낼 수 있으리라 생각했는데 그는 아직도 집에 있다. 다음으로, 개 목걸이 이야기가 있다. 그 목걸이는 어린 소녀가 구두에 매었던 끈처럼 녹색(안쪽인가?)[6]이었는데, 그 구두는 소녀가 자기 아버지에게서 **빼앗았던** 것이었고 소녀의 땋아 늘인 머리(어린 소녀가 남근으로 가치 부여되었을 때의 두번째 버전)로, 엄마의 하이힐로 변했다. 걷기 시작하는 순간에 머리를 상실하는, 개에게 투영된 환상——도미니크가 모형의 놀이에서 재현하는——이 있다. 그런데 그것은 도미니크의 삶에서 일어났던 것이 아닐까? 걷는다는 것은 서 있는 것이고, 이것은 땅이라는 자신의 지지대와 관련된 자기 몸의 남근 자세이다. 남근의 하반신에 대해 분별 있는 자제력을 갖는 사실과 발에는 신을 신이 필요하다는 사실 사이에 혼동이 있다. 인간의 발에 대한 성은 남자와 여자, 인간과 동물 사이에서 갈팡질팡하는 남근의 가치로 인해 분화되지 않았다. 다음으로, 이전에 머리와 눈을 상실함으로써 '꼬리'

---

4) 거세되지 않은 식인 욕동이라기보다는 오히려 어머니가 여동생이 태어나고 다시 그에게 젖을 주었기 때문에 인위적으로 재활성화된 식인 욕동이다. 벙어리 상태는 젖떼기에 의해 금지된, 육체와의 접촉 후에 오는 구술 관계의 상징화인 언어화된 말의 파괴라는 결과이었던 것 같다. 이 갓난 여자애에 대한 두 살 반 된 사내아이의 식인 행위의 일치는 자기 몸의 이미지를 잘라내 버렸고, 언어에 연결된 몸의 이미지뿐만 아니라 젖가슴-젖통-유방에 있어 입의 감각에 연결된 신체 도식을 상하게 할 정도로 그 구조를 파괴했다.

5) 원문에는 'on'으로 강조되어 있다. 'on'은 일반적으로 '사람들' '누군가' '우리' 등을 가리킨다. 여기서는 '가족들'이라는 의미로 쓰였다. [역주]

6) 원문에는 '녹색(en vert)'과 '안쪽(envers)'로 씌어져 있다. 청각 이미지의 혼동 가능성을 말한다. [역주]

를 통해 개에서 암소로 변하는 이행이 있다. 숫소이기를 꿈꾸는 암소가 있고, 암소의 꿈속에서 숫소는 암소이기를 꿈꾼다. 꿈꾼, 다시 말해 욕망한 성을 선택하는 의혹, 의심, 무능이 있다. 사람들이 어떤 성이고 그 자신도 어떤 성인가 알고자 하는 의혹이다. 만일 그가 동물에게 투사하고, 또한 나와 여교사에게도 그랬다면 우리는 어떤 성에 속하는가? 결혼과 출산을 위한 생식 욕망에서 벗어나 있는 우리는 신성하다. 다시 말해 우리는 '숭배받을'(연정) 만하기도 하고 성스럽다. 또한 우리가 알게 된 것은 뿔 달린 동물의 생식과 숫소의 거세 문제나 황소의 문제에 대한 오인과 폐제가 있다는 사실이다. 그런데 도미니크는 가축사육자인 고모부 집이 있는 시골에서 살았고, 동물들을 매우 좋아했다. 수컷, 황소는 매우 고약하다고 그는 말했다. 도미니크 자신도 머리로(자신의 뿔로) 요람과 벽을 들이받았다. 그는 젖먹이는 남근의 어머니를 아버지에게서 빼앗음으로써 아버지에게 승리했고, 그래서 이미 말을 잘하는 동안에도 그는 여전히 젖을 빨았다.

다음으로, 아마도 그의 독서——이집트 배와 트로이 전쟁처럼 오줌을 누는 숫소——에서 생겨난 신성한 암소의 이야기가 있다. 명백히 이 암소는 여교사나 나, 그리고 암컷도 수컷도 아닌 다른 것들을 초월한, 다른 사람들과 같지 않은 예외적인 사람들과 동일시되었다. 신화적인 유형의 전이는 해석하는 순간부터 이 '우상'을 자기 종에 맞추어 출산하는 정상적인 암컷으로 되돌려 놓고, 뿐만 아니라 황금의 가치[7]를 항문 작용으로 되돌려 놓았다. 나무 속에 있는 수염 난 사람의 이야기, 인도의 대왕이었고 왕자였던 실추된 수염 난 사람의 이야기가 있다. 그것은 정말로 어리고, 어머니의 왕이었으며, 사람들이 말하

---

7) 동음이의어 송아지(veau), 가치 있는(vaut). [역주]

듯이 태어날 때 긴 머리에 온몸이 털로 덮여 있는 털북숭이였던 그의 이야기가 있다. 그는 어린 양이나 새끼 염소, 어린 암염소처럼 순했다.

일단 그의 외상이 결정적으로 확인되자 그는 어머니가 유뇨증 때문에 마시는 것을 제한함으로써 갈증이 난 음경인 어린 암염소[8]에 불과했다. 그래서 마르고 갈증이 난 암소는 기진맥진해서 쓰러질 것이다. 그런 후 그 암소는 물을 거의 마시지 않는 강인한 동물인 낙타로 대체된다(이러한 모든 성찰은 분명하다. 나는 상담 내용을 다시 읽고 난 다음에야 이러한 성찰을 할 수 있었다. 이번 상담을 하는 동안에 나는 온통 눈과 귀를 동원해서 그가 사용한 모든 표현 수단들을 통해 드러나고 있는 진실의 중요성을 의식하고 있었다).

그러나 도미니크는 계속해서 말을 한다. 나는 그가 잠시 침묵하길 기다리면서 계속 청취한다.

도미니크: 그 남자는 방랑자에게 모두 얘기해요. 그래서 그는 그의 암소-어린 암염소를 향해 되돌아와 이렇게 말해요. "불쌍한 새끼 염소야, 이 남자는 내가 그에게 영광의 자리를 차지하고 있던 내 새끼 염소를 팔기만 하면 나에게 물을 줄 거야. 안녕, 내 새끼 염소."

일명 음경이고 **일명** 남근의 부분 대상이며, 주체가 새끼 염소에게 마시도록(살아 있고 흐르는 물) 함으로써 생명을 주고 싶은 대상인 새끼 염소가 높이 평가되는 이 이야기에서, 그는 이 부조리한 일을 하지 않을 수 없다. 그것은 물을 갖기 위해 자신의 소중한 대상을 판다는 일, 다시 말해 이 소중한 대상을 더 이상 갖지 못한다면 그에게 더는

---

8) 유사음 음경(quéquette)과 어린 암염소(biquette). (역주)

필요 없게 될 삶을 살도록 만드는 일이다. 그것은 일종의 사기 거래이다. 나는 속으로 이런 환상이 이 아이에게 일어났던 일, 즉 문화에 입문하도록 해주는 거세가 아니라 일종의 절단을 우의적으로 드러내고 있다고 생각한다. 요도의 음경이라는 부분 대상을 포기한 후에 상징화가 없다. 그것은 사기 거래이다. 사실상 구강 흡입의 에로틱한 쾌락과 방뇨의 목적을 포기함으로써 남근에 접근할 수 있는 보장이 없다. 그러나 욕구의 충족은 대상의 완전한 단념과 생존을 위한 욕망 자체와 사랑의 포기를 강요했다. 이러한 부분 대상의 이야기는 자신의 신체와 관련된 음경의 이야기일 뿐만 아니라 그가 어린 여동생의 출생[9] 때까지 어머니의 상상적 페니스의 물신 숭배인 부분 대상이었던 것으로서 그의 전부에 관한 이야기이다. 주체와 분리된 이 소중한 부분 대상, 그의 소유자는 그에게 더 이상 살아갈 것(마실 것)을 주지 않고 그의 코끝을 잡아당기게 될(모형에서 코끝인 탯줄을 보라) 고약한 주인에게 팔린, 다시 말해 인도됨으로써만 계속 살아갈 수 있다. 이 어린 암염소는 그때부터 자신의 생생한 욕망 속에서 폐제된, 따라서 쓸모없는 밥벌레로 견뎌내야만 하는 젖먹이 시절의 성이다. 달리 말해 코끝으로 그를 인도하는 어머니의 심급은 동시에 다리 사이에 타는 짐승처럼 도미니크를 올라탄다. 그러나 이런 일은 단지 올라탄 부분 대상이 모든 개인적인 주도권을 상실했다는 조건에서만 이루어진다. 그것

---

9) 사실상 실비의 출생은 어머니의 리비도 구조를 변경시켰다. 벨 부인은 성별 때문에 부모에게 거부된 아이이자 소녀였다. 그녀의 어머니는 딸의 공부를 돌보지 않았다. 그리고 그녀는 '시련의 쌍둥이'와 결혼했다. 그녀는 고모와 마찬가지로 벨 집안에서 실비가 환영받는 것을 보았다. 아버지는 "딸애는 내 여동생처럼 용기 있다"라고 말한다. 따라서 실비는 벨 가문의 딸이다. 어머니는 "내 딸아이는 나를 정신없게 만들어요. 내가 그 애 공부를 돌봐주는데, 그 애는 나를 매우 필요로 해요"라고 말한다. 바로 그녀 자신이 실비가 필요했던 것이다.

은 확실히 상호 자기도취적이고 혼자서 처신할 수 없는 타자의 도착적인 욕망의 충족을 위한 주체의 욕망 상실이다. 또한 이 이야기에서는 어린 암염소가 자신을 돌보지도 않았던 고약한 새로운 자기 주인을 데리고 다녀야만 했다고 언급된다. 왜냐하면 이 두번째 주인은 하나의 발, 발로 사용하는 이전의 유방 하나, '외짝이 된' 사지를 한 몸통밖에 없었기 때문이다. 도미니크에게는 그와 유사한 사람도, 닮은 사람도, 자신과 동일시할 사람도 없었다. 그는 육체에 의존하는 인간 상호 관계 속으로 퇴행할 수밖에 없었고, 자기 자신의 육체 속에서 페니스, 타자의 부분 대상, 태아 관계의 전형적인 은유[10]로서만 자기 자신이 되었던 것이다. 그것은 잘못된 전이적 상황 속에서 위협적인 죽음이 침범하는 공포 앞에서 갖는 방어 수단들이다. 그것은 언어 이전 단계로의 퇴행이고, 그 출구가 막혀 있는 1차 과정의 퇴행이다. 왜냐하면 그런 퇴행은 자기 소진 작용을 포함할 것이기 때문이다. 반면에 1차 과정의 실제 시기에 소진은 모유의 실제적인 흡입이 이전 주체의 부분 대상과 그의 이전 대상 사이에서 교류 생활(흐름)[11]을 유지하는 동안에 환상으로 변했을 뿐이다. 즉 이 주체는 상호간의 매력 덕분에 자기 자신의 몸과 성감대의 총체성 속에서 어른의 총체적인 이미지에 차츰 동일시할 수 있다.

---

10) 두 마리의 '낙타들' 과 그들의 작고 기이한 형태를 보라. 79쪽.
11) 역동적 참여 관계.

이제 상담들의 관계와 이 소년을 통해 나타난 임상 기록부를 계속 이야기하기에 앞서 요약해 보면, 우리는 공간과 시간의 오인, 그리고 당연히 이 양자의 상호 관계, 다시 말해 시간과 실험적인 절차를 통해 공간을 측정하는 방식의 오인을 보게 된다. 전망은 밝지 못하다. 이러한 오인은 상이한 차원들, 다시 말해 촉지 가능한 가상의 공간에서 표상을 허용하지 않는다. 어머니가 말했던 것처럼 도미니크는 조그만 상자 속에 아주 큰 물건이 들어갈 수 있고, 멀리 떨어져 있는 사물들이 실제로 작다(실제로는 원급법의 환상이다)고 생각한다. 시간과 시간 속에서의 관계에 관해 도미니크는 역사를 매우 좋아하고, 역사 이야기들을 읽는 것 같다. 그러나 그는 비록 역사 시대와 선사 시대의 이야기에 열중했다 하더라도 무엇이 앞서 있고 무엇이 뒤에 있는지 알 수가 없다. 우리는 이것을 다음번 상담들에서 볼 수 있을 것이다.

이러한 오인들에 비추어 볼 때, 우리는 공격 위험에 대한 방어의 의미를 더욱 잘 파악하게 된다. 관찰당하는 공포, 보고 보이는 공포. 도미니크가 회피하는 시선을 갖게 된 것은 바로 이 때문이다. 이런 시선은 바로 쳐다보지 않고 떨어뜨린 눈꺼풀 사이로 비스듬히 흐른다. 들리거나 듣는 공포는 마치 도미니크가 갑자기 비밀을 말하거나 아주 멀리서 말하다가 다시 다가오는 것처럼 목소리의 하강을 통해 표출된다. 그런 모든 것은 붙잡히고 물리는, 요컨대 공격당하는 공포이다. 이러한 두 가지 공포는 아마도 함께 살면서 언뜻 본 원초적 장면과 관계 있는 것 같다. 도미니크는 두 살 반까지(다시 말해 실비의 출생 때까지) 부모의 방에 있는 요람에서 잤다. 그는 붙잡히고, 물리고, 옮겨지고, 고립될지 모른다는 걱정 때문에 잠재적으로 공포에 사로잡혀 있는 것처럼 보인다. 이런 모든 것들로 인해 그는 만남을 회피하고 동물들에게서(거울 속에선가?)처럼 다른 사람들에게 거북한 태도나 개인적인 만남을 피하는 태도를 취한다. 그는 결코 달리지 않으며, 달리는 아이들이나 개들을 두려워한다. 그에게 접근하거나 그 자신이 접근하게 되는 모든 움직임은 약탈하고 조각내는 움직임으로 느껴진다. 도미니크는 상냥해 보이는 미소를 띤, 조심스럽고 경직된 소년의 가면이 표출하는 지속적인 몸짓을 통해 끊임없이 괴롭힘에서 비롯된 이런 견딜 수 없는 상황을 알린다. 그는 실제 행동 불능증으로 인해 전의를 상실함으로써, 어떤 순진한 행동을 통해 모든 주도권 행사를 회피한다. 게다가 이런 행동은 실효성의 관점에서 전혀 가치가 없는 행동이다. 왜냐하면 변함없이 이런 행동은 몸짓의 표현이 아니라 정신박약의 가면으로 간주되었기 때문이다. 도미니크는 완전히 무기력한 체형과 표정을 보인다. 그 표정은 자세와 말과 마찬가지로, 속죄를 구하는 마술적인 언어에서 비롯된 것이다.

구순기의 몸의 제스처라는 상징화는, 그 상징화가 서로 잡아먹고 서로 마시는(아이들은 대변과 소변을 보게 만드는 '모유'를 마신다) 것을 포기했던 사람들 사이에서 이루어질 때 항상 표현된 애정, 즉 포옹, 키스, 애무, 성적인 탐색이 아니라 포기한[12] 어머니의 몸 대신 자기 자

---

12) 도미니크가 젖을 떼기 전에 말을 했고, 스스로 젖을 떼었으며, 어린 여동생이 젖을 빠는 동안에도 항상 그가 원하면 다시 엄마 젖을 빨 수 있었다는 점을 상기하자.

신의 몸과 세계에 대한 탐색의 상징적 관계에 이른다. 도미니크에게 그런 것은 전혀 없었다. 그것이 전혀 없었기도 했고 가능하지도 않았다. 모든 것은 탐욕스런 접촉으로 이끌고, 이번에는 탐욕자이자 약탈자인 타인의 탐욕스럽고 성적으로 자극된 출구로 인도한다. 식사 방식에 있어 현재까지는 모든 미각적 · 양적 · 질적인 가치 평가가 배제되었다는 점을 잊지 말자. 도미니크는 음식에 있어 좋아하거나 거부한다든지, 반대하거나 식탐을 결코 보이지 않는다. 또한 이 가정에서는 **필요하면** 언제라도 허락 없이 마음대로 음식을 먹을 수 있게 했다는 점을 말해야겠다. 어머니는 모든 것을 준비하지만 **아이들의 구순 욕망에 어떤 제재도** 가하지 않는다. 버리고, 땅이나 물에 던지고, 재료로 주형을 만드는 것(그가 만든 모형들의 특징을 보라)과 같은 항문의 상징화 제스처도 마찬가지이다. 도미니크는 결코 약탈자가 아니고, 폭력적인 제스처도 없으며, 고함을 지르거나 의도적인 반항도 없다. 그는 아무것도 요구하지 않고 아무것도 바라지 않는다. 그는 가족과 사회 속에 '부재'한다.

이 아이는 여전히 공포를 보이는데, 그 중에 몇 가지는 모든 사람들이 이야기할 수 있을 정도로 매우 뚜렷한 특징을 지닌다. 아무도 그의 오인에 관해서 말하지 않으며, 그러한 오인이 근거가 되는 공포의 구조에 관해서도 말하지 않는다. 사람들은 그가 길을 잃기도 하고 너무나 방심해서 어떻게 옷을 입었는지도 모른다고 한다는 등등. 그러나 그가 시간과 공간 속에 존재하는 모든 것과 움직일 수 있는 모든 것에 대한 일종의 잠재적인 피해망상증 환자라고 말하지 않는다. 우리는 돌아가는 것에 대한 공포, 회전목마나 자전거에 대해 그가 갖는 공포를 지적했다. 그는 또한 '편집증'을 갖고 있다. 편집증은 정돈 의식, 거의 표시나지 않는 은연중의 분노이다. 누군가가 물건들을 평소 있던 장소에서 옮겨 놓으면 그의 불안은 절정에 달한다. 그는 빨래와 세탁에 대한 공포를 갖고 있다. 움직이는 모든 것과, 요컨대 변경할 수 있는 모든 것은 불안하고 괴상하다. 모든 역동적인 이미지는 도미니크가 **아직도 살아 있는, 따라서 아직도 폐기되고 살해될 수 있는**(그가 살아 있다면(s'il vit), 실비(Sylvie)) 것으로서 그의 존재의 신호처럼 보인다.

이러한 오인들은 습관적으로 모든 어린아이들에게 존재한다. 또한 우리는 완전히 습관적인 그들의 구제 방어 수단들이 아무에게도 충격을 주지 않고 성공하는 것을 가장 흔히 보게 된다. 알지 못하는 사람들 앞에서 불안한 어린아이들은 말이 없어지고 입을 열지 않는다. 사람들이 말하는 것처럼 "그들은 자기 혀를 잃는다." 그들은 언어 이전의 퇴행적인 행동으로 되돌아오고 쳐다보고 듣는다. 나는 심지어 그들이 일어나는 모든 일을 눈치 채고도 말을 않거나, 불안하게 만드는 물건이나 동물들 앞에서처럼 어머니의 몸에 달려드는 유형의 퇴행을 표출한다고 말할 것이다. 그래서 그들은 어머니의 치맛자락에 매달리고, 위험에 맞서 방어물로 사용하는 어머니 뒤에 몸을 숨긴다. 그들은 어머니의 몸에 기대거나, 종종 어머니의 등에 기대어 망을 보거나, 어머니의 치마에 얼굴을 묻고 불안하게 만드는 것을 보지 않으려 한다. 그러나 분명히 우리가 알고 있는 모든 어린아이에게 있어서 이런 행동들은 어머니의 보호하는 순수한(성적 선동이 아닌) 제스처로 인해 완전한 안도감을 주는 것에서 비롯되었다. 몇몇 아이들은 집에 틀어박히는 경향 이외에도 가짜-태아처럼 때로는 혼자서 때로는 어머니의 팔에 안기거나 무릎 위에서 몸을 웅크리기도 하고, 그들 주변의 광경에서 얼굴을 돌리기도 하면서 엄지손가락을 빨고 귀를 쓰다듬는 의식을 다시 시작한다. 그런데 도미니크라는 아이는 이런 모든 행동 방식을 전혀 보이지 않았다. 그는 어머니와 마주 보고 말할 정도로 극히 조숙한 관계 속에 있었다. 왜냐하면 그는 한 살 때 젖을 떼기도 전에 매우 또 렷하게 말하기 시작했고, 여동생이 태어나기 전에도 어머니와의 신체 접촉을 좋아하지 않았기 때문이다. 아버지는 그런 사실을 확인해 주었 다. 그는 그의 어머니를 지배하고(그의 이름에 맞추어[13]) 있었다. 자신 의 의지대로 마조히스트적 행위[14]를 이용해서 어머니를 조정했다. 그 는 어머니를 자신의 조심스런 노예로 만들었고, 그 결과 그녀를 아버 지에게서 떼어 놓을 수 있었다. 그러나 그는 여동생이 태어날 때까지 요람에서 부모의 밤중의 포옹과 성교를 참을성 있게 견뎌내야 했다. 그런 일은 사전에 예고 없이, 아버지가 말로써 알리지 않은, 다시 말해 아이에게는 마치 마술 같은 존재와 부재라는 나타났다 사라졌다 하는 아버지의 출현 시에 생겨났다.

나는 동생에 대한 질투와 관련된 작업에서 이른바 질투 반응의 이 론적·임상적인 연구에 관한 글을 썼다.[15] 나는 다양한 관찰에서, 그리 고 그 이후로 내가 알고 있던 모든 사례에서 네 살이 채 못된 손위 아 이의 장애는 주체의 정체성이라는 것의 구조화에 있는 갈등에서 항상 기인한다는 가설이 확실하다는 점을 보여주었다. 이러한 정체성은 인 격의 심급 전체의 작용인데, 그 인격의 구순의, 항문의, 윤리의 구성 은 동생의 출생 시에 흔들린다. 우리는 도미니크에게서 한편으로 이 러한 정체성의 갈등——그는 더 이상 이전과 동일하지 않았고 그가 맡았던 역할도 같지 않았는데, 그것은 그가 더 이상 귀염둥이도 아니 고 더 이상 보호받는 아이도 아니었기 때문이다——이 있었고, 또 다

---

13) 그의 이름 도미니크(Dominique)와 '지배하다(dominer)'라는 표현의 유사성을 말하는 것 같다. 〔역주〕

14) 자국이 남을 때까지 밤에 요람에서 머리(짐승의 뿔)를 부딪치는 행위.

15) 돌토, 〈동생의 출생 시 질투 반응에 관한 새로운 가설들〉 in 《프시케》, 7, 9, 10호, 파리, 1947, 절판.

른 갈등이 있었다는 것을 알게 된다. 그 또 다른 갈등은 일상적인 관찰의 결과로 보면 주인에게 고착되어 이 주인이 다른 대상을 돌보는 것을 보고 시샘하는 가축의 질투에 해당한다. 요컨대 그것은 일종의 박탈이다. 그러나 인간에게서는 훨씬 더 복잡한 무언가가 일어난다. 인간 존재가 구조화중인 자신의 인격 속에서 자기 어머니와 주변 사람에게 품는 사랑은 그 유효한 결과가 투사 과정에 이어서 오는 동일시의 제스처인 사랑이다. 아이라는 인간 존재는 형·오빠나 누나·언니가 행동하는 것을 보고 그와 똑같이 행동하고, 그들은 그들의 인격이 어떠하든 인생의 길목에서 그보다 더 앞서 있다. 그들에게 투사하면서, 그들에게 자신을 상징적으로 합체하면서 그는 모든 역동적인 의미에 맞추어 성장한다. 젖떼기와 더불어 아이는 식인적 합체를 포기한다. 그러나 대신에 구조화하는 상징의 과정인 소리와 이미지의 동화에 연결된 투사와 만났고, 이러한 투사를 통해 그는 주변 사람들의 호의를 받고 자신의 소속 증거인 언어 교환을 할 수 있게 되었다. 이번에는 어린 여동생이 신기하게 나타나서 명백한 남근의 가치, 다시 말해 모든 가족들에게 관심의 초점이 된다. 동일시와 투사의 구순기 변증법에 따라서 도미니크는 그 여동생을 **투사**하지 않을 수 없게 된다. 말하자면 20-30개월 된 이 아이에게 있어, 말할 수 없고 유방에서만 영양을 섭취할 수 있는 이 젖먹이, 보통 바지가 더러워진 것을 보고 매우 화를 냈던 어머니를 매우 기쁘게 만드는 이 무절제한 젖먹이——괴상한 일이기도 한——의 행동을 가치 있는 것으로 착각하는 것이 문제가 된다.

우리는 도미니크와 더불어 동생에 대한 질투의 한 가지 사례, 다시 말해 받아들일 수 없는 현실로부터 현실감을 잃게 하는 결과 앞에 있는 것이다. 이 특별한 사례에서 우리가 왜 사태가 그와 같이 진행되었는지 이해하고자 한다면, 우리는 두 살 반 되는 아이의 성격상의 문제와 역동의 이상에 접근하기까지의 과정을 추적할 수 있을 정도로 이미 충분한 자료들을 가지고 있는 것 같다. 여동생의 출생 이후에 체험된 것과 주변 사람들이 그러리라 오인했지만 불안 속에서 참아냈던——그들이 아이에게는 좋은 일이라고 생각했다는 것을 의미하는 것——질투의 시련을 겪고 난 뒤의 방어 반응들은 사태를 개선하지 못했다. 게다가 그것은 훨씬 더 도착적인데, 거기에는 수유(授乳)로의 회귀와 유아 언어 활동으로의 회귀가 있었다. 그리고 어머니 자신도 모르는 사이에 생긴 매혹적이고 '과열시키는' 리비도의 요소들이 있었다. 이런 요소들은 아직도 거세가 없음으로써[16] 항문·요도·성기기 이후의 단계에서 구조화의 다른 가능성들을 파괴했다. 그러나 우리는 이후의 상담 과정에서 분석 작업을 통해서만 그런 사실을 알게 될 것이다.

여동생의 출생 시에 일어났던 일로 되돌아가 보자. 그리고 가족의 범위 내에서, 도미니크 주변 사람들의 행동 안에서, 동시에 표출된 그들의 정동과 도미니크 자신의 구조 안에서 여동생이 불러일으켰던 변혁으로 되돌아가자.

도미니크는 어머니의 남근이었다. 그는 부부의 침실에서 왕이었다. 걱정스런 어머니가 부부 침대에서 나와 자신의 의지를 모두 무시하고 그의 욕구가 아니라 자신의 남편과 떼어 놓으려는 그의 욕구를 충족시키며, 어머니가 왕의 욕구를 변명해 주었던 아기의 횡포를 충족시켜 주기 위해서는 그가 투정을 부리는, 다시 말해 가족들이 말했던 것처럼 요람에 박치기를 함으로써 자기 몸을 이용하는 것으로 충분했다.

---

16) 277쪽 참조.

그러나 또한 이 어머니는 매우 조숙하게 청결을 유지해 주기를 바랐고, 더구나 배변에 대해서는 청결을 유지했는데, 아이의 분노를 나타낼 수 있었던 위협, 침대를 더럽히거나 적시려는 위협이 청결에 정신이 쏠려 있고 불결한 것을 두려워했던 어머니에게는 실질적인 위험이었다는 사실을 말해야겠다.

어머니에게 있어 이 어린 남근은 매우 조숙했다는 사실을 잊지 말자. 그는 이가 나기도 전에 말을 하기 시작했고, 젖을 떼지 않았는데도 정확하게 말을 했다. 젖을 떼는 것과 동시에 걷기 시작했다. 어머니와 형 사이로 종종걸음 치고 다녔던 이 아이는 최고로 부러운 생활을 하고 있었다. 물론 그는 괄약근을 조절할 수 없었지만 어머니에게 만족하는 대가로 그것을 어머니에게 팔아 버렸다. 또한 그는 아직은 아주 완벽하게 말하지 못했지만 알아들을 수 없는 그의 말은 앵무새처럼 듣고 하는 이야기들을 통해 어머니와 형 사이에 끼어들고, 매일 제삼자의 역할을 할 수 있도록 해주었다.

도미니크는 자기 형처럼 하기 위해 매우 어렸던 두 살 3개월째에 그가 아주 잘 적응했던 조그만 몬테소리 유치원에 다녔다는 사실을 또한 잊지 말자. 이런 모든 것은 여동생이 태어나기 전의 일이다. 이 아이는 어머니의 부담을 덜어주고 동시에 시련을 겪었던 할머니(아들의 실종)의 기분을 전환시켜 주기 위해 어머니가 만삭인 무렵에 할머니 집으로 떠났다. 다시 집으로 돌아왔을 때 그는 부모의 방에 자기 자리가 없어지고, 자기 요람을 어떤 아기가 차지하고 있는 것을 발견했다. 이 아기는 가족의 균형을 완전히 바꿔 놓았다. 어머니나 아버지, 그리고 또 장남의 특권을 분명히 포기함으로써 바로 뒤를 따라갔던 형도 이 어린 여동생만을 돌보는 것으로 매우 기뻐할 수 없었다. 우리는 집으로 돌아온 도미니크가 이 괴상한 일 앞에서 받았을 충격을 이해한다. 어떻게 그것을 인정하겠는가? 왜 이 어린 여동생이 그렇게 중요한가? 물론 여동생의 출생은 두 가문에 매우 만족스런 일이었기 때문이다. 새로운 어머니·아버지·딸의 트리오는 매우 행복한 트리오였다. 형도 마찬가지로 의미를 갖기 위해서는 어머니를 '모방할' 수밖에 없었다. 벨 가문의 두번째 딸인 어린 여동생은 아버지 여동생이 어린 동생의 사고사가 있은 후에 태어났던 것처럼 실종된 아들의 사망을 인정한 다음에 태어났다.

일곱 살이었을 때 가족들에게 기쁨을 가져다주었던——가문에서 1백50년 동안이나 아들밖에 없었던 이후라는 것을 생각해 보라——여동생이 태어남으로써 가치가 떨어졌던 아버지, 이 아버지도 마침내 똑같은 기쁨을 맛보았다. 그런데 이번에는 바로 아버지 자신이었다. 그는 아내뿐만 아니라 부모에게도 기쁨을 주었다. 더구나 어린 딸은 1백 퍼센트 그의 모습을 닮은 데다 "그 애는 대담해요"라고 스스로 말했듯이 그가 갖고 있지 않은 대담함도 지니고 있다. 분명히 딸이 태어났을 때 그렇게 말하지는 않았을 것이다. 그러나 그는 "이 애는 완전히 우리 집안 쪽인 데다가 내 여동생을 빼닮았습니다!"라고 말했다.

어머니에 관해 말하자면, 그녀는 결혼한 것에 죄책감이 들었으며 그녀를 '교육의 성직' 속에서 길렀던 수녀들——그녀가 동일시하고 싶었을——앞에서 죄의식을 느꼈다고 고백했다. 또한 자기 어머니와 마주할 때도 죄의식을 느꼈는데, 어머니는 자기 딸이 비만 때문에 결혼할 수 없을 것이라고 생각했던 당시에 이렇게 말했다. "그것 참 잘 됐다. 그렇게 하면 내 곁을 떠날 수 없을 거야." 아버지가 말했던 것처럼 그 당시에 이 두 여인의 관계는 서로가 심하게 싸우는 사이였다. 아버지 집안사람과 닮은 딸아이를 출산하는 일이 벨 부인에게나 사위를 몹시 좋아했던 자기 어머니에게도 커다란 기쁨이었다. 그러니까 도미니크는 하루 종일 어린 여동생이 그보다 훨씬 아름답고(belle) 훨씬 더 '벨(Bel)' 가문('아버지')에 속한다고 들었던 것이다. 따라서 아버지와 어머니에게 훨씬 더 인정을 받았기도 하고, 거울상의 매력을 특징짓는 형용사와 아버지 가문의 성을 소리로 들었기 때문에, 이 어린 여동생 은 남근의 시니피앙이었다. 그런데 가족들은 그가 못생기고 원숭이처 럼 털이 많이 나 있으며, 아버지를 닮지 않고 성질이 거칠고 흑인들의 조련사였던 외할아버지를 닮았다고 항상 말해 왔다. 또한 여동생이 실 비로 불렸고 실비로 영세를 받았으며, 이 두 개의 음소――실비(그가 살아 있다면)――가 삼촌의 실종, 다시 말해 도미니크가 태어나기 바 로 전에 발생했던 실종 이후에 끊임없이 발음되었다는 사실을 잊지 말 자. 도미니크는 아주 어린 시절에 다음과 같은 부모의 희망을 들어 왔 다. "베르나르는, 그가 살아 있다면(실비), 아마 어디든 있을 거야. 그 가 살아 있다면 우리는 다시 찾을 수 있을 거야." 권력과 문화의 남근 적 표시에 지나지 않았던 아이에게 있어 언어 역할로 보아 이 두 음절 은 많은 혼란과 정신분열증적인 태도 형성에 대단히 중요했음에 틀림 없다. 그 아기는 어린 소녀 모습을 한 실종된 삼촌이 아니었을까?[17]

실비가 출생하던 시기에 그의 형 폴 마리에게는 무슨 일이 일어났을 까? 도미니크는 형의 도움을 받거나 그와 동일시함으로써 구원을 청할 수 있었는가? 물론 아니다. 왜냐하면 어머니의 물신 숭배들인 이 두 형제 사이에 실제적인 관계는 없었기 때문이다. 그들 사이에 적합했던 유일한 관계는 상호간의 공격이었다. 그러나 어머니나 아버지는 그것 을 묵인하지 않았다. 그런데 나는 도미니크가 가진 자폐성 칩거의 발 전에 가장 기여했던 이는 그보다 두 살 더 많은, 분명 아무런 영향도

---

17) 102쪽 참조.

주지 않는 자신의 성의 파트너인 형이라고 확신한다. 장남이 그를 모 방하거나 그에게 매달리고 의존하려고 하는 동생의 구조화에 있어 자 신의 위치만으로 어떤 역할을 한다면, 그는 동생에 대해 보호하려는 행동이 합당하게 유지되고 서로서로에게 해가 되지 않도록 이런 행동 을 할 때에 절대로 더 높이 평가되어서는 안 된다는 사실을 부모와 교 육자들은 언제쯤 이해할 수 있을까? 반대로 그들은 과잉보호하거나 규 칙을 정하는 부모를 흉내내지 말도록 자극받아야 한다. 명백히 열등한 아이들 앞에서 대리 보호가 지배적인 이런 역할은 이 아이들에게 있 어, 구조화하는 방어 반응을 서서히 무너뜨릴 수 있을 뿐이다. 형에게 는 거의 문제가 되지 않았다. 그러나 추천인이 방치해 두었던 탓으로 특수기숙학교에 맡겨져야만 했던 도미니크를 우리가 알게 되었던 것 은 다음 신학년에 다른 진로 지도가 필요했기 때문이다. 나는 따로 분 리된 한 장에서 여동생 출생 시에 개인적 오이디푸스의 구조화에 개 입하는 이러한 두 형제의 상호 관계를 연구할 작정이다. 우리는 부모 가 각각의 아이들에 대해서 성인 이마고의 매개체인데 한해서 가족 집 단 안에서 오이디푸스와 연결되어 있고 부모에 의해 조직된 리비도의 역동성의 역할을 자세히 보게 될 것이다. 아이들에 관한 부모의 고유 한 오이디푸스적 '역전이'는 대체로 그러한 구조화를 방해함으로써 거 기에 개입한다. 따라서 그것은 이전 생식기 리비도의 상징화 과정을 불가능하게 만든다.

처음부터 이 사례를 이해하는 데 중요해 보였던 것을 이렇게 작성한 다음 여러 상담들의 관계로 되돌아가자.

다섯번째 상담: 1월 4일
이전 상담 6주 후: 두 번의 상담이 누락됨

제1부

이번 상담에는 도미니크와 어머니 그리고 형이 함께 왔다. 그러나 나는 대기실에 형이 함께 와 있다는 사실을 얼마 지나서야 알았다. 애초에 형은 나를 '만나 보자'고 이미 어머니에게 두 번이나 요청했던 것 같았다. 그러나 도미니크는 형이 오는 것을 원하지 않았다. 어머니는 내가 그를 만나 보려 한다면 아마도 올 수 있을 것이라고 지난번에 나에게 알려주었다. 그때 나는 도미니크가 원한다면 그를 보겠다고 했다. 그런데 도미니크는 형이 나를 알았으면 좋겠다고 했다. 그래서 나는 거절하지 않았다.

어머니는 도미니크의 동의를 구한 후 먼저 내 사무실로 들어온다. 어머니는 내가 도미니크를 만나기 전에 뭔가 해야 할 이야기가 있는 모양이다.[1] 그것은 도미니크가 지난 여름휴가보다 크리스마스 휴가를

---

[1] 환자가 정말로 자기 주변의 누군가를 정신분석가가 만나 보았으면 할 때 나는 이러한 만남이 그에게는 필요하다고 판단된 것으로 생각하고 거부하지 않는다. 치료중에 미성년자의 부모나 조부모와 관련이 있을 때, 나는 아이가 좋아하거나 부모가 승인하는 바에 따라 그 아이의 동의가 있을 경우에만 그의 면전이건 아니건 받아들인다. 만일 그의 면전이 아니라면 나는 그와 관련된 면담 내용을 그에게 알려준다.

훨씬 더 즐겁게 보냈다는 것이다. 그들은 도미니크가 어린 여동생에 대해 심한 질투에 빠져 있었던 세 살 무렵의 바로 그 여름——아무도 그 사실을 눈치 채지 못했던——이후로 도미니크라면 질색이었던 외할머니 집을 방문했다. 외할머니는 벨 부인에게 도미니크가 너무 허약하다고 심하게 나무랐는데, 사위에게도 그랬지만 특히 자기 딸에게 그랬다. 게다가 할머니는 폴 마리에게는 호감을 갖고 있었다. 반면에 도미니크는 못생겼다고 생각했다. 어머니는 이렇게 말한다. "사실 그 아이는 태어날 때 털북숭이였어요. 못생겼던 것도 사실이지만, 형에 비해서나 특히 몹시 귀여운 여동생에 비하면 못생겼다는 게 사실입니다. 실은 잘 생기지도 못한 내 아버지와 닮았어요." 그런데 할머니는 도미니크가 변했다고 생각했고, 그는 할머니를 매우 좋아했으며 지금은 가장 친한 친구가 되었다.

우리는 벨 부인이 자기 아들의 치료와 호전으로 인해 다시 자기도취에 빠져 있고, 자기 어머니에게서 명예를 회복한 것을 보게 된다. 이러한 만족 이면에는 아마도 다른 정동(情動)들이 있을 것이다.[2] 이렇게 잠시 이야기를 나눈 후에 어머니는 대기실로 돌아가고 도미니크가 들어온다.

---

2) 그녀는 도미니크에게 두 번의 상담을 빠지게 했다.

제2부
도미니크의 면담

도미니크: 저, 나를 귀찮게 하는 게 있어요. 내가 아팠을 때처럼, 그렇게 내 머릿속에서는 아무것도 배울 수가 없어요. 그런데 내가 배우고 싶은 게 있거든요. 시간 보는 법을 알고 싶어요.

나는 그에게 오늘이 며칠이고 몇 시에 만났느냐고 묻는다. 종이 위에 열두 개의 숫자가 있는 방사형의 원주로 된 '추시계' 하나를 그린다. 그는 스스로 두 개의 '바늘' 모형으로 그가 도착한 시간을 표시하고, 계속해서 여러 가지 시간과 분을 표시한다. 5분도 채 못 되어 내가 몸짓해 보이지 않아도 그는 시간을 쓸 줄 안다. 나는 그것에 대해 칭찬하지도 않고 사실상 의식하지도 못한 채 말을 이어간다.

돌토: 자, 오늘 나에게 할 말이 뭐지?
도미니크: 음, 내 형요. 다 알아요 씨. (그는 아무것도 몰라 씨라서 동일시와는 반대로 그것을 반복한다.) 그리고 그것은 개와 멋진 세레나데예요. 잡이 사방에 오줌을 누었을 때 그를 자랑스럽게 생각하지 않았어요. 그러나 그는 나아졌어요. 집에서는 항상 개들을 데리고 있었죠. (맞는 말이다. 그러나 그것은 아무도 말하지 않았던 사실이고 학교에서는 몰랐던 것이다.) 그런데 양치기 개에 대해 얘기했던 것 있잖아요. 그건 제가 개들을 좋아하기 때문이죠. 우리는 항상 개들을 데리고 있었어요. 전에 구키를 매우 좋아했는데, 그도 잡과 마찬가지로 다정해요. 그

런데 어느 날 우리는 그를 내보내야만 했어요. 주인은 작은 사냥개들을 데리고 있었는데, 개들과 고양이들 사이였어요.

돌토: 그런데 고양이들은 없었잖아?

도미니크: 아뇨. 그런데 그들은 다퉜어요. 그것을 예상했어야 했어요. 난 그가 무슨 말을 했는지 모르겠어요. 하지만 가족들이 그를 쫓아버려야만 했어요. 그를 개들을 위한 기숙사에 보냈죠. 아마 여섯 살 때인 것 같아요. 그래요, 잠시 동안 그것을 생각했어요. 어떤 개를 보면 그라고 믿었어요. 그 개가 그를 닮지 않아도 다른 개로 변장했거나 심지어 고양이로 변장한 그라고 믿었어요! (따라서 실비는 '그가 살아 있다면(실비)'일 수 있고 아기로 변장한 베르나르일 수도 있다.)

돌토: 아, 정말이니?

도미니크: 아 예. 그렇죠. 내가 여섯 살이었을 때 매우 괴로웠어요. 아마 여덟 살 때였던 것 같아요. (그런데 우리는 아버지의 실종된 동생이 도미니크가 세 살 때야 비로소 실종된 것으로 선고되었고, 바베트의 동생인 어린 사촌이 6개월 만에 청색병으로 거의 그가 지켜보는 가운데 죽었던 때가 여덟 살 때였다는 사실을 안다. 여섯 살이라는 것은 퇴학을 당하고 처음으로 치료받던 시기이다.) 뫼즈의 할아버지와 할머니는 엄마의 아빠와 엄마예요. 물론, 여자 우체국원 집에 두 명의 남자애들이 있었어요(실언인가?). 그래서 나는 아주 만족했어요. 마치 내가 고양이 한 마리를 가진 것처럼 그들을 쓰다듬고 간질러 주었어요. 정확히 내가 고양이 한 마리를 가졌으면 했기 때문인데…… 그런데 우리는 그것을 더 이상 갖지 못했어요.

돌토: 고양이 말이지?

도미니크: 아뇨, 개요. 그때 나는 그를 매우 좋아했어요. 그런데 다른 사람들은 개를 쓰다듬어 주는 것이 더 좋다고 생각했어요. 전 독일

산 양치기 개를 원했어요.

돌토: 그래, 왜 그렇지?

도미니크: 왜냐하면요, 진짜 한 가족을 보았는데, 아이들(도미니크는 '그 가족의 아이들' 이라고 말할 줄 안다)[3]이 독일산 양치기 개를 가지고 있었기 때문이에요. 전 그 가족처럼 독일산 양치기 개를 갖고 싶어 안달이 났어요. 아시겠지만 나에게는 지금 집으로 들어가는 것이 축제 기분이에요. 우리 개는 나를 좋아해요. 그 개가 나를 좋아하는 것처럼 나를 좋아하는 잡을 보는 그 개 한 마리가 있을 때 다른 사람들은 믿을 수 없어요. 우리 개는 다리가 짧은 테리어 사냥개인데, 다정스럽지 않고 심술궂어요. 잘 물어서 위험해요. 항상 만족해야 하는데 사람들이 만족하지 못하면 그도 만족하지 못하기 때문이죠. 그래서 그는 위험해질 수가 있어요……. 엄마가 내게 여러 가지 일들을 설명해 주셨을 때 알지 못하는 게 괴롭고요, 특히 엄마가 나에게 설명해 주는 것이 자존심을 상하게 했어요. 이전에 '벨' 이라는 내 성을 좋아하지 않았어요. O로 시작하는 성을 갖고 싶었어요. '올락스' 라 부르는 걸 아주 좋아했나 봐요. 올락스, 아주 좋아요. 출석 부를 때 선생님이 다른 아이들을 부르고 내 차례가 되면 '벨' 이라고 했죠. 그러면 다른 아이들은 "오! 정말 귀여운데!"라고 했어요. 그때 또 자존심이 상했어요……. 그리고는 아주 낮게. 왜 그들이 예쁜 계집애라고 말하지 않았을까요?

돌토: 넌 그러길 바랐니?

도미니크: 그럼요. 그런데 그들은 비웃어요.

---

3) 원문에서는 도미니크가 관계 대명사 'que' 대신에 'dont' 을 쓸 수 있다는 것을 말하는데, 돌토는 그가 정확한 문법을 구사할 수 있음에도 틀리게 썼다는 것을 지적하는 것이다. 〔역주〕

그의 나르시시즘에 대해 매우 파괴적인 두 가지 동요, 즉 모욕을 유발하는 두 가지 계기가 문제된다. 나는 정신분석 치료 동안에 부모 중의 한 사람이나 교사 중의 한 사람, 또는 이상적 자아를 현실로 나타내는 매개체로서 부모의 자리를 차지했던 형이나 누나 같은 이상적 자아의 매개 · 인물들로부터 모욕적인 경험[4]을 했던 실제적인 상황이나 실제적인 에피소드를 상세하게 이야기했던 정신질환자를 본 적이 없다.[5]

그는 '자존심이 상하다' 라는 동사를 반과거로 말한다……[6] 어머니의 교육을 받는 것에 자존심이 상했고, 이른바 그를 우습게 만드는 아버지 성을 써야만 하는 것에 자존심이 상했다. **이러한 자존심의 손상, 스크린 뒤에 숨겨진 모욕**은 다른 성질의 것이다. 그것은 도미니크에게 있어 인격의 모독(자연과 문화 앞에서 무기력에 빠져 있는 인간의 의미가 그에게는 부인되었다)과 관련 있고, 특히 **입문 의식이라는 면에서 오이디푸스 거세**──생식적 · 사회적 권력의 가치 있는 모델인 아버지에게서 비롯되고, **소년들의 사회에서 통과 의례로서 느낀 것**──의 **부인**과 관련된다. 또한 이런 모욕의 경험 아래서 근친상간 금지 법칙의 옹호자들이어야 할 바로 그 부모라는 인격에서 나오는 유혹 · 선동의 불안과 관련된다(우리는 나중에 그 방법을 보게 될 것이다).

우리는 이번 상담에서 그가 개들과 화해를 했고, 이제 아버지의 성과도 화해했다는 것에 주목한다. 사람들이 주인을 기쁘게 하기 위해 되

---

4) 혈통, 부모, 성, 몸과 같이 그가 변경할 수 없는 것에 대한 모욕.

5) '정상적인' 사람들이나 신경증 환자들도 역시 모욕당한 이야기를 하는 것은 사실이다. 병적인 주체들에게 이런 사건들은 본질적으로 현저하게 눈에 띈다. 왜냐하면 이런 사건들은 성장 과정에서 구조화의 중요한 순간에 일어난 것이기 때문인데, 이런 순간에 나르시시즘은 리비도의 활발한 수정이 필요한 현실과의 싸움에서 흔들리고 있고, 그때까지 리비도의 상상적 · 윤리적 가치들은 낡은 것으로 확인된다.

6) 여기서 반과거의 용법은 '과거 상태의 지속'을 의미한다. 다시 말해 과거에 지속되었다는 것을 의미한다. [역주]

돌려보내고, 아마도 주사를 놓아야 했던 개의 에피소드는 집주인인 다루기 힘든 사촌여동생을 즐겁게 하기 위한 것처럼, 청색증에 걸린 어린 사촌의 출생과 급작스런 죽음과 관련 있는 듯하다. 사촌여동생은 자기 동생 브뤼노보다 세 살 많았다. 또한 마술적인 의식을 치르는 거친 시골 여인인 괴상한 외할머니와의 화해가 있었다.

우리는 이번 상담에서 문자 그대로 쓰다듬어 주는 동물들인 개와 고양이 같은 어린 소년들과 에로틱하고 정다운 관계의 에피소드(아마 실언과 함께)를 지닌 암시도 또한 주목한다. 얘기되고 환상적이 된 이런 상황은 도미니크가 죽은 아들들의 사진을 보기 위해 그를 팔에 안고 있었던(적어도 그는 그렇게 얘기한다) 페르피냥에 있는 할머니의 부분 대상이었던 상황이었다. 게다가 어머니가 소위 정신분석가의 충고에 따라 어린 여동생에게 하듯이 여섯 살 된 다 큰 소년을 다시 어루만져 주었고 아직도 그러고 있다는 사실을 상기해 보라. 어머니는 젖떼기와 질투의 시련을 왜곡함으로써 상징적 이점들을 그에게서 빼앗았고, 그 결과 실제의 시련을 겪고 난 뒤 거기에서 비롯되는 구조화하는 방어 과정의 가능성을 빼앗아 버렸다. 외상은 여동생의 출생의 시련이라는 애정의 횡령이 아니었다. 그것은 다시 주어진 젖가슴이었고, 인간의 정체성을 보존하고 지탱했을 엄한 아버지 같은 교육적인 요구 사항의 포기였다. 게다가 우리는 도미니크에게 있어 도착적인 것으로부터 일어났던 일이 무엇이며, 어머니의 습관적인 행동에서 비롯되는 것이 무엇인지 알게 될 것이다. 어머니는 혼자 있는 공포 때문에 악의 없이 자신의 아이들이 그녀와 함께 침대에서 수동적으로 몸을 맞대어 있도록 했다. 그러나 지레짐작은 하지 말자.

이러한 추억들을 이야기한 후에 도미니크는 지난번의 방랑자와 바캉스 이전의 '인물들' [7]에 비해 표현 기법이 확연하게 차이가 나는 인물(첫번째 상태의 크로키를 보라)을 만든다.

돌토: 그가 누구지?

도미니크: 아마 엄마가 어렸을 때 알던 흑인들일 거예요. 그들은 완전히 나체였어요. 그래서 사람들은 그걸 보고 있어요. (그런데 몸체밖에 보이지 않는다.)

돌토: 그게 뭐니?

도미니크: 오! 내가 그에게 옷을 입혔네요. 그래서 그걸 못보는구나.

돌토: 그걸 보고 있었다고 말했는데, 왜 그렇지?

도미니크: 네, 그들은 그걸 보여줘요. 그들은 그걸 나쁘게 생각하지 않아요. 도미니크는 그에게 페니스를 하나 달고 이렇게 말한다. 자, 그의 젖이에요. (그것은 사실상 발기해 있는 암소의 젖 같다.) 그는 계속해서 말한다. 아뇨. 이건 엄마의 흑인이 아니라 포포를 찾는 아기예요. 아시겠지만(아주 낮은 소리로 말한다), 난 오랫동안 침대에 오줌을 쌌어요. 자, 이것도 남자의 성기라 불러요. 그는 이 인물에게 유방을 나타내는 두 개의 공을 달아준다(두번째 크로키를 보라).

돌토: 아니, 성기라고 부르는 것은 그게 아니야. 네가 방금 전에 달았던 두 개의 공은 다른 건데, 그게 뭐지?

그는 잠시 동안 침묵하다가 이렇게 말한다. 엄마는 얼마동안 나에게 흥미를 주었던 팡테옹이었어요. 아시겠지만 팡테옹에는 나폴레옹이 묻혔어요. 거기에는 병원이 하나 있어요. 무덤의 병원 말이에요. (그의

---

7) 110쪽 그림 참조.

어머니는 완전한 신, 형태, 젖가슴과 죽은 자들이다. 완전한 나폴레옹, 불구자들의 간호사, 장애자들의 부양자인 그의 어머니는 '일'에 가치를 부여한다.)

돌토: 나폴레옹의 무덤 병원이 뭐니? 거기에는 이름이 있니?

도미니크: 예. 그들이 어떤가를 말하는 이름이에요. 더 이상은 모르겠어요. 그는 찾는다.

돌토: 앵발리드 병원 아니니?

도미니크: 아, 예. 맞아요. 그렇군요. 그건 어떤 상이군인이에요. 전 그것보다 훨씬 더 적은 가축을 갖고 있어요(?). 전 교환을 했어요. 엄마가 내게 주었던 트랙터 한 대도 갖고 있어요. 전 농장 주인 놀이하는 게 좋거든요. 사촌들 집에서는 더 분위기가 좋아요. 농장이기 때문이죠. 그렇게 꼭 상상력이 풍부할 필요는 없어요. 그건 사실이에요. 내 사촌은 공부하지 않아요. 그는 침묵한다.

돌토: 음, 어떻게 그럴 수 있니? 그래서 학교에 안가니?

도미니크: 예. 걔는 여섯 살이거나 여덟 살인데, 곱셈을 해요. 그건 공부가 아니에요. (얼마 전 개──일명 죽은 어린 사촌동생──가 사라졌을 때, 이 죽은 사촌의 형인 그는 여섯 살이거나 여덟 살이었다.)

돌토: 그런데 넌 곱셈을 공부하는 거라고 생각지 않니?

도미니크: 아, 예. 전에(무엇을 하기 전인가?) 어른들이나 기술자 학교들을 위한 공부라는 단어를 보았어요(인용 그대로).

돌토: 그게 아니고, 지식을 배우는 모든 것을 공부하는 것이라 부르지. 그런데 사실 네 어머니는 네 형이 현재 학생이라고 하는데, 그건 그가 직업을 배우는 학교에 다니기 때문이지. 너도 학생이고 네 사촌도 마찬가지야. 학생은 초등학교나 중학교에서 공부하지. 학생은 매우

자유로워서 똑같은 공부를 하지도 않고 똑같은 장소에 있지도 않아. 사실 네 어머니와 아버지도 서로 알고 결혼했던 때 상급 학교 학생들이었어. (도미니크가 들었는가? 아니면 내가 두 번이나 개입한 것이 아무 소용이 없었는가?)

도미니크: 좋아요. 오늘 아침[8]에 놀랐어요. 학교에서 모든 것이 더 나아졌어요. 받아쓰기에서 하나도 틀리지 않았고 곱셈에서도 그랬어요. 그런데 그건 내가 속하지 않았던 그룹의 곱셈이었어요. 그때 내 그룹에서는…? 선생님이 세 개 그룹을 만들었기 때문이에요. 그때 내 그룹에서 내가 잘못을 했는지 잘 몰라요. 어쨌든 내 그룹에 속하지 않았던 곱셈에서 실수하지 않았어요.

여기까지 상담이 있은 후, 형이 자기와 어머니를 따라와서 나를 만나 보고 싶어하며, 도미니크 자신은 그것에 매우 만족할 것이라고 말했다. 그는 참석하고 싶어하지 않았다.

제3부
폴 마리의 면담

나는 곧이어 폴 마리 혼자만 만난다.

그는 극도로 공손하고 거의 어색할 정도로 잔뜩 멋을 부린 소년이

---

8) 사실상 그는 오늘 '아침' 상담에 왔기 때문에 학교에 가지 않았다.

다. 그는 비록 열일곱 살이지만 동생보다 수염이 적게 나고 신체상으로 열네 살이나 열다섯 살 정도로 보인다. 나는 그가 생활에서 동생을 도와주었는지 물어보았다. 그는 동생이 길을 잃기 때문에 항상 그를 사방으로 '이송해야' 했고, 또한 데리고 다녀야 했다고 말한다. 모든 사람들이 주목하는 동생이 있다는 것은 끔찍한 일이지만——물론 사람들이 고약한 건 아니다——결국 자기 형제이기 때문에 사람들이 그를 비웃어도 괜찮다고 말한다. 그는 동생이 여기에 온 이후로 많이 변했다고 생각한다. 내 질문에 그는 나를 알고 싶어했다는 사실을 부정했지만, 그렇게 말하면서 얼굴이 붉어졌다. 그에게 오라고 말했던 사람은 어머니와 도미니크였다.

폴 마리에게 아버지의 부재를 어떻게 받아들였는지 물어보았다. 그건 유쾌한 일이 아니라고 말했다. 그리고 자신은 전혀 아내와 함께 있지 않은 남편에 대해 우습다고 생각하지만 분명 직업 때문일 거라고 말했다. 엄마가 아버지의 직업 때문이었다고 그에게 말했던 모양이다. 그러나 그는 "그게 엄마를 지겹게 한다는 것을 안다면 아빠는 더 자주 올 수 있을 거라"고 생각한다. 아버지가 집에 없는 일이 어머니를 지겹게 했기 때문이다. 그는 그것을 어떻게 알아차렸을까? "엄마가 잠자리에서 추워했기 때문이죠. 그래서 우린 항상 엄마의 침대로 가야했어요. 그런데 난 가고 싶지 않아서, 도미니크나 어린 여동생이 거기에 가요." 그에게 자기가 하는 일과 친구들이 만족스러운지 물어보았다. 그는 어머니와 거의 똑같은 것들을 말했고, 거의 똑같은 표현을 썼다. 여자애들이 시시덕거리는 것을 이해하지 못했고, 그런 행동이 단정치 못하다고 생각했다. 또한 그는 남자와 여자가 함께 자는 것을 이해하지 못했다. 그런 것이 필요한데, 왜냐하면 그 일이 없으면 아이들이 생겨나지 않을 것이기 때문이다. 그는 철학 수업반의 남자애

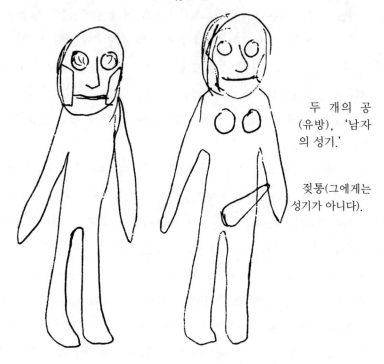

두 개 의 공
(유방), '남자
의 성기.'

젖통(그에게는
성기가 아니다).

첫번째 상태: 엄마의 흑인. 그
들이 나체이기 때문에 '그것'이
보인다. 그러나 나는 거기에 옷을
입히도록 했다.

두번째 상태: (그게 뭐니?) ——
젖통와 '성기' 예요(다시 말해 유방
이다).

눈은 부조로 재현되어 있다. 그
는 뺨 위의 판들에 대해서는 아무
말도 하지 않는다.

를 좋아한다. 그 아이가 말하는 모든 것은 그에게 많은 흥미를 주기 때문이다.

폴 마리는 나에게 말했던 일에 만족한 것처럼 보였다. 면담은 오래 가지 않았지만 많은 이야기가 오고 갔다.

형을 보고 난 뒤에 나는 다시 도미니크를 만난다.

제4부
도미니크의 두번째 면담

나는 어머니가 형제들을 잠자리로 불러들여 몸을 녹이는 것을 좋아한다는 점과 형이 그 잠자리에 가고 싶어하지 않는다는 점에 대해 형이 나에게 이야기했다는 사실을 도미니크에게 말한다. 그때 도미니크는 약간 거북해하면서 생각에 잠긴다……. 그런 후에,

도미니크: 아시겠지만, 어느 날 스케이트장에서 형과 여동생을 만나 매우 놀랐어요. 내 동무와 함께 있었는데, 걔는 동무라기보다는 친구예요. (아버지의 사장은 사장 이상으로 친구이다.) 그런데 아시겠지만, 여동생은 괴짜 친구들과 만나요. 형도 괴짜들과 같이 있어요.

그가 이른바 형과 동생의 친구들에 대해 비방하고 헐뜯기 시작하는, 어머니와 함께 잠자는 것을 암시하는 이러한 방어 태도 앞에서, 그와 함께 있었던 친구 둘이 어울려 '괴상한 짓'을 하는 친구였다고 생각한 나는 그에게 그런 생각을 말한다. 나는 그가 말하는 것을 이런 각도에

서 해석해 준다. 그러자 그는 목소리를 낮추어 말한다.

도미니크: 맞아요. 우린 엉덩이와 구멍을 가지고 놀아요. 암소들처럼 젖을 가지고 그렇게 해요.

돌토: 네 몸에 일어나는 일이나 네가 젖이라고 부르는 것에서 일어나는 것은 암소의 젖이 아니고 네가 잘 아는 너의 성기지. 우리는 얼마 전에 정확하게 그걸 말했어. 네가 네 어머니의 흑인이라고 말하면서 사람을 만들었을 때 그랬잖니. 그래, 지난번에 개꼬리와 마찬가지로 그 꼬리가 위로나 아래로 있는 때도 있지. 그건 네가 그걸로 노는 동안에 네 몸에서 느낀 것에 따라 다르지.

도미니크: 맞아요. 그것이 이상하게 만들어요. 참, 내 여동생은 엄마 잠자리에 가요. 아시겠지만 나도 가고요. 혹시 엄마가 듣고 있나요? 그는 목소리를 낮춘다.

돌토: 네 어머니가 들을 수 있다고 생각하지 않지만, 원하면 아주 작게 말해도 좋아. 그런데 네가 엄마 침대에 자기 때문에 엄마는 그걸 알지. 왜 그걸 아주 작게 이야기해야 하니? 네가 나에게 이야기하는 걸 엄마가 듣지 않게 하려고?

도미니크: 음, 이젠 엄마와 같이 자고 싶지 않기 때문이에요. 내가 일곱 살 때였어요. 엄마가 원했어요. 난 잘 모르겠어요. 방금 전에 말한 것처럼 그게 날 이상하게 만들었어요. (그는 발기를 의미한다.) 엄마는 "이리 오렴, 그게 날 따뜻하게 해줄 거야"라고 말했어요. 그러면 기분이 좋아요. 그런데 아시겠지만(그는 목소리를 낮춘다), 아빠가 집에 있으면 엄마는 원하지 않아요. 엄마는 아빠가 집에 없을 때 그렇게 말해요. 엄마가 지겹기 때문이에요. 아시겠죠. 아빠가 식료품 주인이었으면 더 좋았을 거예요. 그러면 아빠는 항상 침대에서 엄마를 따

뜻하게 해줄 수 있을 테니까요. 엄마는 여자애들은 항상 여자들과 자야 한다고 말해요. 그래서 내 여동생은 항상 엄마와 함께 자요. 아시겠지만, 정말로 나는 아직도 엄마 잠자리에 가고 싶어요. 그렇지만 그 다음에는 모르겠어요. 그리고 남자애들은 항상 남자애들끼리 자야한다고 엄마가 말했는데, 왜냐하면 우리가 컸을 때 남자들은 남자들끼리 자기 때문이죠. 아빠는 독일에서 일할 때 아저씨들과 자고 아줌마들과는 만나지 않아요.

돌토: 네가 네 형과 그것에 대해 말할 때 형은 뭐라고 하지?

도미니크: 오, 형은 별로 신경 쓰지 않아요. 여자애들에게 관심이 없어요. (암시: 나는 거기에 관심이 있다.) 엄마는 그에게 묻지 않아요. 그래서 그는 별로 신경 쓰지 않아요. 내가 좋아하는 것은 있죠. 그건 내 할머니, 엄마의 어머니가 올 때이죠. 집에 있을 때 할머니는 뭐든 써요. 레스토랑, 식기, 종업원, 메뉴, 할머니는 모두 써요. 우리가 하는 모든 걸요. 나는 있죠, '내' 할머니 '그'가 올 때가 좋아요. (그가 말하는 모든 것을 쓰는 나에 대한 암시이고 '남자 같은 할머니'[9]처럼, 성가시게 끼어들고 도착적으로 과보호하는 어머니와 아들을 떼어 놓는 나에 대한 암시이다.) 난 자동차 정비공이 되고 싶어요.[10] 사람들에게 휘발유를 팔고 그들의 차에 휘발유를 넣어주는 것을 좋아해요. 그래서 나는 엄마에게 말했죠. 아빠가 집에 있으면 아빠는 뭐라고 말할까요? 그건 사실이에요. 엄마가 옳아요. 그런데 난 모르겠어요. 그게 나를 이상하게 만들어요. 그다음에는 모르겠어요.

---

9) 이 표현에서, 도미니크가 외할머니를 지칭하면서 남자를 가리키는 대명사 '그 (il)'를 썼고, 이와 마찬가지로 여성 관사(la) 대신에 남성 관사(le)를 사용하여 'le grand-mère'라고 쓰고 있다. [역주]
10) 휘발유를 넣은 것과 성교와의 연상. 모든 것을 쓰는 나에 대한 성적 유희와 전이를 주목하자.

분명히 거기에는 나에게 하는 질문이 있었다.

돌토: 그런데 옳은 건 분명히 너야. 네 아버지도 똑같이 말씀하셨을 거다. 네 엄마는 남자 형제가 없었고 계속해서 수녀들이 있는 기숙사에서 성장하셨어. 내 생각에 어린 남자애가 자기 엄마와 함께 잘 때, 그 아이가 엄마 잠옷이나 엄마 몸에 꼭 붙어 있고 그 아이도 옷을 거의 입지 않아서 뭔가 이상한 것을 느끼게 만든다는 사실을 네 엄마가 모르는 것도 그 때문인 것 같다. 그 아이는 속으로 자기가 아빠의 자리를 차지하기 때문에 자신을 엄마의 남편으로 생각하는 것을 매우 나쁘다고 느끼고, 그의 몸속에서는 그게 뭔가 이상한 것을 느끼게 만들지. 그 아인 자기가 동물인지 아주 어린 여자아기인지 남자아기인지 더 이상 알지 못하고, 그 때문에 그는 자신이 무언지 더 이상 모르는 바보가 되지. 네가 잘 아는 것처럼, 엄마는 아빠가 집에 있으면 네가 엄마 잠자리에 올 수 없다고 말하지. 물론 지구 어느 곳에서나, 그리고 다 벗고 사는 흑인들의 나라에서도 모든 인간의 법칙에는 남자아이들이 그들 엄마와 잠자리를 함께하는 것을 금지하고 있어. 결코 남자애는 자기 어머니의 진짜 남편이 될 수 없고, 아이들을 낳기 위해 어머니를 결코 사랑할 수 없어. 아이들은 두 부모의 성교로 생겨났지. 인간의 법칙은 아들의 성기가 자기 어머니의 성기와 절대 결합해서는 안 되는 것이야. 내가 너에게 말하는 것은 진실이야. 네 엄마는 네가 진실을 알기를 바라지. 네 엄마가 그걸 전혀 생각하지 못하셨던 것은 남자 형제가 없었고 수녀들에게서 자랐기 때문이야. (나는 반복해서 이야기한다.) 네 아버지에게 물어보렴. 그러면 네 아버지도 내가 말하는 것과 똑같이 말씀하실 거야. 그것은 모든 인간의 법칙이지.

다섯번째 상담의 모형

11

불룩한 돌출 형태의 연장 부분
이 있는 입체로 된 공.

아래 표면이 위 표면과 이어져
있어서, 그 자체로 닫혀 있는 납
작한 리본(뫼비우스의 띠).

모형은 금지된 근친상간을 확인하던 날, 두 번에 걸친 상담을 하는 동안 말을
하면서(아무런 연상 작용도 없이) 모두 만들어졌다.

이 두번째 면담을 하는 동안 말을 하면서 도미니크는 두 가지 모양의 모형을 만든다(남근의 형태와 뫼비우스의 띠로 된 크로키를 참조). 나는 아무 말 없이 그것들을 그린다.[11]

두 번에 걸친 도미니크와의 면담과 폴 마리와의 면담이 있은 후, 어머니는 내가 아직도 자신에게 할 이야기가 있는지 도미니크 앞에서 물어본다. 아마도, 그건 것 같군요. 이어서 나는 도미니크에게 묻는다. "네 엄마와 얘길 좀 해야 할 것 같은데?" 도미니크는 전적으로 동의한다. 나는 이미 두 번씩이나 직업상의 비밀에 대해 말했다. 그가 완전히 신뢰한다는 생각이 든다.

제5부
어머니의 단독 면담

나는 어머니에게 아버지가 집에 없는 것이 분명히 두 아이들을 매우 거북하게 하고, 그 점에 대해 그들에게 이미 이야기했다고 말한다. 나는 폴 마리가 동생 도미니크 때문에 어쩔 수 없이 함께 다녀야했던 일이 확실히 그를 언짢게 했다고 말한다. "그래요, 그걸 알아차렸어요. 그렇지만 그 아인 매우 친절했고 그게 형제애였어요." (이 형제애라는 말은 집안의 구호이다.) 나는 폴 마리가 어머니와 함께 있을 때 그렇게 얌전하다고 생각하지 않고, 그녀와의 어떤 친밀한 관계를 거부하는 것

---

11) 115쪽 그림 참조.

으로 보아 그의 남성적 감수성이 완전히 정상적인 것으로 보이며, 아마도 그녀가 남자 형제가 없었던 까닭으로 어머니라면 자신의 아들들과 함께 있을 때 주의해야만 하는 친밀함의 수준이 어떤 것인지 잘 이해하지 못하는 것 같다고 이야기한다. 현행범으로 들킨 약삭빠른 소녀의 귀여운 표정을 짓고는 장난기 어린 아양을 부리면서 그녀는 이렇게 말한다. "그래요. 내 잠자리에 아이들이 있는 게 아주 좋아요. 그리고 또 애들 앞에서 완전히 벗은 모습을 보여주는 것도 거북하지 않아요. 나는 그것이 아이들에게 필요한 진실이기도 하고, 모든 것이 아름답다고 생각하기 때문이에요."

"그런데, 그것이 아마도 아이들, 특히 남자아이들을 거북하게 만들고 당신의 딸에게도 마찬가지일지 모르잖습니까?"라고 나는 그녀에게 말한다.

실비에 대한 그녀의 태도를 보면 그녀는 완전히 이해심이 없다. 남자아이들이 그녀의 몸을 따스하게 해주려고 잠자리에 오는 것을 피하는 한 딱하게도 실비는 그것을 받아들여야 한다는 것이다. 그들이 비정상적으로 얌전하다는 것을 의미하지 않는다면 그나마 다행한 일이다. 그러나 딸에게는 그렇지 못하다. "아시겠지만 나에게 실비가 붙어 있으면 따뜻해요. 그런데 남편이 집에 있으면 그 애는 불만스러워해요. 왜냐하면 확실히 남편이 집에 있을 때 우리는 그 애들이 필요 없기 때문이죠. 도미니크와 같이 있는 것은 나에게 아무런 변화도 없어요. 물론 폴 마리는 이제 그게 거북스럽다고 말해요. 그는 나를 피해요. 그런데 나는 그 애의 어머니예요! 그런데 자기 어머니에게 숨길 게 뭐가 있겠어요!"

우리는 성적으로 어린애 같은 어머니를 발견한다. 다시 한번 더 말하면 퇴행, 종과 성의 혼동, 오이디푸스적 자아의 폐제, 지금 도미니

크가 체험한 훼손된 에피소드들을 겨우 알아보게 되는 이런 모든 사
실의 주된 원인은 바로 근친상간의 유혹이다.

여섯번째 상담: 1월 18일
이전 상담 15일 후

도미니크는 모형도 만들지 않고 데생도 그리지 않을 것이다. 말만하게 될 뿐이다. 그는 만족스럽고 즐거운 모습으로 들어온다.

도미니크: 이제, 시간을 볼 수 있어 만족스러워요. 침묵. 정말 기적같은 일이 있어요. 대모, 아니(비난받은 실수) 할머니와 함께 얌전히 있는 것으로 충분했어요. 할머니는 완전히 변했어요. 제 편이거든요.

돌토: 너의 대모에 대해 말했니? 그런 말을 한 적은 없었는데. 그분이 누구지? 도미니크는 대답하지 않고 말문을 닫는다. (내가 조심성이 없는 탓이다.)

돌토: 네가 말하면서 너의 대모와 할머니를 혼동했기 때문인데, 난그걸 물어본 거야. 사람들이 어떤 다른 것에 대해 이야기할 때는 항상 뭔가를 의미하지. 내가 너의 대모에 대해 물어본 것도 그 때문이지. 어떻게 대모와 할머니가 너의 머릿속에서 섞일 수 있을까? 할머니가 또한 대모니?

도미니크: 예. 폴 마리의 대모예요. 그래도 그는 할머니라고 불러요. 그렇지만 그게 아니에요.

돌토: 그러면 뭐지?

도미니크: 오늘 내 대모가 바로 편지를 썼어요. 내 새해 선물에 대해

잊어버렸던 것은 대모의 잘못이 아니에요……. 잠시 침묵한다.

돌토: 그 사람이 누구지?

도미니크: 자주 못 보는 친척이에요.

돌토: 그분이 너를 잊어버렸던 것이 처음이니?

도미니크: 예, 맞아요. 처음이에요. 그런데 대모는 두 개의 선물을 함께 보낸다고 했어요. 1월 19일에 내가 태어났기 때문이거든요. 그래서 하나는 새해 선물로 보내고 다른 하나는 생일 선물로 보낸데요.

돌토: 그리고 할머니는?

도미니크: 할머니도 내 생일을 위해 편지를 썼어요. 나를 사랑한다고요. 할머니가 나를 사랑하는 것은 처음 있는 일이에요. 그리고 생일을 위해 돈을 부쳐주셨어요. 그건 기적이에요. 정말 기적이에요. 침묵. 나는 여자인 척하기를 좋아해요.

돌토: 얘기해 보렴.

도미니크: 내 사촌은 암소 상인(오늘 그가 말하는 이 사람은 보비 고모부인가?)의 아들이죠. 그의 엄마 역시 내 고모예요. 고모에게는 두 명의 아이가 있어요. 고모는 남자아이에게나 가끔 하녀에게도(?) 역시 젖병을 줘요……. 그래서 사촌과 나, 우리는 젖병을 받자마자 암소 젖을 짜서 아이에게 젖병을 주는 고모에게 우유를 주는 거예요. 우습죠. 아주 재미있어요. 우리는 젖병을 주는 여자를 우유를 주는 여자로 만들어요.

돌토: 젖병이니 아니면 젖가슴이니? 그는 대답하지 않는다. 침묵.

도미니크: 저것과는 같지 않지만 나도 작은 우물이 하나 있어요. (다른 아이가 놓아둔, 탁자 위에 있는 우물 형태의 모형과 관련된 것이다.) 그는 말을 이었다. 내가 그걸 가지고 놀기를 바라시죠?

돌토: 무얼 가지고?

도미니크: 여자와 함께요……. 내 사촌과 함께인 것처럼요……. 선생님은 친절하시죠!

돌토: 왜지? 넌 특별히 재미있는 모든 것은 금지되어 있다고 돌토 부인이 말할 거라고 생각해 왔니? 그런데 그런 놀이를 너의 아버지 앞에서도 할 수 있을 거라고 생각하니?

도미니크: 아 예, 모든 사람이 웃어요. 그리고 암소 상인인 내 사촌 아버지도 우리가 여자인 체하면 웃어요.

돌토: 그러면, 아버지가 그것을 허용된 것으로 생각하면 허용된 거지.[1]

도미니크: 예, 하지만 그래도 재미있어요.

돌토: 그런데 허용된 것들 가운데 재미난 것들도 많지.

도미니크: 예, 맞아요. 침묵. 지금 미스터리를 밝히겠어요…!

돌토: 얘기하렴.

도미니크: 예, 엄마에게는 전기담요가 하나 있어요. 여동생도 그걸 아주 좋아해요. 동생도 엄마가 따뜻하게 해주는(원문 그대로) 걸 좋아해요.

이러한 부적절한 구문은 다음과 같은 실수를 위장하고 있을지 모른다. 내 여동생은 엄마처럼 남편 대신에 따뜻하게 해주는 전기담요를 좋아한다. 우리는 나중에 그 의미가 확실해지는 것을 보게 될 것이다. 따라서 그게 맞다. 항상 도미니크는 아직도 그가 인정하지 않는 근친상간 금지의 주변에 머물러 있다. 우리는 담요를 지니고 있던 유

---

1) 이 놀이의 도착적 성격에 관해 의심을 하고 있던 나는 아버지의 법을 참조하는 것에 만족했다.

목민과 목 주변에 놓여 있던 마르모트의 작은 팔들을 기억한다.

　돌토: 무엇에 대해 얘기하는 거지?

　도미니크: 음, 아빠가 집에 없을 때 엄마와 아빠(원문 그대로)의 침대로 가는 여동생에 대해서요. 아빠가 집에 있으면 엄마에게 전기담요가 필요 없거든요……. 그게 미스터리예요! 계집애가 전기담요에 연정을 품는다니!

　돌토: 전기담요에 대해서니 엄마에 대해서니?

　도미니크: 둘 다요! (우리는 전기담요가 엄마 남편의 대체물이라는 것을 안다. 그리고 도미니크에게는 자궁의 상상적 퇴행이다.)

　돌토: 그래서 네 여동생은 계속 어머니와 함께 자니? 어머니는 더 이상 동생을 잠자리에 들이지 않을 거라고 말하지 않았니?

　도미니크: 아뇨, 그런데 말이에요, 엄마가 전기담요를 샀을 때 그런 것처럼 계집애는 이제 그것 때문에 거기에 가요.

　돌토: 그리고 너는? 침묵

　도미니크: 왜요? 걔의 성기가 불이 날 수 있다고 생각하세요…?

　돌토: 네가 그렇게 생각하는 거지. 네 생각을 얘기해 보렴……. 침묵.

　도미니크: 좋아요. 예를 들어 어린 여섯 살이나 일곱 살 남자애가 어머니와 함께 잘 때 아기의 성기가 어머니에게 붙어 있으면 그는 자기 성기를 불붙게 할 수 있나요?

　돌토: 너는 그렇게 생각하니? 그런데 넌 여섯 살이나 일곱 살 소년이라고 하는데 이미 다 큰 소년이지. 그리고 아기의 성기라고 말하는데……. 이해가 안 가는구나.

　도미니크: 맞아요. 소년은 어머니의 몸속으로 다시 들어갈 수 없어요……. 그런데 거기에서 떨어질 수 없어요……. 침묵.

돌토: 어머니의 몸속에 다시 들어갈 수 없는 것이 뭐지?

도미니크: 아, 성기요! 그것이 붙어 있기 때문이에요. 남자가 곁에 있으면 약간은 자기 편과 같은 남자이고, 여자는 여자 편이에요. 그리고 여자들 속으로 다시 들어가는 성기는…… 그들에게는 각각의 편이 있어요……. 그때 성기는 다시 들어가요. 여자들은 먼저 아기들이다가 다음에 자라요. 남자애들은 특히 아기일 때 똑같아요. 그들이 어린 채로 남아 있으면……. 침묵. 선생님은 어떤 아랍인이 갖고 있다 유목민에게 팔아야 했던 암소를 기억하시겠죠?

돌토: 그래, 기억하지.[2]

도미니크: 그 유목민은 젖을 매우 좋아해서 매일 그 암소 젖을 짰어요(원문 그대로). (상상 속에서 입맞추다와 짜다라는 동사가 혼동된 것).

돌토: 그가 암소 젖을 짰다고?

도미니크: 예, 그는 암소 젖을 짜고, 짜고, 너무 짜서 나중에 그 암소는 너무 말랐어요. 마르지 않았더라도 젖이 더 이상 없었어요. 어릴 때는 그렇죠, 사내애들이나 계집애들이나 같아요. 그리고 나중에 더 이상 젖이 없어요……. 엄마는 암소예요. 엄마는 살찌고 살쪄 젖이 있어요. 그러다가 나중에 아무것도 없어요. 사내애들은 젖을 많이 가지고 있는 계집애들보다 더 오랫동안 젖을 갖고 있어요…? 계집애들과 사내애들 중 누가 더 좋은가요…? 젖에 대해서는요…?

돌토: 젖은 양식이지. 그런데 예쁘지 못하거나 아름답지 않은 것에 대해 추하다고 하지. 추한 것이 뭐지?

도미니크: 아뇨. 전 계집애이고 싶지 않아요. 하지만 내가 사내애였기 때문에 추한 것을 좋아하지 않았어요……. 침묵. 전 여자인 체하는

---

2) 도미니크는 네번째 상담을 연상한다. 78쪽 참조.

게 좋아요. 그렇지만 그러고 싶지는 않아요……. 사람들은 계집애들이나 사내애들 중에 누구를 더 좋아해요…? 그래요, 사람들은 누구를 선택하나요?

돌토: 먼저 '사람들'이 누군지 말해주렴. 그러면 아마 네가 찾게 될 대답이 있을 거야.

도미니크: 할머니요, 이제 할머니도 나를 좋아하고 어머니도 항상 나를 똑같이 사랑했어요. 그건 기적이 아니라 어머니죠.

돌토: 그럼.

도미니크: 어머니는 자기 아기들을 사랑해요. 그래서 아이들은 항상 아기들이죠.

돌토: 그렇게 생각하니?

도미니크: 아뇨, 그들은 커요. 하지만 어머니는 다른 아기들을 가질 때도 어머니예요……. 엄마 고양이들은 나중에 자기 아기들을 잊어버려요……. 침묵. 엄마는 한번 왕을 선택했어요…….

침묵.

돌토: 얘기하렴. 침묵. (그는 아마 이 추억에 저항하는 것 같다.)

도미니크: 엄마는 자기 편물 속에 넣었어요(그는 목 스웨터 아래로 배와 부풀린 가슴을 보여준다), 엄마는 편물 속에 작은 검은 고양이 한 마리를 넣었어요……. 됐죠. 내가 혼자 말했던 거예요. 나는 더 이상 어머니의 아들이 아니에요. 내 자리를 차지했던 것은 그 고양이라고요…! 그건 우스울 거예요!

돌토: 네 대모에게서와 마찬가지로 엄마 고양이나 엄마 암소에게 잊혀진 것처럼 아마 너도 불행했겠구나?

도미니크: 아니에요. 아! 저는 만족하지 못했어요, 전혀 만족하지 못했어요!

돌토: 여동생이 전기담요 때문에 네 어머니 침대에 갈 때와 같구나.

도미니크: 예 맞아요. 실비는 엄마와 함께 있기 위해서가 아니고 전기담요를 갖기 위한 것이라고 말했어요. 그처럼 걔도 역시 어머니일까요? (원문 그대로) 도미니크는 '이다'와 '갖다'를 혼동한다.

돌토: 아마 실비도 네 아버지가 집에 계실 때 아버지를 차지하고 싶었을까?

도미니크: 아 예! 그는 웃는다. 걔는 엄마가 더 이상 필요 없을 거예요. 그리고 전기담요도 필요 없어요. 왜냐하면 엄마는 우리보다, 전기담요보다 아빠가 더 좋다고 말하기 때문이에요.

돌토: 엄마가 아빠와 함께 잠자리에 있었을 때 엄마가 너를 잊었다고 생각했고, 만족스럽지 못하고 전혀 만족스럽지도 못했겠구나!

도미니크: 예, 하지만 형은 문제 삼지 않아요. 그는 엄마의 따뜻한 체온을 좋아하지 않는다고 말해요. 엄마는 그가 꼭 필요할 거라고 생각해요.

돌토: 네 아버지는?

도미니크: 아빠는 그에 대해 아무 말도 하지 않아요. 아빠도 집에 없으면 마찬가지겠죠. 아빠는 계집애들이나 사내애들을 좋게 생각해요, 아빠에게는 다 마찬가지예요……. 아기를 낳는 것은 여자들이죠. 그리고 그건 여자에게 있어요…….

돌토: 너는 여자들이 혼자서 아기를 낳는다고 생각하니? 아이를 여자에게 주는 사람이 아버지라고 생각하지 않니?

도미니크: 아 맞아요. 그에 대해 뭔가 얘기해 주는 걸 들었어요. 그런데 나를 놀리지 않았는지 확실치 않았어요. 아시겠지만 사람들은 진

짜이지 않은 것들을 그렇게 말하거든요. 그런데 어머니는 중요하죠, 그렇지 않아요?

돌토: 네 아버지에게 있어 매우 중요한 분은 그의 어머니겠니, 아니면 그의 아내인 '너의' 어머니겠니?

도미니크: 아 예! 그건 맞아요. 페르피냥의 할머니가 아니에요. 하지만 아빠는 메메와 페페(어머니의 시부모)를 사랑해요.

돌토: 그래, 그런데 '그의' 아내는 어떤 여자지?

도미니크: 음, 내 어머니요. 아빠가 남편이니까요. 그건 당연하잖아요?

돌토: 그럼, 당연하지. 그래서 남자애들이 성장할 때 가장 중요한 사람인 그들의 어머니보다 더 중요한 것이 여자애들인 것은 그 때문이지. 그들은 애써 결혼할 아내를 선택하려 하고, 나중에 아이들을 갖게 되지.

도미니크: 그렇군요! 그런데 남학생이거나 여학생이 되어야 해요?

돌토: 너는 그렇게 생각하니…? 생각에 잠긴다.

도미니크: 아뇨, 꼭 필요한 건 아니에요. 농장 주인들이나 암소 상인들은 공부하지 않아요. 장군들은 다른 사람들처럼 공부하지 않아요. 그들도 결혼해요. 내 할머니도 그의 아내거든요. (그는 벨 할아버지를 생각한다.)

하나의 성과 유일자——양성 환상의 포기, 1차 거세, 그리고 존재와 소유의 문제를 강조하는 실수에 이르기까지 남근의 가치에 관한 문제 제기를 포함하는 것——안에서 인간 가치를 주변에서 인정하는 문제 제기와 더불어 이번 상담이 흥미롭다는 것을 강조할 필요는 없을 것이다. 이러한 남근의 가치는 페니스 소지자들에게 속하는가? 그것이 아이들을 낳고 키우는 여자들에게는 해당되지 않는가? 거기에는 권력을 가진 필요한 어머니에게 불쾌감을 준다는 불안이 있다. 그 어머니는 망각을 통해 당신이 아들의 위상을 상실케 할 수도 있고, 당신을 양육하지 않고 더 이상 따뜻하게 보살피지 않음으로써 당신이 추하고 무용한 것으로 느끼게 만들 수도 있다. 여자의 한쪽인 남자, 남자의 한쪽인 여자의 모든 연속은 아마도 창세기의 이야기들뿐만 아니라 모호성——도미니크는 이상적 자아를 위해 가치 있는 성에 비하여 이런 모호성 속에서 성장했다——을 참조하는 것 같다.

이번 상담은 이전 상담의 결과와 아무런 연관 없이 모형들을 통해 예고되었다. 이 상담은 전적으로 말로만 진행되었다. 데생도 모형도 필요 없었다.

어머니에 의한 왕의 선택과 대모(나의 여왕)[3]——할머니로, 이 할머니는 어린 남동생과 여동생들을 모성애를 갖고 키워야 했지만 자신의 딸은 전혀 그렇게 키우지 않았다——에 의해 사랑받았거나 망각된 실수 사이의 흥미로운 연상이 있다. 벨 부인이 1차 거세를 극복할 수 없었고, 자신의 아이들에게 열을 전도해 주는 물신 숭배이자 그녀가 모성애를 가진 오빠인 배우자로부터 받았던, 따뜻한 피를 가진 동물 인형들인 부분 대상들의 위상을 강요하는 것은 그녀가 자기 어머니의 불행한 사랑을 받았던 아이기 때문이다.

---

3) 여기서 대모는 프랑스어로 marraine이다. 이 단어는 발음상으로 ma reine(나의 여왕)과 같다. [역주]

일곱번째 상담: 3월 1일
이전 상담 6주 경과 후

그들은 어머니 때문에 늦었다. 어머니는 기차를 놓쳤고 나중에라도 올 수 있게 허락해 달라는 부탁 전화를 했다. 지난번 상담이 중요하다고 생각했고 이미 오래(두 번의 상담이 빠졌다)되었기도 해서, 나는 그들을 기다리기로 했다.

도미니크는 도착하면서 꿈꾸지 않았고 계산도 잘 되지 않아 셀 수 없다고 말한다. 나는 그에게 구어상의 의미로 '누군가를 헤아린다'거나 누군가를 헤아리지 않는다는 뜻이 누군가에 대해 가치를 갖는다거나 아니라는 해석을 해준다. (그를 몇 번 상담에 빠지게 하고 이번 상담에도 역시 빠지게 할 뻔했던 어머니에게 그의 치료는 가치가 있는 일일까?)

도미니크: 그래요. 전, 저는 조르주 프로텍이라는 한 친구를 중요하게 생각하거든요. (그의 아버지와 동일한 이름이고 개도 사냥개[1]이다. 우연의 일치인가 아니면 자기 동료의 성이 잘못 발음된 것인가?) 그런데 그는 불평쟁이에요. 내가 다른 친구를 초대하면 그는 오지 않거든요. 그는 목소리를 낮춘다. 그리고요, 그는 내 여동생을 좋아하지 않아요.

---

1) 프로텍(Proteck)과 사냥개(teckel)라는 발음이 유사하다는 점을 의미한다. [역주]

일곱번째 상담의 모형

가오리

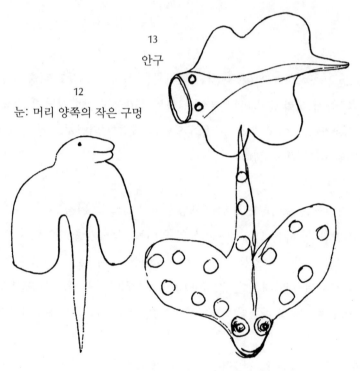

13
안구

12
눈: 머리 양쪽의 작은 구멍

작은 돌기가 많은 자국들. 위쪽에 한
개의 공이 있는 작은 돌기.
벌어진 입.

14
'소름 끼치는 가오리'

저번에 동생 때문에 한 번 다퉜어요. 오해가 있어 그가 화를 냈어요. 내 동생은 그를 얼간이 꼬맹이로 취급했거든요. 그 때문에 울지는 않았지만 한동안 집에 오지 않았어요. 그가 내게 뭐라고 했냐 하면요, "프로텍, 이래도 바보 꼬맹이. 프로텍 저래도 바보 꼬맹이라고 말했기 때문에 난 안 간다"고 했어요. 그 여자앤 생각해요. (그는 나에게 '그 여자애'라고 말하면서 조르주에 관해 말했다.) 그 여자앤 그를 머리가 돈 아이라고 생각한다고 생각해요.

돌토: 여동생이 너에게 그렇게 말했니?

도미니크: 아뇨, 그렇지만 그건 알아요. 아주 정상적이지 못한 사람은 머리가 돈 사람이라고 불리잖아요. 그, 그는 많은 사람들이 나도 역시 머리가 돈 아이라고 생각한다고 말해요. 그는 다른 사람들이 내 등 뒤에서 뭔가 수군거린다고 생각하고 있어요……. 전 아이타를 좋아하지 않아요.

돌토: 누구지?

도미니크: 내가 물건을 맞바꾸는 아이예요. 그런데 엄마는 내가 바가지 쓴다고 말해요. 전, 전 모르겠어요. 맞아요, 아니, 모르겠어요. 그런데 내가 하는 교환에 후회하지 않아요. 한 번은 아무 대가 없이 그냥 불도저 장난감을 그에게 주었어요. 왜냐하면 저는 '그는 가난하다, 친절하자, 그래서 그에게 병사들을 주자'라고 혼자 중얼거렸기 때문이에요. 그런데 나중에 약간 후회했지만, 그는 나보다 더 불행해요. 걔의 아버지는 타일 까는 인부예요. 조르주는 여기 오는 걸 좋아하지 않아요(원문 그대로). "네 동생이 이래도 프로텍, 저래도 프로텍이라 한다"고 그는 말해요. 나는 항상 엄마가 나에게 "불쌍한 바보, 넌 남이 그러도록 내버려두는구나"라고 말하는 것이 두려워요. 어느 날 아이타는 내가 그에게 줬던 것을 몽땅 나에게 가져갔어요.[2] 걔 어머니는 원하지

않았어요. 개에게 이렇게 말했어요. "넌 집에 전부 다 가져가면 야단맞게 될 거야!" 개는 "괜찮아, 아무렇지도 않아"라고 했어요. 전, 아시겠지만, 놀 만한 게 아무것도 없으니까 내버려두죠. 그래서 난 지겨워요. 그래서 전 내버려두죠. 그리고 개에게 주었던 전부를 돌려주게 내버려두었어요. 거기에는 긍정도 있고, 부정도 있어요. 전 그를 즐겁게 해주는 게 만족스러워요. 그렇지만 어머니에게 야단맞을까 겁나요. 개는 더 이상 자기 어머니에게 야단맞지 않았어요. 그래서 그렇게 해결되었어요. 그는 말하는 도중에 모형을 만든다. 이건 가오리예요(물고기, 개의 머리를 한 가오리, 크게 벌린 거대한 입을 가진 또 다른 가오리).[3] 지겨운 것은 그 동물이 다른 것에 속하는 것이죠.

돌토: 무슨 의미니? 그는 대답하지 않고 또 다른 가오리를 만든다. 세번째로 만든 가오리는 매우 사실적이다.[4]

도미니크: 저, 전 저것이 무섭다고 생각해요. 저 짐승…! 침묵. 그건 몸 위에 돌기들이 나 있어요. 지느러미 위에도 돌기들이 있고, 꼬리에는 전류가 흘러요. 바닷가에서 내 여동생에게 돌기들이 났을 때도 혐오감을 느꼈어요.

우리는 여러 수준에서 거세 불안의 이동을 본다. '가오리' 엉덩이는 아이들이 엉덩이와 음부의 벌어진 곳에 관해 말하는 한 가지 방법이다. 또한 성기의 보존 형태가 이 동물들의 입 위로 전위된 것을 주목하자. 수동적인 입을 가진 물고기의 지느러미들은 엉덩이의 형태를 하고 있다. 전기를 띠어 감전시키는 꼬리는 남자애의 성기를 감전시키는

---

2) 그는 도로 가져왔다를 가져갔다로 말한다.
3) 130쪽 그림 참조.
4) 130쪽 그림 참조.

입 모양을 한 여자의 성기와 접촉하는 위험을 나타내는 데 쓰인다. 돌기들은 유두와 클리토리스가 아닐까? 그러나 나는 신체와 닮은 점들에 관해서 어떤 질문도 하지 않는다.

돌토: 넌 진심으로 네 여동생을 사랑하지 않은 것 같은데 넌 그걸 두려워하지.

도미니크: 그렇지 않아요. 자기 여동생을 사랑해야 돼요. 그것이 최소한 형제애를 보여주는 것이에요.

돌토: 그건, 네 엄마가 그렇게 말했겠지. 아마 네 동생도 네 엄마처럼 네 몸에서 뭔가 이상하게 느끼게 하는 것이 있어. 네가 아주 가까이 네 엄마와 동생과 접촉할 때 스치는 전기와 꼬리처럼 너의 성기에서 뭔가가 이상하게 느껴지지. 남자들과 사내아이들의 성기와 같지 않은 그들의 성기 때문에.

도미니크: 아주 낮게. 전 속마음을 털어놓을 거예요. 참 저는 담배를 피웠어요! 그가 내게 담배를 주는 대가로 친구 조르주를 내 등에 업었어요. 내가 그를 등에 업는 것을 그가 좋아하는 이유를 모르겠어요. 그는 전기가 흐르는 것 같다고 말해요. 내 어머니, 어머니가 그걸 알았더라면!

어머니가 허용한 근친상간의 유희가 건강한 나르시시즘을 파괴하는 동안, 그는 성의 유희를 숨기고 어머니에 의해 금지되고 자기 가족 중에서 여성들에게 금지된 사내 같은 놀이, 담배 피우는 것의 금지, 즉 미성년의 금기로 전치된다. 나는 아무 말도 하지 않는다. 우리는 여동생, 그녀의 돌기들, 성기와 꼬리의 문제, 아마도 그의 친구 조르주 프로텍, 집에 있는 개들, 주도권이 그에게 있는 성적인 유희들과 더 붙어 금지된 놀이의 영역에 있다. 조르주와 함께하는 놀이는 분명 두 아이에게 에로틱하며 도미니크에게는 고무적이다. 나는 속내 이야기를 기록해 두었지만 말하지 않았다.

여덟번째 상담: 5월 1일

이전 상담이 있고 난 두 달 후.

바캉스와 벨 집안 사람들의 감기 때문이다

(도미니크는 감기에 걸리지 않았다.)

도미니크: 그런데 아직도 다른 사람보다 늦게 끝내는데, 이틀 전부터는 다른 사람들과 동시에 끝내요. 내가 연습을 잘하면 만족스러워요. 참 연습 문제는 다 풀었어요. 지금은 계산도 이해해요. (때맞춰 옴으로써 '누군가에게 중요하다'에 대한 해석을 제대로 했는가?) 전 어제 할머니, 내 아버지의 어머니 집에 있었던 꿈을 꾸었어요. 나는 마치 개처럼 짖고 있던 고양이 한 마리 앞에 있었어요. 그 고양이는 개처럼 으르렁거렸어요. 나를 웃겼던 것은 그 고양이가 짖기 시작했을 때였어요. (그는 상담이 끝날 무렵에 이 꿈을 연상할 것이다.) 그게 웃겼어요. 침묵. 그런데 그건 약간 겁에 질린 웃음이었어요. 잠시 쉰다. 어떤 개 한 마리가 야옹하고 우는 것도 우스울 거예요. 그렇지만 그게 왜 두렵게 하는지는 모르겠어요. (그리고 여기서는 성별로 간주된 종(種)이기에 일치하는지 그렇지 않은지를 모른 채 욕망에 연결된 불안인가?)

돌토: 그래서 그게 여자애처럼 행동하는 남자애이고 남자애처럼 행동하는 여자애이냐?

도미니크: 그래요. 그는 조용히 생각한다. 그 뒤에 다시 다른 꿈을 꾸었어요. 아버지 여동생, 고모 집에 있었어요. 남자애와 여자애랑 놀

앗어요. 내 사촌과 사촌여동생이었죠. 게다가 '엘모뤼(elmoru)' 라고 했던 말이 있어요. 누가 그 말을 했는지 몰라요. 그냥 그렇게 하는 말이죠……. 그건 보이지 않는 어떤 강 이름이에요. 침묵. 그러고 나서 아주 낮게, 그런데 비밀이 하나 있어요. 곧 선생님께 말하겠어요. 아주 큰소리로, 가장 멋진 것은 '엘모뤼'가 뭔가를 의미하는 것이죠. 그게 보이지 않는 강 이름이죠.

돌토: 그래, 그게 어떤 보이지 않는 강이라고 이미 말했다. 그런데 그 강이 보이지 않는다는 것을 어떻게 알지?

도미니크: 좋아요. 그건 강이죠. 종종 비가 많이 올 때 사람들이 엘모뤼(Elmoru)라고 불러요. 그건 대구 냄새로 들끓고 우글거리는 강이기 때문이에요. 굉장한 트릭이죠. 침묵, 그리고는 아주 낮게. 아시겠지만 '엘모뤼'는 저속한 말이에요. 여자들이 있고, 그래서 사람들은 그들을 보아요. 저녁에 그들을 파출소에 데려가요. 그들에게 신분증 제시하라고 해요.

돌토: 그런데, 그 비밀은? 입을 다물고 있다. 이야기를 계속하고, 약간은 부자연스럽고 지어낸 듯한 목소리와 더불어 습관적인 상승하는 톤을 띤다.

도미니크: 저는 숲 속에 있었어요. 세 그루의 나무들, 세 명의 형제들을 보았어요. 할머니, 그 할머니가 "저 멀리 두 형제들이 있어"라고 말했어요. 마찬가지로 나무들은 형제들이었어요. 놀랍게도 할아버지는 자기가 의미하는 것을 설명하기 위해 작은 종이와 연필을 만들었어요.

돌토: 너의 할아버지냐 아니면 할머니냐? (조상의 성에 대한 의심인데, 조상의 신분 확인은 후손을 조회하는 데 사용될 것이다.)

도미니크: 그건 할머니요.

돌토: 네가 말하는 것을 쓰고, 너의 모험들을 그리는 나처럼 말이지.

도미니크: 예. 세 그루 나무는 똑같은 줄기에 있을 수 있을 거예요. 아뇨, 그건 세 명의 형제가 아니고 여덟 명의 형제예요. 똑같은 줄기에 세 그루의 나무, 그것은 날 놀라게 했어요⋯⋯. 침묵. 똑같은 하나의 줄기에 세 그루의 나무, 놀랍지 않아요?

그래서 나는 개입해서 인간들의 줄기 위에 있는 것은 세 개의 페니스이거나 세 개의 유방이고, 그가 나에게 유방이 남자의 성기라고 말했던 것을 상기시키면서 동물의 유방에 관해서 이야기했다. 그런 후에 암소의 유방에서처럼 그가 젖을 그렸던 것은 페니스에 대한 것이었다고 말했다. (나는 학교 친구들이 말하는 것처럼 '페니스'가 자지에 대한 올바른 말이고, 그가 착각해서 그것을 '젖'이라 불렀던 것이라고 그에게 말했다.)[1]

그는 말한다. **아 예, 새끼 염소.**

따라서 우리는 갑자기 암소라는 말을 대체했던 새끼 염소(이전의 한 상담에서)[2]라는 단어의 의미를 확인하게 된다. 그리고 그는 사실상 여자들도 또한 그것을 갖고 있다고 생각했다는 사실을 덧붙인다. 여자들이 그것을 지니고 있다고 그에게 말한 것은 그의 친구이다. 그는 나의 동의를 구한다.

---

1) 나는 그의 말을 참조하고(110쪽 참조), 그는 다른 상담(79쪽 참조)에 연결지으면서 대답한다.
2) 82쪽 참조.

돌토: 그리고 네 여동생, 어린 사촌여동생 것도 보지 않았니?

도미니크: 그런 것 같았어요. 그런데 사람들은 또한 그게 생쥐였다고 말해요. 그리고 찾기 위해 뒤쫓아갈 때 숨바꼭질(고양이와 쥐)한다고 말했어요.

아마도 그들이 성기를 가졌는지를 찾기 위한 것이었으리라. 그것은 그가 사촌여동생과 있었을 때 그의 머릿속에서나 머리 '위'에서 일어났던 것에 관한 이야기들이다. 그래서 우리는 그것이 그가 장롱 속에 숨겼던 상상의 탱크와 군인들을 동요하게 만들었던 것을 상기한다. 할머니가 금지한 놀이들이다.

도미니크: 키가 큰 한 친구가 있어요. 어느 날 저는 해변에서 그에게 남자들과 여자(계집애)들 중에 누구를 더 좋아하는지 물었어요. 그는 "알다시피 그걸 말해 보지"라고 말했어요. 침묵, 이어서. 저, 저는요 계집애들의 몸매가 괜찮다고 생각해요. 그런데 계집애들과 작은 자동차로 노는 것은 재미없어요. 계집애들과는 아빠 엄마 놀이하기 좋아했어요. 내 동생은 엄마였고, 걔 인형들은 우리 아이들이었어요. 걔가 이렇게 말했어요. "이것 봐요, 아빠, 제 아이는 레종도뇌르 훈장을 갖고 있어요."

돌토: 그런데 네 어머니는 아버지에게 말할 때 뭐라고 하지?

도미니크: 아, 예, 그거죠. 엄마도 역시 이렇게 말하죠. "이것 봐요. 아빠, 걔가 정말로 공부를 잘했어요."(자기 여동생) 전 제 방에 있었어요. 저는 어떤 직업을 가졌어요. 전 자동차 정비공이었죠. 우리는 많은 차를 갖고 있어요. 아니면 군인이어서 많은 훈장들을 갖고 있어요. 어머니는 우리에게 뭔가를 주었어요. 그래서 우리는 그것들을 삼키지 말

아야 하기 때문에 소꿉장난을 했어요. (위험스런 장난감 조각들인가?) 아주 낮게. 전 거기에 없는 게 좋아요. (부재중인 아버지와의 동일시인가?) 우리가 거기에 있으면 분명 탈이 나요. 우리가 거기에 없으면 우린 보이지 않아요. 그런 다음 우린 훈장을 갖고요, 누군가가 올 때 작은 과자도 갖게 돼요. 그리고 또 아이들이 만족하면 역시 내 동생도 만족해요. 그 앤 내가 집에 없는 아빠일 때 아주 좋아해요. 그러고는 모든 아이들을 맞아들여요. 이해하시겠지만 그건 어떤 인형(원문 그대로)이에요. 그다음 그 앤 그들에게 수업을 하고 모든 것을 허용해요. 그래서 아이들은 증가해요. 아니 그들은 성장해요.[3] (그는 정확한 말을 사용하지 않았다는 것을 알고는 약간 신경질을 낸다.) 그러니까 그건 아빠가 자동차들을 갖고 있고, 친구들이 있고, 독일인들과 함께 있다는 것을 말하죠. 아시겠지만, 독일에서 그들은 많은 훈장을 갖고 있어요. 나쁜 사람들은 아니죠. 사람들은 똑같은 침대에서 잠을 자요. 나쁜 마음을 가졌던 사람은 히틀러예요. 그래서 저는 말했죠. 전 엄마 아빠 놀이하고, 저를 조르주라고 부르죠.

돌토: 네 아버지처럼?

도미니크: 그러길 바란 것은 걔예요! (마치 내가 그에게 역할의 탈취를 비난했던 것처럼 여기에는 약간의 변명이 있다.) 걔는 나의 아내가 되고 싶어해요. 그래서 걔는 내가 자기 아빠가 되길 바라요.

돌토: 그것 참 우습구나. 네가 걔 아빠면 걔는 네 딸이지 네 아내는 아니잖아.

---

3) 여기서 이러한 동사의 부적절한 사용은 흔히 있는 실수가 아니다. 왜냐하면 도미니크는 매우 풍부한 어휘를 갖고 있어 보통 올바른 문장을 사용하기 때문이다.〔원주〕여기서 '성장하다(croître)'의 프랑스어 3인칭 복수 현재 변화형을 먼저 croivent라고 잘못 썼다가 다시 croissent라고 올바르게 쓰는 것을 말한다.〔역주〕

도미니크: 뭐라고요. 우리는 부모님 이름을 붙였어요. 나는 아버지처럼 조르주라 하고 걔는 어머니(사람들이 아버지 누이동생 모네트를 그렇게 부르는 것처럼 니네트라고 불렀던)처럼 니네트라 불렀죠. 저는요, 아버지 여동생의 남편인 보비 고모부 이름을 붙이는 것이 더 좋았을 거예요. 그런데 내 여동생은 그러고 싶지 않았어요. 그리고 우리는 아이들의 이름, 우리들 또는 우리 사촌들의 이름을 붙였어요. 침묵. 아버지는 옷에 대해 말하는 것과 다른 해야 할 일이 있어요. 전 걔에게 말했어요. 난 해야 할 다른 일이 있는 아버지야. 내가 지겨워졌을 때 걔에게 이렇게 말했죠. "좋아, 걔들에게 옷 입혀주기 위해 그걸 택하자."

돌토: 그러면 네 아버지는 너희들 옷에 신경 쓰니?

도미니크: 아, 예. 아빠는 우리에게 미리 경고하지요. 춥지 않도록 그리고 비에 안 젖도록 옷을 좀 두껍게 입어라. 엄마가 그러지 않고요. 엄마는 아빠에게 요구해요. (여기서 우리는 도미니크가 그의 어머니에게 어떻게 느끼는가를 알게 된다. 그녀는 아내라기보다는 자기 남편의 면전에서는 아이이다.)

돌토: 그리고 아이들 이름이라. 너는 어떤 이름 선택했지?

그는 대답하지 않는다. 이름에 관한 질문에 대답하는 대신에, 얼마 동안 저는 벨이라는 이름이 매우 작고 귀엽다고 생각했어요. 사람들이 나를 "오, 얼마나 귀엽냐!"라고 불렀죠. 우습죠. 나를 따분하게 만들어요. 그런데 사람들이 절대로 아름다운 소녀라고 부르지 않았던 게 놀라워요. (그런데 경탄해하는 사람은 그의 여동생이다.)

돌토: 네 여동생처럼?

침묵. 아버지에게 내 형(원문 그대로)의 친구가 되돌아갔을 때, 아버지에게는 더 이상 형제가 없었어요. (이것은 더 이상 살아 있지 않는 아버지 동생의 실종과 함께 그의 여동생 실비의 이름에 대한 연상이다.)[5]

돌토: 그런데 넌 내게 무슨 말을 하는 거니?

도미니크: 아시겠지만, 아버지 동생은 산에서 길을 잃었어요. 할아버지가 아버지에게 말씀하셨어요. 아버지가 맏이였기 때문이죠. 그리고 아버지는 그걸 여동생에게도 말했어요. 그건 그의 여동생이고 또한 아버지의 여동생이었죠. (그때는 그의 여동생이 태어났고, 그가 조부모의 집에 있었으며, 그 젊은이의 실종을 호적에 적법하게 신고하고 무덤에 기념판을 설치했던 시기이다.) 아버지 동생은 산에서 죽었어요. 게다가 어린 동생도 아버지가 가지고 놀았던 전기기차 브러시(?)를 삼켰어요. 그래서 그도 죽었는데, 아주 어렸어요. 그리고 또 다른 동생, 젊은이가 죽었어요. 그는 폴 마리와 같았죠. (소망인가 아니면 정확한 나이를 말하는가?) 할아버지는 이 이야기를 다 말하려고 아버지에게 전화했어요. 할아버지는 아들을 찾으려고 스페인의 여러 감옥을 돌아다녔어요. 얼마 동안 저는 생각에 잠겼어요. 전 그가 삶을 찾아 소녀를 만나거나 직업을 얻어 결혼하고, 그래서 그것이 그가 집으로 돌아오는 것을 곤란하게 만들었다고 생각했어요. 그렇지만 그건 불가능한 일이죠……. 저는 할머니 집에 가는 것을 좋아해요, 제가 할머니 집에 갈 때, 전 할머니를 다시 찾아요. 그리고 내 사촌 브뤼노는 내 고모의 아들인데 그는 일곱 살이에요. 한번은 우리가 보안관이라고 생각했어

---

5) 우리는 놀이에서 이름에 관해 내가 던진 질문이 무의식적으로 아버지의 동생을 의미하는 여동생의 이름에 관한 연상을 낳게 했던 것을 확인한다.

요. 그래서 나는 우리에게 보안관의 아름다운 별을 두 개 만들어 주었죠, 그래서 우리들은 즐겁게 놀았어요. 할머니가 두 어린아이들이 죽었다는 것을 알았을 때, 할머니는 틀림없이 큰 고통을 받았겠죠? 할머니는 죽은 어린아이들이 있는 사진을 보려고 나를 껴안는 것을 좋아했어요.

돌토: 아마 메메의 팔에 안겨 있는 것이 그렇게 즐겁지 않았을 게다. 그런 동안에는 할머니가 죽은 어린 두 아이에게 신경을 쓰고 있었겠지.

도미니크: 오, 그러네요. 항상 즐겁지 않아요. 할머니는 나에게 야단쳤어요. 생각나는데, 살수관에 있었어요. 거기에 구멍을 뚫었어요. 그리고 나서 관 안에 들어가 있었어요. 그것이 안으로 떨어지기를 바랐어요. 오, 왜 할머니는 나를 붙잡고 왜 큰 소리로 야단치는지, 그건 완전히 짖는 고양이 같았어요. 할머니는 한 목소리 했어요! 할머니 집에서 뭔가를 잡으면 나는 항상 꾸지람을 들었어요. "원하는 게 있으면 내게 허락을 맡아라." 어머니는 그렇지 않아요. 어머니 것은 뭐든 내 것이죠.

돌토: 그리고 엄마의 침대도.

그는 입을 다물고 심각해진다. 그리고는 말한다. 전 여전히 엄마와 함께, 아직도 엄마 침대에서 자는 게 아주 좋아요. 그렇지만 그러지 말아야 하는 걸 난 알아요.

할머니 집에서 그는 읽는 것을 배웠다. 그는 할머니를 과거에 자신처럼 자유분방한 젊은 남자애에 대해 매우 금지하는 사람으로 기억한다. 그러나 이것은 그릇되게 허용했던 것에 대한 금지인데, 이러한 금지는 구순·항문·요도의 성적 욕동들을 억압함으로써 당시에는 문화의 습득 가능성을 열어 놓았지만, 상상적으로 근친상간적·퇴행적인 모든 활동들에 대해 허용하는 어머니의 집으로 되돌아왔을 때는 이러한 가능성이 사라져 버렸다.

도미니크: 침묵. 저는 바다의 도둑인 해적이 되는 것이 좋아요. 내 형은 르 바운티(le Bounty)를 했어요. 전 라 바운티(la Bounty)에서 해적이고 싶었어요. (그는 봉테(Bonté)에 가까운 본느테(Boneté)라 발음한다.) 그는 청부업자이고, 전 가장 큰 화강암 롤러를 가지고 있었어요. (청부업자는 그의 외할아버지이다. 그는 흑인들을 갤리선의 노예처럼 일을 시켰다. 그러나 거기서 할아버지와 자기 형을 뒤섞는다.) 전 가장 큰 화강암 롤러를 가지고 있었고요, 그는 나에게 조정 장치가 있는 커다란 파이프와 낡은 전자계산기 하나를 주었어요. 그는 그 파이프를 잡고 종이 위에 그것을 실패로 감듯이 감았는데, 그것은 큰 덩어리가 되었어요. 그래서 그것을 꿰매었죠……. 한번은 내 여동생과 함께, 우리는 풍선 안으로 숫하면서 한 지점에서 나왔죠. 걔는 앞으로 갔다가는 뒤로, 앞으로 뒤로 갔고, 전 풍선을 잡고서 정원을 한바퀴 돌았어요.

할머니에게 들킨 사촌여동생과 자기 여동생과 했던 성적 유희가, 시간증(屍姦症)의 환상을 지닌 이 할머니에 대한 공포가 투명하게 비치는 모든 연상에도 불구하고, 나는 개입하지 않는 것이 낫다고 생각한다. 현실과 아주 가까운 중간 요소들이 없다. 나는 이것이 아주 중요한 상담이었고, 그가 자신 치료에 유용한 것들을 말하고 생각했다는 점을 강조하는 것으로 만족한다. 모형도 데생도 없었다.

아홉번째 상담: 5월 25일
이전 상담 3주 후

  그들은 이번에도 늦게 도착했다. 어머니가 기차를 놓쳤다. 그렇지만 나는 기다렸다.

  도미니크: 개를 만들어 보겠어요. 여기에 오는 게 아주 좋아요. 창문 너머로 상점들이 있고 자동차들도 있어요. 우리도 거리에서 저런 모든 것들을 봐요. 하지만 여기보다는 적어요. 그리고 여기, 역시 상점들이에요.

  돌토: 그리고, 여기서 네가 방금 본 것은 나고, 네 부모님들이 진료비를 지불하지. 그분들은 치료하기 위해 돌토 부인을 만나 보는 일에 값을 지불하지.

  도미니크: 예, 역시 그것도 아주 좋아요. 하지만 항상 그렇지는 않아요. 오늘은 아주 좋았어요.

  돌토: 항상 좋지 않다고, 왜 그럴까?

  도미니크: 아주 유쾌하지 않은 날들이 있기 때문이에요. 아, 그렇지. 꿈을 꾸었는데 잊어버렸어요. 나에게 일들에 대해 여러 번 그렇게 말씀하셨어요. 그래서 그것은 그분이 그렇게 말씀하셨던 바로 그거라고 속으로 생각해요.

  돌토: 예를 들면 어떤 거지?

그는 대답하지 않는다. 그런 다음, 일들이 있어요……. (그는 매우 뾰로통한 입 모양을 하고서 분한 흉내를 낸다.)

돌토: 네가 듣기 싫어하는 일들이 있구나. 사람들이 말할 때 그런 일들은 꾹 참기가 힘들고 때로는 소화되지 않은 채 남아 있어. 그래서 넌 그것들을 차라리 듣지 않으려고 할 거야.

도미니크: 그래요, 그걸 할 수 없었던 사람처럼 전 고집불통이에요. 급우가 그에게 "너에게 그렇고 그런 일이 일어날 것이니까 그걸 하지 마"라고 말해요. (이런 모든 것은 내가 그에게 어머니의 잠자리에 더 이상 가지 말라는 주의를 줌으로써 근친상간을 금하게 했던 일에 대한 암시이다.) 좋아요. 그는 행복을 가지고 있고, 그것을 가질 수 있었던 급우를 보고 원했을 거예요……. 그것이 이 친구에게 일어난 것은 정확하지 않아요. 그런 행복을 가진 친구는 그것이 불행이라고 말해요! 어떤 때는 다른 친구가 그에게 "그건 불행이야"라고 해요. 그는 그것을 믿고 싶어하지 않다가 나중에 너무 늦어요!

나는 해석도 하지 않고, 그가 어머니의 잠자리로 가는 여동생이나 아버지의 자리에 있고 싶은 선망에 관해 말한다는 사실도 말하지 않는다. 그들은 그런 '행복' 을 가졌다. 그 행복은 스스로가 그런 행복에 대한 어떤 거북함을 느낀다면, 그것은 금지된 근친상간에 관한 인간의 법칙과 바로 관련되는 직감의 신호였다는 사실을 그에게 확인시켜 주었던 행복이다.

돌토: 네가 말하는 이야기는 약간 아담과 이브의 이야기와 닮았다. 그것은 금지된 것이고 매우 유혹적이다. 아담과 이브의 지상낙원에 관

한 이야기를 아니?

도미니크: 예 그건 알아요! (이 순간 그는 이야기를 흉내내기 시작한다. 세 명의 인물들——그 중에 그는 아담과 이브 사이의 나무 역할을 한다——의 역할을 하면서 그가 활기를 띠는 것은 이번이 처음이다.) 예, 그건 알아요! 저기에 아담(오른쪽)이 있고, 저기에 이브(왼쪽. 그는 둘 사이에 있으므로 나무일 것이다. 그러나 그는 그 말을 하지 않는다)가 있어요. 그래서 '그'(그가 누구인가?)는 오른쪽에서 맥주잔(아담 쪽, 맥주잔, 액체)을 보고, 왼쪽에서 빵이나 술자루(빵이나 술자루, 형태, 그것 또한 가톨릭 의식의 성사 형색(形色)이다)를 봐요. 그런 다음에, 그는 눈덩이를 나무 위로 던지고 싶어해요. (그는 공 모양의 덩어리를 만들고, 창문을 통해 그에게는 그림으로 표시된 나무 위로 그것을 던진다고 말한다.) 아마 사탄(그는 잠시 말을 중단한다), 사탄이 이렇게 말해요. "그들은 내가 다른 사람들보다 더 고약하고 내가 얼마나 즐거움을 갖게 될 것인가를 잘 알아." 아마 종종, 그는 나무 속에 숨어요. (자동차들과 마르모트.) 그리고 종종 그것은 담배 연기 모양 속에 있거나 보이지 않는 모습으로 있어요. 그리고는 아주 낮게. 나무 뒤에서 나오는 것이 하나 있어요……. 저런! 비틀거리네! 저런! 넌 기차를 놓칠 거야! 그래! (진료하러 오는데 어머니가 기차를 놓쳤다.)

돌토: 네가 나에게 얘기하는 것이 네가 뭔가를 생각하게 만드는구나.

도미니크: 예, 영화를 하나 봤어요. 사탄이 둘 있었어요. 마법사하고 모든 사람에게 고약한 짓을 많이 했던 마녀요. 그것은 루이 14세 시대에 일어났어요. 사람들은 1백 년 후에 폭풍우를 보았고, 그다음에 딱딱거리는 나무가 한 그루 있어요. 오! 내가 그 영화를 보았던 것은 오래전이에요. (우리는 치료를 시작할 무렵에 마녀의 '딱' 하는 소리를 기억한다.) 나무는 딱딱거리고 나오는 두 개의 연기가 있어요. 그는 대충

생각나는 대로 〈내 아내는 마녀다〉라는 영화를 이야기하고 있다. (현재 그 마녀는 분명히 나다.) 그처럼 매우 자주 영화 속에서 아주 오래전의 어떤 시대, 루이 14세 시대 이래로 한 가족의 생활을 봐요. 그후 오늘 날에는 사람들이 그 영화를 봐요. 어떤 유언의 영화에서 루이 14세 시 대에 그렇게 살았던 백작이 있었어요. 사람들은 처음에 그를 보았어 요. 그 뒤에 그의 후손들 속에서 옷을 입고 있는 그를 보았어요……. 그것은 짐승이죠. 선생님에게 얘기하지 않았지만 나는 내가 꾸었던 꿈 보다 더 많이 기억해요. 오늘(어제이다) 직각형 문제와 사각형 문제를 냈어요. 난 모든 걸 이해했어요. 아주 좋았어요. 다행히 선생님은 우 리에게 그것을 약간 설명해 주었어요. 아마 그걸 설명해 주지 않았으 면 난 이해하지 못했을 거예요. 저요, 제가 학교에서 좋아하는 건 모 두가 조용해질 때예요. 갑자기 파리들이 나는 소리를 들어요. 사람들 이 말하고, 그런 다음, 자! 갑자기 모두가 조용해져요. 웃기는 변화예 요. (침실에서 잡담을 하다가 성관계를 갖는 순간에 조용해지는 부모 사 이에서 생기는 침묵에 대한 암시인가?) 내가 군인을 볼 때도 우스워요. (독일 군인들에 관한 성적인 환상들.) 그가 어떻게 말을 탔을까 하고 궁 금해요? (그는 원초적 장면의 연상에 이른다.)

돌토: 그가 걸터앉아 있던 걸 의미하니?

도미니크: 예, 궁금해요……. 그게 사람들을 변하게 해요. 내가 걸터 앉아 있을 때 내 친구와 함께 좋아하는 것은 그를 넘어뜨리는 거예요. (우리는 담배의 교환으로 자위적 오르가슴을 암시하는 '전류'를 흐르게 하기 위해, 그의 등 위에 올라탔던 이가 그의 친구라는 것을 기억한다.) 사람들은 정말로 전쟁이라고 생각했어요. 그 뒤에 앰뷸런스를 부르고 치료를 해야 해요. 그다음에 그 상태로 있다가 죽게 만들어요. 침묵. 내가 아주 좋아했던 것은 전쟁중이에요. 독일인들은 그(그녀)를 파출

소에 데려갔어요. 그의 친구들은 친절했어요. 그들은 그에게 그들의 아내와 아이들 사진을 보여주었어요. 독일인들도 친절했어요. 그녀가 독일인들에 대해 이야기했을 때, 아시다시피 엄마죠. (따라서 그녀와 관련 있다.) 그래요, 엄마는 그들에게 말했어요. 언제 엄마가 파출소에 끌려갔는지 나에게 얘기했어요. 엄마는 무얼 했을까요? (스스로 그런 의문을 제기한다.) 아주 낮게. 난 엄마가 저녁에 길거리에서 늑장을 부렸다고 생각해요. (우리는 파출소로 데려가는 거리의 여자들을 의미하는 상스러운 말인 '엘모뤼'에 관한 지난번 상담을 기억한다.) 이제는 어떤 시간에도 어떤 사람이 위로 끌어낼까 무서워하지 않아요. 굶주린 사람들, 불행한 사람들, 할머니는 식사를 위해 갖고 있는 징역 카드들(원문 그대로)을 내게 보여줬어요. 그러나 그들은 야만적이었어요. 그들은 그들을 위해서 사람들(원문 그대로, 식량을 위해 놓아둔 사람들)을 지키고 있었어요. 우리들은 아주 적어요. (사랑의 식인 환상.) 옛날에 할아버지는 담배를 피웠지만 지금은 더 이상 피우지 않아요. 우스운 일이에요. 여전히 3명의 담배 피우는 사람이 있어요. 아버지, 페페의 동생과 페페요. 페페의 동생은 시가를 피워요. (그것은 남성적인 것(mâle)이고, 나쁜 것(mal), 금지된 것과 관련 있지만 나는 아무 없이 듣기만 한다.) 할아버지(그가 외할아버지에게 부여하는 이름이다)와 페페(외할아버지의 이름)가 어렸을 때 완전히 벗은 채로 다녔어요. 그들의 아버지는 그들을 쐐기풀로 때렸어요……. 난, 난 물고기들에게 먹을 것을 주는 걸 좋아해요.

우리는 어머니가 말하는 발가벗은 흑인들과 아이들 앞에서 벗은 그녀 자신, 또한 그렇게 벗어야 했던 아이들을 기억한다. 나체는 이상화되고, 어머니 쪽에서는 요구되고, 벨 가문에서는 금지되었다.

나는 도미니크가 그가 하는 뭔가를 다른 사람들 탓으로 돌리고 있고, 그 일에 대해 커다란 죄의식을 느낀다고 생각한다. 나는 그가 나에게 몰래 담배를 피운 일에서 기인하는 구토(물고기들에게 먹을 것을 주는 것, 뱃멀미), 그리고 동시에 사도마조히즘적인 놀이의 즐거움이나 사디즘적 처벌을 받아 마땅하다는 환상, 꾸짖지 않는 어머니, 마찬가지인 형, 온화하지만 거리가 있는 아버지를 가진 그이기에 가족 사이에서는 달성할 수 없는 즐거움에 관해 말한다고 생각한다. 할머니가 항상 그를 엄하게 다스려야 한다고 말했던 것은 외할머니와 외할아버지(메메와 페페) 집에서이다(청부업자인 할아버지의 흑인들은 벌거벗은 몸에 채찍을 맞았다). 메메가 말하는 대로 그를 엄하게 다스렸다면, 그는 현재처럼 되지 않았을지도 모른다. 다른 한편 다락방과 금지된 관 놀이, 요구의 허가가 있었던 곳은 할아버지와 할머니의 집이다. 이런 모든 것은 그가 이야기하고 내가 청취하는 가운데 은연중에 나타나 있다. 그는 할아버지들에게서 사내아이의 항문 나르시시즘에 대한 옹호를 찾는다. 그러나 물고기들에게 먹을 것을 주기를 좋아한다고 말한 바로 직후에 말을 이어간다. **선생님은 있을 건가요**(보통 그는 강하게 말한다), **선생님은 벨포르의 사자 속에 있을 건가요? 사람들은 안으로 기어오를 수 있어요.**

돌토: 안으로? (벨포르(Belfort)는 어머니가 아프리카에서 돌아와 공부하던 곳이다. '벨(Bel)'은 그의 이름이고, '강한(fort)'은 군인들이다.)

도미니크: 예, 사람들은 입을 통해 나갈 수 있어요. 그다음에 뒤로도 나갈 수 있어요. 그래서 그것은 마치 반품이거나 똥이죠. (그것은 육체의 배설에 적합한 신체와의 동일시이다.) 그는 그제야 웃는다. **그다음에, 아시겠지만, 배(腹) 아래쪽에 그는 독일을 나타내는 화살 하나를 갖**

고 있고 "독일인들은 통과하지 못할 거야"라고 말해요. (구순·항문·남근의 부분 대상인 것, 이것은 벨 가문의 사람들과 같지만 적들인 독일인의, 위대한, 금발의 유혹하는 라이벌들을 난처하게 만든다.) **이것은 사람들이 그들의 지붕 안에**(원문 그대로) **대포 한 대를**(그들의 지붕 안이라니?) **설치하고 적들에게 쏘면 좋을 거예요. 한 친구가 얘기했어요. 한 이탈리아인이 기계 버튼 위에 기대고 있었고, 그것이 비행기 모터를 멈추게 해서 그들은 떨어졌어요. 그들은 독일 비행기에 대해 그렇게 했어요.**

돌토: 너는 그렇게 생각하니?

도미니크: 어머니는 이탈리아인들이 독일인들에 반대했고, 중립이다가(?) 나중에 우리들에게 반대했다고 설명했어요. 그렇지만 이탈리아인들, 사람들이 그들을 볼 때, 그들은 친절해요. 어머니는 그들이 독일인들과 함께 있었다고 말했어요. 그리고 내 머릿속에서는 그렇게 믿고 싶지 않았어요. 그것이 가능하다면, 독일인들과 사이가 좋기를 바랐던 이는 아마 무솔리니일 거예요. 어머니는 히틀러가 매우, 매우 영리하지만 악한 정신을 가졌다고 말했어요. 그들이 스페인에서 잘못했던 것은 그들이 오랫동안 숨겨주었던 어떤 사람을 찾았다는 사실이에요. 그런 다음 그들은 그를 찾아서 죽였어요. (그때가 그리모 처형 주일이었다. 도미니크의 삼촌은 스페인 국경에서 실종되었다.) 미국인들, 그들이 잃게 되었던 그들 중의 한 사람이 있었다는 것을 보았을 때, 전 프랑스와 함께 미국의 초기 역사를 배웠어요. 그래요 그들은 프랑스인들을 도우러 오기로 결정했어요. 보세요, 연필로 새기는 게 즐거워요. 대리석 위에 조각하는 것보다 더 쉬워요. 그는 완전히 독일의 목동처럼 약간 가는 머리를 갖고 있어요. 아 보시다시피 저는 그걸 성공했다고 생각해요. (개의 모형.[1])

돌토: 정말로 머리는 아주 잘 만들었어. 그런데 이 동물은 몸통이 반밖에 없어, 부피로 보면 반이잖니. 머리는 몸통과 일치하는 개보다 두 배나 큰 것 같아. 세로로 봐도 역시 반밖에 안 돼. 이 동물이 높은 돋을새김으로 된 서진[2]처럼 누워 있고 몸통이 화살표 방향으로 잘려 있기 때문에, 다리가 앞 뒤 오른쪽 두 개밖에 없고 머리 하나와 입체감이 있는 꼬리 하나가 있지. 독자는 아마 내가 도미니크에게 말하기 위해 사용하는 단어들 때문에 놀랄 것이다. 나는 항상 어린 환자들과는 이렇게 한다.

도미니크: 오 그렇군요. 전 보지 못했어요! 그는 그것을 새로 고치려고 한다.

돌토: 괜찮아, 상관없어. 분명히 그게 뭔가를 나타내고 있지. 조금 전에 네가 고집불통이라고 내게 말했어. 알겠지만, 저 개는 매우 큰 머리를 갖고 있어. 저 개는 고집불통이지. 자, 누군가가 고집불통일 때 아마 그는 자기 머릿속에 많은 것들을 갖고 있을 거야. 그는 어른이 되기를 바라고, 어른들과 남자들 그리고 그의 아버지의 모든 권리를 갖고 싶어하지만 완전한 어른의 몸을 갖고 있지 않아. 자, 그건 사람이 아니라 개이지. 그래서 아마 사람이 되고 싶지 않고 아주 얌전한 절반은 동물인 채로, 자기 집에 누워 있는 개처럼 땅에 기대어 누워 있고 싶어하는 뭔가가 너의 가슴속에 있을 거야. 그것은 마치 땅이 그 개에게는 몸의 절반을 차지하는 것과 같지. 동물은 말을 하지 않지. 그래서 네가 종종 말할 때 네가 생각하는 것을 말하지 않아. 그건 말하지 않는 것보다 더 편할 거야. 그는 개를 전부 보고, 두 개의 눈·콧구멍·귀,

---

1) 156쪽 그림 참조.
2) 書鎭; 책장이나 종이쪽이 바람에 날리지 않도록 누르는 물건. 〔역주〕

그리고 매우 잘 만든 커다란 입을 가지고 있어. 그는 다 듣고, 냄새를 맡지만 그것을 말하지 않지. 또 완전하지 않기 때문에 행동할 수도 없어. 너도 역시 사고를 지니고 있고 네가 생각하는 것을 간직하고 있어. 다음번에 우리는 동시에 크기도 하고 작기도 하고, 느끼고 들으며, 큰 머리와 꼬리를 가졌지만 말할 수 없고 움직일 수 없는 네 모형과 닮은 너의 가슴속에 있는 것을 더 잘 이해하기 위해 작업을 계속할 거야.

열번째 상담: 6월 7일
이전 상담 2주 후

나는 대기실에서 계속 나에게 아무 말도 하지 않는 어머니를 얼핏 본다. 그녀는 나에게 매우 상냥한 표정을 짓는다. 도미니크는 나와 함께 사무실로 들어간다. 창문이 열려 있어 바깥의 소음이 방해가 된다. 나는 도미니크에게 창문을 닫아 달라는 부탁을 한다. 그는 이리저리 시도해 보고 애쓰지만 창문을 닫지 못한다. 현대식 모델이 아닌 금속제 창문들이 있는 낡은 건물이기 때문이다. 나는 그에게로 가서 왼쪽 걸쇠의 단면과 오른쪽의 상응하는 오목한 단면을 손가락으로 만져 보도록 한다. 이 두면은 서로 끼워져야 하고, 그런 다음 하나의 손잡이가 전체를 지탱하게 된다. 그는 상호 접합하는 형태들의 상보성을 이해하고 몹시 기뻐한다. 그리고 혼자서 매우 능숙하게 창문을 닫는다.

그는 다시 돌아와 앉는다. 나는 그에게 고리의 암·수면이라는 잘 알려진 표현을 이용해 이러한 창문 고리와 그가 영감을 갖게 된, 다시 말해 형태들의 상보성을 촉각으로 파악함으로써 실제로 창문을 어떻게 닫고 고정 손잡이를 어떻게 작동할 수 있는가를 혼자서 이해했던 그 방법에 대해 그에게 말로 표현해 준다. 눈으로는 촉각의 경험을 대신할 수 없었기에 내가 말로 표현해 주지 않고, 내가 손으로 도와주지 않았다면 그는 해결할 수 없는 실제적 문제 앞에 머물러 있었을 것이다. 그것은 실제적 감각 기관의 경험이고, 생식기 형태의 상보적 개념

아홉번째 상담의 모형

15

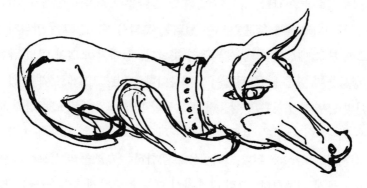

에 대한 언어적 표출이며, 그러한 표현은 생식기의 상보적 개념을 해명해 주었다.[1]

도미니크는 교황의 죽음으로 인해 매우 흥분하여 격앙되어 있다. 그는 내가 학회에 참석하기 위해 로마에 갔다고 생각한다. 센터에서, 1주에서 2주로 연기되었던 예정된 상담에 참석하지 못한 것에 대해 얘기했던 모양이다.

그는 내가 교황을 보았는지 묻는다. 나는 교묘하게 대답을 회피한다. 카이사르 동상을 보았는지도 묻는다. (그는 기마 동상을 말하지 않는다.) **카이사르 동상, 거기에서 그는 멋져요.**

돌토: 그가 어떻다고?
도미니크: 그는 말 위에 걸터앉아 있어요.
돌토: 그래, 멋지지. (우리는 이번 상담이 이전 상담과 직접적으로 연결되는지 보게 된다. 원초적 장면의 접근, 추정되는 오이디푸스나 남근의 성적 환상들, 확실한 생식의 환상들이 그렇다.)

그는 형과 여동생이 그에게 놀림을 받았는데, 왜냐하면 '**그가 그 일들을 생각할 때**' 그들이 그를 놀리기 때문이라고 말하면서 교황에 대해 다시 이야기한다. 사람들은 그에게 교황이 죽었다고 말했고, 그후에 돌아와 사람들을 축복하기 위해 창문에(마침 우리는 창문을 닫았고, 나는 그에게 그 점을 지적해 준다) 나타났던 교황을 보았다. 그런데 그

---

1) 내 쪽에서의 언어적 표출은 그가 감각적 경험에 동화되도록 하기 위해서 뿐만 아니라 (내 손으로 그의 손을 잡고 그 손이 감촉하도록 돕는) 이러한 신체의 접촉——게다가 이런 치료를 호전하게 하는 유일한 것——이 유혹을 시도하는 것으로 느껴지지 않도록 하기 위해 필요 불가결한 것이다.

의 형과 여동생은 교황이 정말 죽었지만 어떤 미국 학자가 그를 되살렸다고 그에게 말했다. "그래서 전요, 그들을 믿어야 하는지 모르겠어요. 그들이 나를 놀린다고 생각했어요……. 죽은 사람을 되살릴 수 있다고 생각하지 않아요. 그런데 그가 마치 두 번 죽은 것처럼, 그가 아팠다가 다시 건강해지고 다시 아팠다가 죽은 것은 무얼 의미하나요?"

나는 그에게 역사적인 사실의 현실을 설명해 준다. 그리고 어머니가 그들이 어렸을 때 '그들에게 진실을 말할' 것을 항상 권했던 것처럼, 나는 사실 이 아이가 현실을 알 필요가 있다고 생각한다. 사람들이 죽었다고 생각했던 교황은 건강이 상당히 호전되어 군중들을 축복하기 위해 발코니에 나타났다가 갑자기 다시 건강이 악화되어 며칠 후에 사망했었다.

도미니크: 아 그래요, 이제 이해하겠어요. 전, 이제, 항상 내가 곧바로 이해하지 못한다는 이유로 누군가가 나를 놀리지 않기를 바라요.

이어서 그는 교황들에 관한 이야기를 나에게 늘어놓는다. 그 이야기는 모두에게 유익했고, 5세기와 6세기경에 프랑스 교황들이 있었으며, 그다음 동시에 두 명의 교황을 갖지 않기 위해 이탈리아 교황들밖에 없었고, 이어서 비오 11세, 비오 12세와 요한 23세가 있었다는 이야기였다. (그가 교황의 문제에 대해 아주 열심히 공부했고, 내가 알기로는 그가 지금 흥미를 갖고 있지만 그 전에는 지겨웠던 텔레비전에서 보고 들을 수 있었던 교황의 역사에 관한 몇몇 장면들을 기억해 두었다고 말할 수 있을 것이다.) 그는 가족들이 그랑 생 베르나르(베르나르는 아버지의 실종된 동생 이름이다)의 여행에서 돌아왔을 때 이탈리아에서 이미 한

번 보았던 것을 나에게 말한다. 그는 그것이 바로 국경의 작은 마을(베르나르는 스페인의 국경 근처에서 실종되었다)이었다고 하고, 그에게 충격을 주었던 것은 문을 닫는 데 쓰이는 온갖 색깔의 커다란 묵주들이 달린 상점 문들이라고 말한다. (우리는 아버지, 그리고 어머니와 형이 가톨릭의 이름으로 소녀들과의 교제의 두려움을 정당화한다는 것을 안다.)

그는 말을 멈춘다. 그런 다음, 전요, 농장 주인이 정말 되고 싶어요.

돌토: 방금 전에 넌 이탈리아 가게들에 대해 이야기했다가 지금은 농장 주인이 되고 싶다고 얘기하고 있어.

도미니크: 그건 이탈리아에서는 날씨가 매우 더워 파리들이 있고, 그래서 상점 안에 파리들이 못 들어오도록 커튼이 있다고 생각했기 때문이에요. 하지만 농장 주인이 되고 싶어요. 그리고 날씨가 따뜻할 때, 그것이 날씨가 따뜻했다는 것을 생각나게 했어요. 그리고는 암소들을 성가시게 했던 파리들이 역시 있어요. 말을 그쳤다가, 종려나무들과 가면 하나를 갖게 될 거라 만족스러워요. 엄마가 나에게 약속했고 페페도 약속했어요. 이제 내가 공부 잘 할 것이기 때문이에요. 그래서 그들이 나에게 줄 그 두 가지를 가지고서 올 여름에는 생 라파엘에서 수영할 수 있고, 아마 낚시도 할 수 있을 거예요.

돌토: 생 라파엘이라고?

도미니크: 그럼요. 내 동생이 나에게 수영을 가르쳐 주려고 했을 때, 물론, 나는 할 수 없었어요. 왜냐하면 나는 항상 마치 개구리처럼 다리를 구부렸기 때문이에요. 하지만 이제는 확실히 할 수 있을 거예요. 전에는 수영할 수 없어 익사할 거라고 생각했어요. 하지만 이제는 수영할 수 있다는 것을 알아요. 우리는 생 라파엘에 가요.

돌토: 우리가 누구지?

도미니크: 좋아요, 모두 다섯 명이에요. 그리고 아빠, 엄마. 선생님께 보여드리죠.

그는 나에게 아주 잘 묘사한 생 라파엘의 크로키를 그려준다. 그 지방을 아는 나는 균형이 잘 잡힌 지도 위에서 그가 나에게 보여주려 한 것을 알아본다. 이어서 캠핑 트레일러, 다시 말해 그들의 캠핑카 크로키를 그린다. 지도는 매우 균형이 잘 잡혀 있다. 부모에게는 반쯤 가릴 수 있는 커다란 침대가 하나 있다. 아동용으로는 두 개씩 중첩된 네 개의 작은 침대가 있다. 그는 여동생 아래쪽에 누워 있고, 형은 물건들을 놓아두는 데 사용하는 침대 아래쪽에 누워 있다. 그는 아버지가 두 대의 차를 갖고 있는데, 하나는 일하는 데 쓰고 다른 하나는 캠핑카를 끄는 데 사용하기 위한 것이라고 말한다. 그리고 그들은 아버지가 캠핑카를 끌기 위해 X라는 공작의 소유였던 뷰익 자동차를 샀기 때문에 매우 자랑스럽게 여긴다고 말한다. 침묵이 길어진다.

돌토: 좋아, 오늘은 나에게 중요한 얘기는 하지 않는구나.

그는 망설이다 마음을 먹고 말한다. 내 여동생과는 잘 지내요. 형과는 별로 잘 지내지 못해요.

돌토: 그런데?

도미니크: 그런데 만족스럽지 못한 것은 엄마예요. 형은 매우 속물이에요. 그는 항상 사소한 얘깃거리들을 갖고 있어요. 그는 항상 여동생이 어떻게 옷을 입어야 하는지에 대해 말해요. 그렇게 입으면 안 된

다 이렇게 입으면 안 된다고요. 그는 어머니에게 지시하려고 해요. 어머니는 자기가 입고 싶은 옷을 입을 권리가 없어요. 그래서 어머니는 그에게 남의 일에 상관 말고 자기 걱정이나 하라고 해요. 선생님은 어머니가 옳다고 생각하지 않으세요?

돌토: 그래, 전적으로. 아들이 자기 어머니의 옷을 선택하라고 지시해서는 안 되지. 넌 내가 이미 네게 말했던 것을 알아. 어머니는 자신의 아들들에게 어울리는 것이 아니라 남편이나 자기 또래의 남자들 마음에 들려고 하지. 그런데 넌 너의 형에 대해 말한 거니?

도미니크: 예, 그래요. 나는요, 종종 친구들과 함께 집을 들러요. 그때 그들은 내 형의 방을 보고는 자동적으로 그 안에 들어가요. 우리는 살펴보다가 책 한 권을 꺼내서 좀 만져 봐요. 어느 날 한 친구가 디스크를 가져왔어요. 우리는 그것을 형의 방에서 틀려고 했어요. 형이 디스크를 트는 것을 가지고 있기 때문이죠. 그런데 그 기계를 찾을 수 없었어요. 형은 기타도 가지고 있고, 그에게 필요한 것은 모두 갖고 있어요. 그런데 나는 없어요. 그때 아버지가 마침 집에 있었는데, "오라"고 했어요. 그래서 사무실에서 그것을 틀어주었어요.

돌토: 네 아버지에게는 사무실도 있고 전축도 있니?

도미니크: 네. 그런데 아빠가 집에 없으면 문을 잠가요. 그리고 아빠가 집에 있을 때라도 일할 때면 문을 잠가요. 아시겠죠, 아빠는 어머니에게 이야기를 많이 해요. 여행에 대해서요. 저녁에 집으로 돌아와서 할 일 많을 때 아빠를 방해하면 안 돼요……. 전 선생님께 얘기해드리려고 내가 꾸었던 꿈을 애써 생각하고 있어요. 야옹하고 울고 있던 고양이 꿈이 생각나요. 그건 페르피냥의 메메가 아니고 할머니였어요. (메메는 프랑스 동부의 외할머니고, 할머니는 남프랑스의 친할머니다. 그는 다시 실언을 통해 지리학상의 장소를 혼동한다. 남프랑스의 조

모는 할머니라 불리고, 동부의 외조모는 메메라 불린다.)

돌토: 그런데 넌 죽은 큰아들과 작은아들의 사진을 보고 있었던 바로 네 아버지의 어머니를 페르피냥의 메메라고 했어.

도미니크: 예, 예, 아마 그렇게 얘기한 것 같아요. 내가 혼동했어요. 할머니죠, 엄마의 어머니, 우리가 메메라고 부르는 그 할머니는 동부에 살아요.

돌토: 왜 혼동했을까? 난 네가 혼동했다고 생각하지 않는데. 난 그들을 혼동하게 된 것이 너로서는 어쩔 수 없는 일이라고 생각해······.

도미니크: 그런데, 할머니는 내가 다락방에 가는 걸 원치 않았어요. 원치 않았어요. 그래서 할머니는 "제발!"이라고 말했어요.

돌토: 어떤 다락방이었지?

도미니크: 그건 또 다른 추억이에요. 그런데 지금 내가 기억하는 것은 페르피냥이 아니라 V에 있는 메메의 다락방에 대한 추억이에요. 사람들은 페르피냥이라 말하지만, 그건 V예요. 그건 페르피냥에서 멀지 않은 아주 작은 마을이에요. 그래서 우리는 그냥 단순하게 이웃마을이라고 해요.

그는 더 이상 헛소리를 하지 않고, 어떤 할머니와 관련되는지 아주 정확하게 밝히면서 추억들을 얘기한다. 그것은 다락방에 관한 두 가지 추억과 관련이 있다. 이 두 가지 추억은 다른 두 조모와 연관된 서로 다른 두 장소에 연결되어 있다. 그는 시간과 공간 사이에 놓여 있다. 그래서 그는 조상들과 가족의 혼동 속에서 빠져나온다.

도미니크: 그런데 V의 할아버지, 아빠의 아버지는 퇴역한 장군이에요. 그래서 다락방에는 여러 가지 옷과 군복들이 담긴 큰 트렁크들이

있어요. 나, 그리고 형과 동생에게 그 방은 출입이 금지되어 있었어요. 할머니는 그걸 원치 않았는데, 우리는 할아버지 망토를 입었어요.

돌토: 우리가 누구지?

도미니크: 그것을 입었던 사람은 내 형이었어요. 그는 자기가 장군이라 생각하고, 나는 그의 졸병이었죠. 우리는 아무에게도 말하지 않기로 약속했어요. 내가 아주 어렸거든요. 난 아무 생각 없이 메메에게 이렇게 말했어요. "야아, 다락방에서 참 즐거웠어요. 우린 뭔가를 찾았어요." 그리고는 그걸 말해서는 안 된다는 게 생각났어요. 하지만 너무 많이 말해 버렸어요. 그래서 할머니는 우리에게 "어쨌든 너희 할아버지 소지품은 손대지 않았겠지?"라고 말했어요. 그런 다음 우리는 야단을 맞았죠. 그래서 형은 나에게 엄청나게 화를 냈어요. 할아버지는 별이 두 개인 장군이에요.

돌토: 네가 브뤼노와 함께, 각자 한 개씩 별을 갖고 놀았던 일 기억나지?

도미니크: 아 예, 매우 재미있었죠. 우리는 보안관들이었어요. 그리고 카우보이들도 있었어요. 할아버지(그는 말을 이어간다. 이러한 나의 개입이 그에게 필요했던 것은 아니었다), 할아버지는 레지스탕스 사령관이었는데, 그건 사실이에요. 보안관들이라는 건 사실이 아니었어요. 지금처럼 비밀군사조직(OAS)을 가진 경찰들과 같아요. 할아버지는 페르피냥 지부의 사령관이었고, X의 탄약통 제조소 우두머리였어요. 그 탄약통들은 군대를 위해 마련됐어요. (얼마나 말을 잘하는가.) 사람들을 너무 자주 만나서는 안 되었어요. 왜냐하면 누군가가 그런 사실들을 얘기할지도 모르는 스파이일 수 있었으니까요. (다락방에서 했던 일들을 이야기하는 그와 연결되어 있고, 그런 일들은 그들을 할미니에게 '야단맞게' 만들었다.) 어떤 독일 스파이가 대여섯 개의 탄약통을 수집할

수 있었던 것 같아요. (그는 모형을 만들 점토를 배합하고 있지만, 이 순간 그것으로 아무런 모양도 만들지 않는다.) 그때 할아버지 목에는 현상금이, 아주 많은 현상금이 걸렸어요. 할아버지는 레지스탕스의 사령관이었기 때문이었어요. 한번은 페페들이 왔어요. (그는 아마도 독일인들을 말하려는 것 같다. 그것은 의미심장한 실언이다.) 그래서 페페는 정원의 다른 쪽으로 피했어요! 사다리를 가지고요. (그런데 이 조부는 페페라는 이름이 아니라 할아버지라는 이름을 지닌다.) 그런데 독일인들은 무척 야단을 맞았어요. 왜냐하면 그들은 그를 찾을 수 없었거든요. 그는 벽 위로 지나간 뒤 사다리를 치워 버렸죠. 사람들은 알 수 없었어요. 아버지도 역시 레지스탕스 소속이었어요. 할아버지는 자전거 한대를 갖고 있었는데, 그때 어떻게 그 자전거가 할아버지의 자전거였는지 말해야만 했음에 틀림없어요.

돌토: 난 그 자전거 이야기가 이해되지 않는데.

도미니크: 친할아버지는 레지스탕스 소속이었어요. 어느 날 아버지가 할아버지를 보러갔어요. 통과시키기 위해서 아버지는 할아버지의 자전거가 어떤 색깔이고 어떤 표시인지 레지스탕스 사람들에게 말해야만 했어요. (그의 신분을 신뢰하기 위한, 즉 그것은 상징의 토대이다. 사람들은 그의 아버지가 장군의 친아들로 행세했던 스파이였지 않았을까 걱정했다.) 아버지는 독일인들의 쓰레기통에 폭탄을 설치했어요. (이 순간 그는 앉은 채로 노래를 부르고 박자를 맞추면서 행진 리듬에 따라 흔드는 팔 동작을 흉내낸다.) 그들 독일인들이 이렇게 행진했다고 할머니가 나에게 말했어요. (소녀였던 그의 어머니가 공감했던 독일인들이다.) 그때 독일인들이 지나갔고, 그다음 그들은 튕겨 올라갔어요. 난 군대행진곡 디스크 하나를 갖고 있어요. 팡파르예요.

돌토: 그게 독일 군대행진곡 디스크니?

도미니크: 아뇨, 아니에요. 프랑스 군대행진곡 디스크예요. 그걸 녹음기에서 틀어야 해요. 그건 내 건데, 내겐 녹음기가 없어요. (그는 실언을 한다.)

돌토: 그게 '녹음기'가 확실하니?

도미니크: 그건 전축이에요. 그게 녹음기라는 건 몰라요. 하지만 그게 존재한다는 건 알아요. 내게 전축이 없어도 그걸(군대행진곡 디스크) 보관하고 있어요. 그리고 아빠가 허락하시면 아빠의 전축에서 그 디스크를 들어요. 형은 결코 그 디스크로 자기 전축에서 듣는 걸 원치 않기 때문이죠. 형이 집에 없을 때는 그걸 사용하지 못하도록 고장 나게 해두거든요.

이번 상담에서 흥미로운 것은 이전과는 전혀 다른 면담의 어조이다. 이번 면담에서는 전혀 헛소리가 없다. 자기비판이 있다. 게다가, 이제 도미니크는 말하면서 나를 정면으로 바라본다. 그는 가끔씩 자신이 이야기하는 것에 대해 확신을 하지 못할 때나 그가 나에게 말하는 것을 내가 이해하지 못한다고 말할 때, 그리고 나에게 자기 생각을 분명하게 밝히고 싶을 때 약간 거북한 표정을 짓는다. 그러나 그는 자신이 말하고자 하는 것이나 내가 이해하기에는 너무 생략된 처음 이야기의 결함을 보충함으로써 그것을 어떻게 말해야 하는가를 찾자마자 다시 나를 정면으로 바라본다.

우리는 완전히 변한 것을 본다. 다시 말해 비록 그의 어머니가 별로 좋아하지 않지만, 형에 대한 공격성의 발현 권리, 이러한 형에 대한 비평과 투쟁의 가능성, 남성들에의——교황의 몸짓, 독일인들의 몸짓——동일시, 아버지와 친할아버지의 인격을 통한 이상적 자아의 현재화를 우리는 보게 된다. 또한 아버지에 의해 정당화된 거세의 인정이 있다. 도미니크는 욕구 불만이 형이 아니라 아버지에게서 올 때도 그런 불만——닫힌 문——을 받아들인다. 그는 개인적인 일들로 인한 아버지의 부재중에 원하는 것을 할 수 없다는 점을 정당화하고, 어머니가 아이들보다는 남편과 더 밀접하게 맺어져 있다는 점을 받아들인다. 아버지가 거의 시간이 없을 때 그가 집에 있는 것은 자기 아내나 자신의 일을 위한 것이다. 게다가 부계에 대한 전적인 가치 부여가 있다. 우리는 이제 그의 외할아버지처럼 매우 착하고 근면하며 독재적이고 인종차별주의자적이며 식민지주의자적인 사람들인 독일인들에 대한 어머니의 동조적인 말투 속에 아이에 대한 뭔가 불안한 것이 있었다는 점을 이해한다. 또한 우리는 어머니가 어느 날 저녁 벨 가문의 사람들처럼 키가 크고 금발인 독일인들에게 체포되었다는 사실과 그녀가 그들과 이야기하는 것을 매우 즐겁게 생각했다는 사실 속에는 뭔가 불안한 것이 있었다는 점을 이해한다. 이 독일인들은 그의 친할아버지를 죽게 할 뻔했던 사람들이었다. 우리는 그가 할아버지를 추적했던 페페들에 대해 말했을 때 그의 실언을 이해한다. 흑인들과 함께 '나치'의 품행을 지닌 페페는 그에게 있어서는 실제로 모계였다. 그가 소위 외할아버지의 '혈통을 이어받은' 유일한 아이라는 것을 잊지 말자. 모든 것이 그에게 있어서는 벨이라는 성의 남성 소지자들과의 동일시 욕망을 폐제하는 데 기여했다. 이것은 오이디푸스적 욕망들을 구축하는 효력을 파괴했던 것이다.

또한 그가 판독할 수 있는 생 라파엘 도시의 도면과 내가 아주 잘 이해했던 그들 캠핑카의 도면을 그릴 수 있었던 사실을 본 것은 흥미로운 일이다. 그의 데생에 대해 주목해야 할 유일한 것이 한 가지 있다. 캠핑카의 도면을 그리기 위해서 종잇장 위의 다른 위치나 다른 종잇장을 택하는 대신에, 그는 동일한 종잇장을 그대로 사용했고 도시의 도면 위에 캠핑카 도면의 일부분을 중첩시켰다. 그리고 그것을 알아차리지 못한 채 그러한 것 같다. 첫번째 이미지는 그에게 있어 필적을 방해하지 않거나 거기에 중첩되어 있는 두번째 이미지의 판독에 방해되지 않았던 상태에서 상상적으로 무효화되었다. 시간에 관해 그에게 일어났던 것, 부모나 남성·여성 시니피앙들의 남근적 가치의 혼동, 인종차별주의자 나치의 독일인들과 레지스탕스 프랑스인들 사이, 전축과 녹음기 사이의 혼동은 공간의 표상에 관한 것이 아니겠는가.

이번 상담의 흥미로운 두 부분은 그가 텔레비전에서 보았던 축성을 내리는 제스처와 카이사르의 기마상에 감탄을 표하는 제스처를 보이면서 교황에 관해 말하고 그와 동일시하는 순간들이다. 이번에 그것은 더 이상 그의 어머니에 연결된 앵발리드의 나폴레옹 팡테옹이 아니라 아버지에 연결된 말을 탄 멋진 장군이다. ·

그런데 우리는 어린 여동생이 태어날 때까지 부모의 방에서 잤던 아이, 회전목마와 자전거를 두려워했던 이 아이에게는 '말을 탄'이라는 말이 성적인 것을 표현한다는 사실을 안다. 우리는 자위적인 성적 흥분을 서로에게 주기 위해 친구를 등에 업는(가오리의 꼬리에서처럼 흐르는 전기) 그의 놀이들을 알고 있다. 몸통을 아주 똑바로 세우고 행진하는 자세로(그러나 앉은 채로 있었다) 아버지가 쓰레기통에 설치해두었던 폭탄이 터져 솟구쳐 오르는 독일인들(어머니에 의해 높이 평가되었던)을 흉내내는 두 순간이 있다.

밤에 경찰서로 가는 그런 여자들에게 모욕을 주기 위한 저속한 말인 '엘모뤼'를 잊지 말자. 어린 여동생을 가져다주었던 씨앗을 어머니에게 넣기 위한 어머니 속의 침투는 진정으로 아이에게는 첫번째 구조를 폭발시키게 했던 것이다. 그것은 부부의 잠자리에서 말을 타는 특권을 지닌 아버지의 생식 능력을 실행하는 증거가 솟아났던 순간까지 역시 패배자였던 아버지와 마주하여, 노예인 어머니의 주인이었던 어린 야만적 남성의 구조이다.[2] 우리는 독일인들이 그들을 위해 '전부를 갖고' 싶어했고, 외할아버지가 아프리카로 갔던, 우리는 인종차별주의자로라고 말할 테지만, 사람이었으며, 어머니는 히틀러가 '악의 재능을 가진' 것을 제외하고는 그의 지성이 훌륭하다는 점을 포함해서 독일인들이 했던 것들을 매우 좋다고 생각했다는 사실을 기억한다.

또한 이번 상담에서 도미니크가 '누군가' 가 할아버지의 소매 없는 망토를 입었다고 말하는 순간을 주목하자. 그리고 이 '누군가' 는 그의 형이었다. 그는 장군인 그의 형의 졸병에 지나지 않았지만 스파이였다. 반면에 여동생은 수동적인 엑스트라 역을 했다. 우리는 거기에서 다섯 살 때부터 개인적인 지표도, 육체적인 지표도, 그의 남성다움의 성적인 지표(욕망에 관한)도 없는 채로 도미니크를 혼란스럽게 만들었던 것에 관한 전체적 개관을 하게 된다.

우리는 남성다운 가치의 표명에 관한 이상이 아버지 가족의 이상과는 대조적으로 어머니 가족의 이상을 통해 어떻게 평가되었는지 알게 된다. 우리는 할아버지 모독죄를 범하는 현장에서 어머니에 의해 주입된 복종하는 체하는 행동이 어떻게 일종의 피로스[3] 전술, 즉 형에 대해 경쟁적이지만 탈오이디푸스화된 사디즘적 성충동을 표현하는 유일한 방식에 따라 스파이 활동을 하고 형을 체포하게 만드는 수단으로 돌아섰는지를 보게 된다. 우리는 또한 도미니크가 전성기기의 마술적인 거세의, 그리고 그의 형과 여동생 쪽의 공포증의 두려움으로 인해 헤어나지 못했던 마조히스트적 복종에서 어떻게 빠져나오는가를 본다.

---

2) 우리는 '터질 수 있는 아기의 성기' 를 기억한다.

도미니크가 자신의 엄청난 결핍을 헤아려 볼 수 있었던 것은 바로 어린애였던 자기 여동생의 출생과 성장을 수반했던 의미심장한 가족의 제스처와 말을 통해서일 뿐이다. 즉 그의 가치의 부재는 성인의 남성다움과 관련된 것도 아니고 성인 아버지의 권력과도 연관된 것이 아니라 이 여자아기의 남근의 마술적이고도 물신 숭배적인 전능과 연관되는데, 이 아이는 페니스가 없는, 어머니의 부분 대상(여동생은 지금도 여전히 어머니의 부분 대상이다)이며, 첫번째 딸을 오래전부터 무척이나 기다려왔던 두 가계에서는 환희와 같은 뜻이 되는 현재화된 남근의 가치의 후광에 둘러싸인 것으로 인정받았다.

　이 어린 여동생이 태어날 때 형인 폴 마리에게도 역시 뭔가 매우 중요한 일이 일어났다. 내가 생각하기에 그 또한 여동생의 출생으로, 그리고 가족 집단의 성적 역동성에서, 특히 부모의 성적 역동성 속에서 그 출생의 영향으로 외상을 입었다. 폴 마리는 아버지가 잠깐 동안 체류하는 것 외에는 어머니와 단둘이서 남아 있었기에, 부모 모두가 기

---

　3) 기원전 3세기, 북부 그리스 지방 에페이로스의 왕 피로스(Pyrrhus)는 전술가였다. 그는 로마 원정으로 역사에 이름을 남겼다. 피로스는 로마와 결전을 앞둔 이탈리아 반도 그리스 도시 국가 타렌툼의 용병으로 초빙됐다. 그는 2만여 명의 병사와 스무 마리의 코끼리를 거느리고 지중해를 건너 로마군을 맞았다. 당시 로마는 이탈리아 반도 통일에 나서 승승장구하던 신생국. 이론과 경험을 겸비한 피로스는 두 차례에 걸쳐 로마군을 물리쳤다. 첫 전투는 넓은 지형에서 이루어져 코끼리를 동원한 피로스가 대승을 거뒀다. 피로스는 코끼리를 요즘의 탱크처럼 활용하는 데 명수였으며, 로마인은 이때 코끼리를 처음 봤다. 로마군은 이를 교훈 삼아 두번째 전투에선 좁은 지형에서 사투를 벌였다. 양측의 사망자가 1만 명에 이르렀다. 피로스 휘하 장수들도 몇 사람 희생됐다. 마침내 로마 병사들이 퇴각하고 피로스의 병사들이 환호를 질렀다. 그러나 막상 피로스는 심드렁하게 측근에게 말했다고 한다. "이기는 것도 좋지만 이런 승리를 다시 거두었다가는 우리도 망한다"라고. 실제로 피로스는 세번째 전쟁에서 로마군에 패했으며, 반토막 난 병력을 데리고 귀국한 직후 스파르타와의 싸움에서 전사했다. 이후 '피로스의 승리'란 '실속 없는 승리' '상처뿐인 영광'과 동의어가 됐다. [역주]

다려 왔던 여동생의 출생으로 인해 환상적 오이디푸스의 착각 속에서 정말로 자기 어머니의 아기를 가졌다고 생각했다. 아버지와 동일시함으로써든 어머니와 동일시함으로써든, 그리고 보살펴 주고 지도하며 안전을 지켜줌으로써든 그들의 항문과 요도의 남근 숭배 행동들을 모방한다는 조건에서, 그는 남근인 이 어린 여동생을 찬양하고 숭배할 수 있었다. 또한 자신의 목소리를 가족의 합주에 섞는다는 조건에서, 그는 강박적으로 소녀들의 성기와 결국 자연스럽게 그들의 유방을 무의식적으로 배제함으로써 그들의 육체의 미학에 대해 감탄할 수 있었다. 폴 마리는 외상적으로 학업의 저해에도 불구하고 이날까지 그에게는 매우 성공적인 수동적 동성애의 구조 속에 들어가 있었다. 열여덟 살에 그는 '누군가' 가 소녀들과 쾌락을 나눌 수 있다는 것도 그들과 함께 잘 수 있다는 것도 이해하지 못한다(그 점에 대해서는 그를 낳아준 부모가 시인한)고 말한다. 그는 어쩔 수 없이 아이를 낳기 위해 필요한 성행위는 인정하고, 이러한 출산을 위한 거북스러운 기술적 조작을 매우 유감스러운 것으로 평가한다.

육체간의 욕망은, 그것이 대립 속에 있는 고유한 두 육체의 경쟁 욕망이든 에로티즘의 욕망이든, 고백하기 어렵다. 단 하나의 욕망만이 가치를 부여받는데, 그것은 철학적인 이야기에 대해 감탄하며 경청하는 가운데 갖는 남자의 우정이며, 에로티즘은 '암컷의 몸매' 의 보편적인 아름다움에 대한 관음증이다. 폴 마리에게 아무런 즐거움도 없이 많은 말을 하는 것은 여성들에게 있어 살아 있는 것들, 즉 사람들이 아이라고 부르는 발 달린 소화 기관의 자궁 배변을 하기 위해 필요한, 억압된 에로티즘을 조절한다. 폴 마리는 남의 집 아이들을 사랑한다. 이러한 끌림에서 감춰지지 않은 채 드러난 에로티즘은 자기 동생들의 불가피한 거부를 통해 확인된다. 그는 그들과 거리를 둔다. 그는 몸을 도사린 채 집에 틀어박혀 있고, 그들이 말을 걸지 못하게 하고, 자기 물건에도 손대지 못하게 한다. 그들과 교류하는 것을 거부한다. '어른들'만이 개인/상호간의 교환을 할 만하다. 여자애들은 그들의 나이나 키와 상관 없이 그에게는 위험하다. 물론 폴 마리는 여동생이 태어났던 다섯 살 때에 도미니크나 그의 부모 어느 누구 앞에서도 그에게 윤리 발달을 억제하는 비극에 대해, 그리고 수동적 항문의 모성적 동성애의 자아 이상과 혼동함으로써 뛰어넘은 아버지의 성적 자아 이상의 폐제에 대해/분명하게 밝히지 못한다. 전자의 자아 이상은 아버지에게서 주어진 거세도 없이 형제의 가짜 부성애의 마술적인 실현을 통해 과도하게 활성화되었다. 더구나 거기에서 근친상간적 부성애의 환상들은 아버지와 어머니의 말들로 인해 거의 합법화되었다.

나는 종종 세 살에서 일곱 살 사이의 남자아이의 상상적인 상황을 묘사했다. 그는 아버지의 부재로 오랫동안 벗어날 수 있는 오이디푸스적 갈등과는 관계 없이 아이를 받아들이고 잉태하고 싶어한다. 그것은 항문이나 요도 분만을 바라는 것과 관련된다. 이러한 발상은 지속적인 주입인 술주정이나 성교에서 비롯되기 때문에 일종의 술을 좋아하는 환상에서 생겨난다. 이러한 환상들은 관찰된 인간이나 동물의 교접 기술의 행동을 참조하여 만들어졌다. 그러나 그것은 나르시스적 향락을 목적으로 하는 환상들이다. 동시에 그런 환상들은 그것들이 의태(擬態)로 물신의 대상인 현존하는 아이와 마주한 어머니나 아버지의 행동으로 이끄는 것을 통해 인간화의 징후를 허용한다. 이런 모든 것은 자연적 거세(1차 거세)에서 벗어나는 수단이며, 이것은 아이의 다형도착(多形倒錯)적 구조에 내재하는 수단이다. 그것은 또한 근친상간의 터부에 관한 사회법을 따르도록 하는 문화적이거나 오이디푸스적인 거세에 대하여 상상적인 것을 통해 술책을 쓰는 수단이다.[4]

폴 마리에게는 외상이 있었다. 어린 여동생의 출생은 그가 상상하던 소망들이 마술적으로 실현되었다고 믿게 된 부모의 모든 편의와 허가를 그에게 제공했기 때문이다. 어머니는 그에게 여동생을 맡겼다. 그래서 그는 권력을 지닌 큰형으로 행동할 수 있었고, 아버지가 집에 없었기 때문에 아버지로서의 기쁨과 근심을 어머니와 함께 나눈 것과 같이 또한 침대를 함께 썼다. 어머니 스스로는 그의 성숙함——그의 말의 거짓 성숙함——이 그를 항상 동반자로 간주했다는 사실에서 연유한다고 말하고, 그녀는 동반자인 그에게 모든 것, 즉 그녀의 모든 생각과 모든 근심을 맡겼다.

자기의 형이 수동적 전오이디푸스의 구조적 위치에 자리잡는 동일한 시간에, 도미니크에게는 모든 것이 자신의 세계를 만들었고 자신의 일관성을 확보했던 것에서부터 붕괴되었다. 모든 것은 자신의 신체 도식[5]에 연결된 남성적 나르시시즘의 뿌리까지 붕괴되었다. 아버지가 거의 집에 없는 대신에 폴 마리가 있었다. 그러나 폴 마리는 일종의 전이상적 자아의 받침이 될 수 없었다. 이러한 심급의 자아 이마고에 필요한 조건은 이러한 자아가 성적으로 역동적이기도 하고 성적으로 이미 태어난 아이에 대해 생식적인 것이다. 그것은 그 자아가 자신의 생식적 육체의 이미지 안에서 역동적이어야 하고, 어머니에게서 선택된 한패일 뿐만 아니라 경우에 따라서는 수태시킬 능력이 있어야 하며, 어머니를 보완해 주는 것과 마찬가지로 법에 의해 집주인의 특권이 부여된 것으로 받아들여져야 한다는 것을 의미한다. 따라서 구조

---

4) 관습적으로 1차 거세라고 불리는 자연적 거세는 인간 육체가 단일성을 가졌고 죽음을 면할 수 없는 현실에서 생겨난다. 문화적 거세는 그 전에 주체가 사회적 관점에서 자기 성의 생식자에게, 에로티즘에, 최종적으로 인간의 생식력에 가치를 부여했던 경우에만 구조화하는 의미를 갖는다.

5) 자신의 육체에 대해 각자가 가지고 있는 상(像). [역주]

화 중에 자신의 남성의 정체성에 어떤 지지를 찾았던 도미니크는 단지 구조 상실의 위험만을 발견했다. 자기 성의 특성 속에서 그를 지탱하고 그런 성 속에서 그에게 높은 가치를 부여하는 모델 대신에, 그는 나쁜 스승이자 역동성이 없는 폴 마리만을 발견했다. 그가 욕구하는 어떤 역동적인 모델의 보증인을 찾으려고 시도했던 것은 보비 고모와 고모부의 어린 아들 브뤼노에게서이다. 살아남기 위해 도미니크는 자신의 리비도에 최소한의 역동적 가치를 유지해야만 했다. 모델이자 어머니의 감정적인 보완자이고 경쟁자인 폴 마리는 항문 남근 숭배에 머물렀다. 그래서 도미니크는 구순의 남근 숭배, 알아들을 수 없는 말과 세상과의 관계의 신체적인 언어밖에 가질 수 없었는데, 이런 것들은 실비가 태어나기 전에 남아 있었다. 폴 마리는 그들의 자매결연(같은 방 안에서 새로운 자매결연), 즉 어머니와의 자매결연에 비교된 하찮은 자매결연이라는 사실 그 자체로 인해 선택적인 독신자였다. 도미니크는 퇴행으로 인해 평가 절하되고 훼손된 육체에서 이상하게도 근친상간적으로 버림받은 분함이 가득한 '어린 형제'가 된다. 벨 가문의 '어린 형제들'[6]은 둘 다 모두 죽었다. 그 이후에 이 가문에서 가장 가치가 있었던 것은 페니스가 없는 성을 가진 어린 여동생이었다. 그러나 페니스를 가졌고 그래서 아내가 아이를 갖게 함으로써 그런 사실을 증명했던 아버지는, 갑자기 아이의 어머니에게 있어 그 아이에게 의존하는 관계보다 덜 중요해졌다. 마찬가지로 아버지는 어머니가 자신의 두 개의 남근적 유방을 가지고 '그녀를 황홀하게 만들었던' 젖을 빠는 아이를 양육했다는 사실로 인해 구순 리비도의 지위로 퇴행했던 도미니크에게 있어서도 덜 중요해진다.

---

6) 친삼촌들.

더구나 폴 마리에게 있어 도미니크는 삶을 영위하는 동안 복합적인 시련에 적응하는 그의 반응과 더불어 이제 실제적인 가정 생활과 공적인 사회 생활 속에서 지장을 주는 사람이었다. 도미니크만 혼자서 자신의 행동을 통해 가족의 혁신과 집단의 역동적 변모를 분명하게 표명했다. 그는 대변 실금을 통해, 그리고 반항과 분노를 통해 두 가문의 명예를 손상시켰던 자이고, 형제의 기능을 평가 절하시켰던 자이다. 그는 어린 여동생에게 '나쁜 예'를 제공했으나 호기심에 젖은 그들의 어머니는 계속해서 그에게 관심을 가졌다. 왜냐하면 이 도미니크는 아버지에게 계속해서 아들로 인정을 받았고, 어린 여동생의 관심을 불러일으키기 시작했기 때문이다.

그는 폴 마리에게 정말로 방해꾼이었다. 어머니가 말하는 것처럼 형제애로 인해(나는 오히려 이러한 수단을 통해 건강한 거세를 받아들이려고 시도하기 위한 것이라고 생각한다), 폴 마리는 너그럽고 지나치게 관대한 형의 역할을 하는 것을 받아들였다.

도미니크는 결코 자기 자신에 속하지 못했다. 태어나는 순간부터 그는 외모로 인해 불리했고, 어머니에게 동물의 수준에서 평가받았으며, 또한 그에 대한 형의 질투로 인해 불리했다. 그 질투는 동생들에 대해 폴 마리와 관련될 때 아무도 말하지 못하는 그런 것이었다. 도미니크는 항상 어머니와 형에게 기생하는 꼴이었다. 그는 어머니에게 자기 아버지의 빼닮은 꼴로서, 그리고 어머니가 그 소유권을 갖는 페니스의 소지자이며 배우자의 페니스 부재에 대한 위안으로서 어머니에 의해 물신화되고, 양육하고 보호하고 모범적인 행동을 몰래 지켜보는 자로 생각하는 어머니의 부분 대상으로서 그의 형에 의해 물신화되었다. 여동생이 출생할 때까지 도미니크가 가치를 찾고, 어머니-형이라는 쌍둥이 커플에 의해 평가를 받았던 것은 바로 남근적 물신 숭배로서

일 뿐이다. 그러나 그는 아버지의 귀중한 대리인이라는 인상을 가질 수 있었다. 그것은 그의 아버지가 자신을 일종의 '유목민'으로 만들었던 상당한 보수를 받는 상황에 접어들었던 것이 그의 출생 때부터이기 때문이기도 하고, 그의 동물적인 체온이 어머니를 따뜻하게 해주었기 때문이기도 하다. 어머니의 잠자리에 가는 것을 거부하는 일에 있어 지나치게 '새침한' 형보다는 도미니크가 덜했다. 그는 또한, 벨 부인이 말한 것처럼, 매우 상냥하고 조숙하게도 완벽한 화술 때문에 예우를 받았다. 그는 자기 어머니의 말투를 반복했던 일종의 어린 앵무새였다. 겉보기에는 자율적인 행동에도 불구하고, 그리고 비록 그 자신이 주장하는 것처럼 할머니 집에서는 허가를 받아야 하긴 했지만, 허가를 받을 필요가 없었더라도 도미니크는 소외되었고 자유와 자율성을 상실했다. 그는 어머니의 페니스 결핍을 대체하는 대상이었고, 어머니는 아직도 그런 결핍에서 성숙되지 않았다. 벨 부인의 복장은 현재보다는 젊은 시절의 지나간 유행을 따르는 것이어서 매우 점잖고, 눈에 띨 정도로 시골풍을 하고 있고, 항상 액세서리, 모자, 구두, 장갑, 핸드백은 남성적인 색조가 덧붙여져 있었다.

벨 부인에게 있어 딸을 갖는다는 사실이 아들만을 원했던 부모에게 실망을 가져다주었다는 사실을 잊지 말자. 폴 마리가 일종의 어머니의 쌍둥이이며, 아버지가 법적인 특권을 누리는 생식을 목적으로 하는 성교와는 별도로 정확히 남편과 동일한 자격으로 어머니의 선택된 동료인 다른 자아였던 반면에, 도미니크는 어머니의 원심적 페니스[7]의 대리인이었다. 집에 있을 때의 남편은 아내에 의해, 사회적 접촉에 대한 공포증을 치유해 주는 이로 간주된 모성애를 지닌 사람이다. ("내 아내는 곰입니다. 하지만 집 안에서는 손님을 무척 환대합니다.") 이러한 공포증은 이 여성과 그녀를 배척했던 어머니, 그리고 결혼을 할 때까지 그녀를 완전히 무시했던 아버지와의 훼손된 관계에서 생겨났으며, 결혼한 뒤로 아버지는 자기 딸보다는 사위를 더 좋아했다(벨 부인 아버지의 반-오이디푸스적 신중함인가?).

도미니크가 태어날 때까지 벨 부인은 매일 집 안에서만 살았다. 분명 잘 적응했던 도미니크는 자신에게 해당했던 물신의 역할을 몰랐다. 어머니가 또 다른 가상의 유사자(類似者)를 낳기 위해 그를 내버려둔 뒤에 보다 진실하고 보다 벨 가문에 속하는(아름다운) 아이이자 온갖 장점과 모든 권력을 보유했던 실비를 낳았을 때, 그는 그런 사실을 알아차렸다. 그는 자신이 쓸모없는 인형처럼 어머니에 의해 친할머니를 거쳐 형에게로 양도되었다고 느낄 수 있었다. 어린 여동생이 태어나기 전에 놀이의 규칙을 만들었던 것, 그리고 어머니가 경청하도록 잘 말하고 어머니와 형 사이에 개입하기 위해 자신의 관심을 끌게 했던 것, 이러한 놀이의 규칙은 완전히 변경되었다. 여동생이 태어나던 날부터 도미니크는 자신의 지표를 상실해 버렸다. 그는 여동생과 비교해서, 그리고 형과 비교해서 아무런 재능도 없고 친구도 없으며 의지할 곳도 없는 상태로 괄약근의 수동성과 벙어리의 경쟁 시합에서 더 가치를 가질 수 없었으므로 자신의 몸이 추하다는 사실을 발견했다. 그의 할머니들은 폴 마리를 더 좋아했다. 그러나 도미니크는 자신의 몸과 성기 안에서 가치를 인정받지 못한 충동적인 존재로 인해 당혹스러웠다. 그는 완전한 탈나르시시즘화를 겪었다. 그의 요설증(饒舌症)이 수

---

7) 나는 〈리비도와 그 여성적 운명〉(in 《정신분석》, 7호, P.U.F., 1964)에 관한 작업에서 **원심적 페니스**의 선망을 1차 거세에 종속된 상상적 부분 대상으로 기술했다. **구심적 페니스**의 선망은 아버지에게 속하는 부분 대상의 여성적 전생식기의 욕망이다. 인형 놀이를 지탱하는 환상, 아버지에 대한 근친상간적인 아이의 환상은 그러한 욕망의 대리물이다. 오이디푸스의 해소 후에 소녀에게 있는 이러한 구심적 욕망은 사랑받은 파트너에 대한 **생식 욕망의 일부**를 이룬다.

용된 상징적 접근과 통제의 결과가 아니라 어머니의 리듬에 몸짓으로 의존한 결과였던 것과 마찬가지로, 그는 괄약근의 청결 속에서 어머니가 그들에게 했던 환대, 성적으로 자극된 그에 대한, 그러나 애석하게도 또한 그녀에 대한 환대로부터 항문의 쾌락과 구순의 쾌락을 맛보았다. 그의 괄약근의 의사-통제(게다가 상대적인)는 실제적인 쾌락으로 각인되었고, 이러한 쾌락은 근친상간적으로 되는 경향이 있었다. 도미니크가 발견했던 법은 결코 사회법인 근친상간 금지가 아니었다. 자유로운 상태라는 것이 배출하는 식물적인 리듬과 운동으로부터 자유롭고, 호전성으로부터 자유로운 것(그가 자기 여동생에 대해, 그리고 그의 학교와 정원, 즉 문화와 자연으로 '왕복' 하는 것에 대해 그렇게 말하는 것처럼)을 의미하다는 뜻에서, 그에게는 더러운 상태이거나 자유로운 상태의 금지 이외에 다른 금지가 없었다. 그는 풍선(일명 어머니의 젖가슴)을 잡거나 아이를 갖는 환상을 품을 수밖에 없었다. 다시 말해 이러한 아이를 갖는 것은 풍선을 잡고 정원을 돌면서, 이 풍선을 다른 이들과 교환함으로써가 아니라 그 풍선을 자신의 팔 안에 지니고 있음으로써, 배 속에 그것을 품게 된 후에 품안에 풍선-아기를 안은 자신의 어머니와 같다.[8]

그의 말이 도미니크(그는 더 이상 인간 대 인간이라는 것을 느끼지 못했다)에게 있어 개인적인 의미를 상실했던 순간으로부터, 그는 더 이상 자신이 체험했던 감각의 경험들에 대한 표현을 자신의 말 속으로 옮겨 놓을 수 없었다. 그가 청각적·시각적으로 목격했던 부모의 성

---

8) 우리는 이러한 풍선 놀이의 방식――풍선을 보호하고 놓치지 않기 위해 그것을 잡는 것――이 세 살 이전의 어린아이들을 특징짓는 아동의 놀이 방식이라는 사실을 잘 안다. 아이는 규칙에 따르는 언어의 거래인 놀이 속에서, 자신이 '좋아하는' 누군가에게 풍선을 던짐으로써 이 놀이를 마친다.

교 역시 '기마'와 어머니 '암소'를 성가시게 구는(최초의 환상 속에서 암소를 성가시게 했던 보이지 않는 파리들을 생각해 보라) 놀이나 농장에서와 같이 동물의 교미 놀이, 그가 아기에게 젖을 먹이는 여자에게 동시에 우유를 주는 것과 같은 여자의 놀이라고 불렀던, 채우는 관들의 연결(꼬마 한스의 배관공과 마찬가지로) 놀이처럼 해석될 수 있었다. 풍선-임신의 '결과'는 아기의 출생으로 이어졌고, 이러한 상황은 이 아이에게 말로 가려지지 않았다. 결혼할 때까지 신체와 성에 대해 알지 못했던 사실로 인해 고통을 겪었던 어머니는 자신이 말했던 것처럼 삶의 현실을 모르는 것보다 잘 아는 아이들을 갖고 싶었다. 그런데 부모가 성교하는 것을 도미니크가 보거나 들을 수 있었더라면, 어머니가 자식들을 통해서보다는 남편을 통해 잠자리에서 몸을 더욱 따뜻하게 했던 여자동무이고, 수태시키는 성교에서 받은 그 동무의 귀중한 과실을 맺는다는 사실에서 그는 어머니의 말이 없었더라면 자신이 그 광경에서 겪었던 느낌들과 어머니의 기쁨 간의 관계를 설정할 수 없었을 것이다. 왜냐하면 어머니는 그런 사실을 '말하지' 않았기 때문이다. 임신과 그 생리학에 관해 '진실을 말하는 것'은 유일한 엄마의 '심장'에, 어머니에 의해 연결되어 있었다. 다시 말해 그러한 진실의 말은 '흑인들의 벗은' 몸과 '저녁에 외출하고 사람들이 경찰서로 데려가는 여자들'이 연결되어 있을 수 있었던 무녀의 말 속에 단성 생식으로 표명되어 있었다. 어머니 몸에 달린 커다란 풍선이 우화와 노래의 우의적인 양배추로 대체되었다면, 사랑하는 생식자나 사랑받고 기대하던 남편, 부모에 의해 수태되어 어머니의 태내에서 성장하는 아이의 공동 생식자인 아버지의 개입은 결코 거론되지 않았다. 그 결과 벨 부인 자신이 말했듯이 사회 가족의 행동에서 아버지와 어머니의 역할을 함으로써, "아이들은 그들의 아버지와 나, 아버지가 있는 것과 없는 것간의 차이를 몰랐다." 적어도 그들이 생각하는 것은 바로 그녀가 절대적으로 원하는 것이다. 그것은 엄마를 안심시키기 위해 믿는 것처럼 보여야만 하는 것이다. 어린 도미니크는 아이를 낳는 인간의 창조적 기능 작용이 여자들의 특권이고, 분위기나 소화 유형——구순의, 항문의——의 기능 작용, 보이지 않는 어떤 인물의 마술 또는 식물적인 신체 안에 감춰진 뱀[9]을 알고 있다는 사실에서 생겼다는 것을 믿을 만했다. 그가 깨어 있었거나 잠들었을 때, 그리고 아버지의 존재를 질투했을 당시에, 잠자리에서 부모의 육체 놀이를 관찰한 것에 관해 말하자면, 우리는 그가 자기에게 어머니가 오지 않으면 안 될 술책을 부려 아버지에게서 어머니를 유괴하는 데 성공했다는 사실을 알고 있다. 그 아이는 잠자리에서 부모의 육체적 행동들을 기마 놀이로 해석할 수 있다. 또한 성교·관류(灌流)·휘발유 공급의 놀이, 다시 말해 사람 대 사람의 사랑의 표현 같은 것이 아니라 그가 자기 또래의 아이들과 함께 갖는 것처럼 부분 대상들의 몸짓 놀이로 해석할 수 있다. 따라서 생식의 창조적인 결과는 어떤 상징적 사건이 아니라 단지 채우기 효과의 특별한 사례에 불과하다.

간단히 말해 도미니크에게는 아버지의 역할이 완전히 폐제되었다. 도미니크가 누구에게나 '남자가 되어가는' 것으로 인정받는 데 자신이 엄청나게 무능하다는 사실을 측정할 수 있었던 것은 바로 여자아이의 출생과 성장에 수반되었던 모든 말들을 통해서일 뿐이다.

여동생이 태어난 시기에 심각한 강박적 신경증의 시작은 진화의 모든 희망이 거부되었을 때 일종의 정신병 상태로의 퇴행이 된다.

---

9) 나무 안에 숨은 악마의 유혹의 연상 속에서, 그 나무(그)는 아담과 이브 사이에 있고, 창문 안으로 눈 뭉치를 던진다.

모든 나르시스적 상처와 아동의 무기력함을 위로하는 환상——"내가 컸을 때"(미래의 시간에 대한 환상이 "내게 시간이 있다면" 하고 말하는 성인들을 위로하는 환상인 것처럼)——인 성장의 기대는 도미니크에게는 더 이상 아무런 의미가 없다. 왜냐하면 시간이 삼촌(그가 살아 있다면: 실비, 아버지 동생)을 되돌아오게 하지 못했기도 하고, 여동생에게서 떠나는 것은 라이벌인 어린 여동생을 죽게 만들 수도 없었기 때문이다. 반대로 이 소년이 없는 동안 여동생은 문화적 무기들을 쟁취하고, 도미니크가 노력했음에도 불구하고 정복하지 못했던 귀중한 학교 지식을 정복했다. 형의 도움과 원조를 받는 희망에 대해서는 생각할 필요가 없었으며, 여덟 살까지 도미니크에게는 모든 변화에 대한 공포인 의타적(依他的) 우울증만 남아 있었다.

모든 욕망의 동요에서 수동적인 회피는 네 살에서 여섯 살 사이의 도미니크에게 나르시시즘으로 남아 있었던 것을 보존하기 위한 유일한 경제적인 행동이 되었고, 그가 수동적인 구순 항문 요도의 위치에 머물렀던 것으로 만들어 버린다. 그 자체에 닫혀 버린 이러한 구조에 비해, 시간과 공간 안에서의 모든 만남은, 비록 그것이 절박한 것으로 지각되거나 인정되었다 하더라도, 죽음이나 연쇄 분할의 절박성으로 환상화되었다.

나중에 여동생으로 대체되었던 물신 숭배였던 이후로 자신의 고유한 골격-근육의 신체에서 소외되었던 그는 어떤 자율적인 신체 속에 주체를 포함시킴으로써 모든 자발적인 운동의 실행을 회피했다.

도미니크-주체는 수동적 편집증의 세계 속에 자리잡고 있다. 그는 어머니 몸과의 분리를 부정하고 자신의 어머니 속에, 그리고 그가 고정시키는 어떤 세계 속에 유도되고 포함된 근친상간적인 삶을 살아간다. 무절제한 요도 페니스 기능 작용을 유지하기 위해서 그는 자신이 포유류 몸체의 거울상의 참조물들에 혼란스럽게 귀속되어 있다는 환상을 갖는다. 그는 "암소는 그것이 네 개예요"라고 하는 것처럼 자기 부모의 페니스의 해부학적 특성을 그것에 결부시킨다. 그는 몽유병자로 살아간다. 또한 가치 있는 것으로 인정되지 않은 지각을 통해 자신의 몸에 주어지는 말초적·촉각적·시각적 참조물들을 부정한다.

그는 골반의 식물적인 기능 작용 체감(體感)의 감각들, 식욕 또는 보존 본능이 그런 사실과 관련된다는 것을 부정한다. 이러한 폐제는 관찰 감각의 부정과 시니피에와 시니피앙 사이에 존재하는 관계들의 감각에 대한 상실을 가져온다. 그가 말을 상실하지 않은 것처럼 보인다 하더라도, 사실상 그는 자위행위식의 요설증의 능력만을 지니고 있다. 타인에게는 기껏해야 마술적인 효과로 들릴 수밖에 없는 언어인 이러한 요설증으로 인해, 그는 타인과는 아무런 교환도 없고, 아무런 질문도 제기되지 않은 채 알아들을 수 없는 말을 주절대고 헛소리를 한다. 더구나 그는 방향, 공간, 시간을 모른다. 자신의 육체 속에 자리잡지 못한 그는 동물과 마찬가지로 인간에게 낯설고 추상적인 자기 육체의 환상적인 이미지를 지닌다. 그는 입술과 항문의 에로틱한 것으로 은유화된 조작 능력으로 그에게 남은 것, 즉 이러한 에로틱한 것을 자신의 손 위로 대체한 상징화, 입과 유방 또는 항문과 대변 교환의 부속물들과 더불어 자신의 전형적인 모형 제작과 데생들 속에서 그런 이미지들을 객체화한다. 자신의 페니스는 동물 젖퉁이[10]의 의미를 갖는다. 우리는 치료를 시작할 무렵에 도미니크가 자신의 성공하려는 욕망을 한 소녀의 인간의 육체 속에 투사하는 것을 보았다. 그 소녀는 그의 고모

---

10) 그가 젖퉁이와 뫼비우스의 띠로 연장한 뭉치를 모형으로 만들었던 상담을 참조하라.

의 딸이자 그에게는 어렴풋이 자기 여동생인 같은 연령의 쌍둥이이며, 아버지의 여동생이고 동시에 자신의 어머니이다.

성적으로 자극된 자신의 육체에 대한 의식에서 벗어나면서, 그는 1차 거세의 위협에서 벗어난다. 마찬가지로 죄의식이 있는 오이디푸스의 육체들과 매혹에 연결된 거세 콤플렉스의 공포에서도 벗어난다. 그의 환상들이 지닌 남성적 지지물은 남근적 형태에 관한 것은 아니라도, 적어도 에로틱한 가치와 생식 발기의 윤리적인 가치에 관한 한 평가 절하되었다. 남성의 생식 발기의 기제와 그 정액 생식의 기능 작용과 관련되는 모든 것은 폐제되었다. 가족 사이에서는 아무런 말도 없었고, 그런 말이 성기를 의미했다. 즉 '포포'가 모든 골반의 시니피앙이며, 소녀들처럼 소년들의 성적으로 자극된 기능 작용이거나 모든 대변 기능 작용의 유일한 시니피앙이고, '젖'과 함께 도미니크가 사용했던 유일한 단어이며, 남자의 골반과 성기와 관련된다.[11]

구순 · 항문 · 요도의 수동적인 표시들에 대해 주변 사람들의 죄의식에 사로잡히지는 않았더라도 순진한 묵인을 통해 지속된 퇴행이 도미니크를 유령의 가면을 쓴 주체에 이르게 한다면, 그것은 어디론가 사라져 버린 어머니 사지(四肢)의 유령과 관련 있고, 친할머니 사지의 유령처럼 그가 태어날 때 실종된 삼촌(가족들이 '실비'라고 말하던 이)은 그에게 유일한 상징적 지표로 이용된다. 그가 나사천을 가지고 유령으로 변장하기를 좋아하는 이유도 여기에 있다.

맹목적인 소외의 해결을 표출하는 상담은 그가 세 번에 걸친 환상적인 가오리의 현재화를 보여주는 상담이다. 그 가오리는 엉덩이 열구(裂溝)의 시니피앙이고 동시에 성적인 '기둥서방'[12]과 성애적인 리비

---

11) 남자의 성기는 여자들의 젖가슴, 암소들의 유방과 혼동된다.

도 전류의 알레고리이다. 돌출된 능동적인 턱이 있는 가오리, 크게 벌린 수동적인 턱을 가진 가오리가 있고, 가장 무서운 세번째 가오리가 있다. 이 세번째 가오리는 소위 컬이 진, 물결치는 머리칼을 가진 여동생에 연계된 가오리이며, 그 단추들, 즉 젖꼭지와 음핵으로 인해 혐오감을 주고 꼬리 부분에 감전시키는 전류를 생기게 하며, 음경에서 느낀 괴상하고 치명적인 에너지를 발생시킨다. 도미니크가 그의 제안에 따라 정신분석에서 형(수동적 동성애의 자아 이상에 속하는)과 어머니(이러한 추위에 대한 공포의 불안이 포기된 것이 아니라 단지 자신의 아이들의 육체와 남편의 수태 가능한 주입 페니스 위로 이동된, 자신의 원심적 페니스의 대리물들인 자기 아이들에게 무의식적인 근친상간의 남색적인 고착을 정당화함으로써, 잠자리에서 몸이 차고 전오이디푸스적인)의 말로 인해 그들의 무의식적 구조를 이해하게 되었던 상담(우연이 아니다) 중의 말을 통해 자신의 폐제된 성기를 회복하게 되었던 것은 다섯번째 상담에서이다.

여섯번째와 일곱번째 상담은 1차 거세의 부정을 향하고 동시에 근친상간 금지와 근친상간의 기다리던 결실의 거세에 연결된 생식의 오이디푸스적 갈등의 회피를 향해 나아가는 전오이디푸스적 행동과 관련하여 자아 이상의 문제를 제기했다.

남근의 질서에서 가치의 척도를 인식하는 것은 윤리 질서의 문제이다.

구조의 해결은 수동적 성도착으로 남아 있을 것이다. 각각의 문제들은, 비록 그것이 오이디푸스의 태도와 생식 거세 불안에 의해 어떤 해결책을 갖지 못한다 하더라도, 연령과 종의 타협인 육체의 이미지 속

---

12) 그가 가진 어머니에게 들러붙은 성기의 환상을 참조하라.

에서의 타협을, 그리고 성적 충동에 적합한 표현의 선택적인 성감대와 육체의 오인을 강요한다.

5월에 시작된 여덟번째 상담과 더불어 우리는 남성 육체의 이미지를 그 전체 속에서 되찾은 것을 볼 수 있고, 도미니크의 인격의 심급들——이드, 자아, 자아 이상——이 동성애의 윤리와 이성애의 윤리 사이에서 오랫동안 망설이던 끝에 점진적으로 수용된 오이디푸스의 위치로 향한 것을 볼 수 있다. 어떤 사람들은 횟수가 매우 단축된 상담에서 얻어진 이러한 역동적인 변화에 놀랄 것이다. 나는 주당 두세 번 있는 고전적인 상담의 템포에 맞추어 진행된 유사한 사례의 경험을 갖고 있다. 이러한 템포에 따른 작업이 정신분석가에게는 용이했다 하더라도 그것이 정신분석을 받은 정신질환자에게는 반드시 더 나은 것도 아니고 더 깊이가 있는 것도 아니며, 시간에 있어 더 빠른 것도 아니라는 점을 말해야 한다.

어떤 인간 존재도 다른 사람과 닮지 않은 것처럼, 두 기술이 동일한 가치를 갖는다고 판단할 수 없다. 나로서는 용이성 때문이겠지만 주당 여러 번 하는 상담 기술을 더 좋아한다. 또한 이러한 고전적인 템포에 맞춰 진행된 정신분석에서 기인한 경험이 없다면 나는 아마도 동일한 청취 스타일을 가질 수 없을 거라고 말해야 한다. 그런데 전이 관계 속에서 일시적인 필요한 저항들을 통해 담론을 진실한 것으로 부르는 것은 바로 분석가의 청취이지, 내 소견으로는 **환자의 저항들이 극복될 수 없을 때 저항은 항상 정신분석가 쪽에 있는** 만큼 더욱더 **진실한 언어를 해방시키는 저항들에 대한 해석이 아니라고** 생각된다.

도미니크의 경우에, 사회적인, 이른바 금전상의, 시간적·지리학적인 조건들이 가정에서 수용할 수 있는 최대한도의 템포를 결정했다. 애초에 열다섯 번의 상담을 예상했다. 그러나 어머니는 악천후와 짧은 바캉스, 부모의 저항을 정당화하는 여러 가지 금전상의 어려움으로 인해 이러한 템포를 유지할 수 없었다. 상담은 적어도 1시간 동안 하거나 종종 약간 더하기도 했고, 도미니크는 처음에 저항이 있었지만 매우 협조적이며 특히 확고하게 자신의 분석에 흥미를 갖는 것으로 보였다. 또한 여섯 살 때 구상된 정신분석적 정신요법이 도미니크와 그의 부모에게 이러한 치료 방식에 대한 부정적인 전이를 남겨두었을 가능성이 있다. 이러한 지나친 감정적인 전이의 상황은, 우리가 관찰할 수 있었던 것처럼 욕동들이 매우 신속하게 동원됨으로써, 나에게로 바로 교대될 수 있었다. 또한 사춘기의 리비도 욕동이 발생하는 연령과 형과 함께 짝을 이뤄 다니지 않게 된 일과도 관련 있다. 그 형은 실제로는 정신분석적인, 다시 말해 전이 속에서 시원적인 욕동들의 재생과 교육적·사회적 승화를 허용하는 실용적인 거세의 정신요법에 유리하게 도미니크의 외부 세계를 바꿔 놓았다.

강렬한 감정의 교류가 있지만 간격을 둔 템포의 정신요법이 갖는 확실한 이점은 각 상담과 그 상담 단계의 리비도적으로 매우 특별한 성격에 중요성이 부여된다는 사실이다. 그 단계의 담론과 제스처는 눈부시게 모든 측면에서 되돌려진 질문 그 자체로부터 제기된 질문을 제한한다. 환자는 그런 질문과 마주한다. 간격을 둔 상담의 치료가 잦은 상담의 템포를 갖는 치료에서보다 진전이 더 빠르지도 느리지도 않다고 말할 수 있다. 그러나 각 상담의 의미나 감정상의 밀도는 짧은 간격의 상담에서보다는 훨씬 더 짙다. 결국 확실한 이점은 아동의 치료에서 부모에게 가장 적게 구속을 받는 것이고, 따라서 환자에 대해 병과 치료의 퇴행적인 이차적 특권을 최소로 강조하는 것이다. 부모에게는 어떤 거리가 남아 있고, 그들에게 허용되는 자율성이 그들의 비판과 그들의 저항의 정당함을 증명하는 목적에 사용할 수 있도록 남아 있다.

환자의 매우 심한 욕구 불만을 수반하는 치료가 전이 작업 속에 많은 성공의 조건들을 갖고 있는 것은 분명하다. 그런 사실이 정신분석가에게는 가중된 어려움이기도 하다. 정신분석가는 특히 표현되는 모든 것에 참여해야 하고, 자신이 이해하지 못하는 것을 듣고 기억할 수 있어야 하며, 그 욕동의 긍정적인 가치를 이해함으로써 저항의 표현들을 빠르게 지각하고 받아들일 수 있어야 한다. 해석이나 해석의 가치가 있는 것에 개입하는 것은 각각의 상담에서 필요 불가결한 것처럼 보인다. 반면에 짧은 템포의 치료에서는 일반적으로 그런 해석을 하는 일은 매우 드물다. 각 상담에서 개입이 불필요한 것은 한편으로 간격을 둔 상담에서처럼 무의식적 욕동의 압력을 받지 않음으로써, 환자가 자신의 연상들간의 연결을 펼치고 그 연상들의 전이적 반향들을 기원으로 되돌려보냄으로써 그런 반향들만을 파악할 시간이 있다는 사실에서 생기고, 다른 한편으로는 갈등의 교차점은 일반적으로 아주 느린 템포에 따라 접근된다.

열한번째 상담: 6월말
이전 상담 3주 후(학년의 마지막 상담)

어머니는 도미니크가 참석하지 않은 가운데 나와 이야기하고 싶어 한다. 그는 기꺼이 동의한다. 어머니는 학년의 결산표를 작성한다.

학교에서 교장과 담임교사는 매우 만족했다. 도미니크는 엄청나게 향상되었다. 그들이 가장 만족해하는 일이 바로 학생들의 향상이다. 교장은 도미니크가 정신요법의 혜택을 입은 때문이라고 생각했다. 도미니크는 이제 만 열다섯 살이 되었다. 그러나 교장은 그를 견습수업을 받도록 하기보다는 차라리 1년 정도 숙련반 수업을 받게 하도록 충고했다. 그는 도미니크를 보살피는 것을 받아들였다. 그의 생각에 학업의 지체는 두번째 학년 동안에 완전히 따라잡았음에 틀림없었다. 도미니크는 이제 분수를 환산할 줄 알았다. 면적의 단위들도 알았고, 비례산도 할 줄 안다. 교장은 내년에 그가 초등 교육 수료 증서를 딸 수 있을 것으로 기대했다. 교장은 그의 성격에 대해서도 매우 만족해했다. 도미니크는 그 학년 동안에 약간 주의가 산만해 보였지만, 주의를 기울이는 태도를 갖도록 하기 위해 그를 나무라는 것으로 충분했다. 교장은 그의 학급에는 정신요법이 상당히 필요한 아이들이 있을 거지만, "당신은 부모들이 원하지 않는다는 사실을 잘 알거요!"라고 말했다. 가장 나쁜 것은 듣고 싶어하지 않거나 들을 수조차 없는 아이들이다. 그들은 끊임없는 소란으로 수업을 방해한다.

어머니는 계속해서 말을 잇는다.

— 집안에서는 엄청난 변화가 있었다고 말할 수 있어요. 그 애가 우리와 동일한 차원에서 생활한다는 사실이죠.

— 무슨 말이죠?

— 그 아이가 모든 것에 흥미를 갖고, 듣고 질문하고 대답하고 대화에 끼어들어요. 그리고 또 다 이해하는 건 아니지만 텔레비전에 아주 흥미있어 해요. 그런데 때로는 우리가 간과했거나 주의를 기울이지 못했던 일들을 지적하기도 한답니다. 이제 길거리에서도 함께 가는데, 전에는 항상 열 걸음 정도 앞서거나 뒤쳐져 걸었어요……. 마치 우리와 함께 있는 것처럼 보이지 않으려고 하는 듯이 말이에요.

— 형과 동생은 어떤가요?

— 좋아요. 그 아인 더 이상 당하고만 있지 않아요. 늘 다른 아이들이 그 아일 놀려댔어요. 이제는 허튼소리를 하도록 내버려두지 않아요. 사람들이 그에게 말하는 것을 비판해요. 그런데, 저 선생님, 한 가지 난처한 일이 있어요.

— 무슨 일인가요?

— 내 남편이 문젠데…… 그이는 우리가 시간과 돈을 허비하고 있다고 말해요. 남편은 그 아일 정신박약아들을 위한 견습학교에 맡겨야 하는데, 쓸데없이 돈을 낭비하고 있다고 생각해요. 아무런 변화도 없거나 거의 없다고 생각하고, 단지 나이가 들어서일 뿐이라고 생각하는 게 전부예요. 남편은 파리로 오는 이 여행, 이 상담, 그리고 말, 그것이 어떻게 뭔가를 변화시킬 수 있는지 이해 못해요. 그이는 외과에서 이런 아이들의 치료 방법을 찾지 못하는 한 아무런 할 일이 없을 거라고 말해요. 남편이 볼 때 도미니크는 비정상적인 아이예요. 그런 사실을 받아들여야 한다는 게 전부예요. 전 교장선생님과 담임선생님

이 말하시는 걸 따라야 할지 남편이 원하는 대로 해야 할지 모르겠어요. 어떻게 생각하세요, 선생님?

— 내년에야 어떻게 하든 지금으로선 치료를 계속해야만 한다고 생각할 뿐입니다…….

— 맞아요. 저도 같은 생각이에요. 정말로, 그 아이가 집에서는 전혀 방해가 되지 않아요……. 전 매우 난처해했는데……. 절 난처하게 만드는 것은 그 아이가 아직도 너무 착하다는 거예요. 꾐에 넘어간 교환을 하고, 다른 아이들에게 잘 속고도 만족해해요. 전 그게 화가 나요. 수업에서도 그랬다고 말했던 분이 교장선생님이었어요. 그럴 거라고 짐작했지만 도미니크는 아니라고 말했어요. 학교가 파할 때 산사나무 가지를 가지고 기다렸다가 그에게 달려들었던 녀석들이 있어요. 교장선생님은 이런 점이 수업의 나쁜 요인들이라고 말했어요. 도미니크가 매우 집중하고 좋은 점수를 받기 때문에 시샘을 받았다는군요. 그리고 또한 보충수업 과정의 학생들이 있는데, 그 학생들은 숙련반 아이들을 놀리면서 미친놈들이라고 불러요. 선생님들에게나 아이들에게도 유쾌하지 못한 일이죠. 도미니크는 덤불 속에 미끄러졌을 뿐 아무렇지 않다고 말했지만 다리에 상처가 난 것이 보였어요. 그러나 그 아인 절대로 고자질하지 않을 거예요. 내게 거짓말했다는 사실과 그에게 그렇게 했던 동급생들이 교장선생님에게 벌받았다(교장선생님은 그런 사실을 저에게 말해주었죠)는 것을 얘기했을 때, 그 아인 이렇게 대답했어요. "그건, 거짓말이 아닌걸요. 그건 반복될 필요가 없어요. 좋은 일이 아니잖아요." 놀라운 일은 처음으로 도미니크가 미래에 대해 걱정하는 소릴 듣는 것이었죠. 일을 익히고 싶다고 말하는 거예요.

— 아마도 몇몇 동급생들이 견습을 위해 숙련반을 떠났기 때문이겠죠?

— 네. 그리고 그건 남편이 원하는 것이기도 해요. 하지만 여선생님은 1년만 더 남아 있으면 아마 수료증을 받게 될 거라고 말해요. 아무튼, 수료증을 받지 못한다 하더라도 그런 경험을 쌓고 더 나은 조건에서 견습반에 들어갈 수 있다는 군요. 이제 담임선생님은 그 아일 견습반에 진학할 아이들보다 훨씬 더 사려 깊고 수업에 흥미를 가졌다고 생각하나 봐요. 선생님은 그게 유감일 거라고 말해요.

— 그런데 도미니크는 뭐라고 하는가요?

— 그 아인 수업이 매우 재미있고, 아버지도 원한다면 수료증을 따려고 한번 노력해 보고 싶다고 말해요. 그런데, 아시겠지만, 아버지는 그걸 믿지 않을 거예요! 그건 기적일 테니까요. 그 아인 항상 아무것도 할 수 없다고 생각되었어요.

면담은 아무런 결정도 내리지 않고, 어머니에게 원하는 충고도 해주지 않은 채 끝났다.

도미니크가 들어온다. 어머니와 나 사이에 있었던 면담 내용——학교에 남아 있을 것인가 아니면 견습수업에 들어갈 것인가 하는 문제——을 그에게 요약해 주고, 또한 아버지는 이 치료가 쓸모없다고 생각한다는 사실을 어머니를 통해 알게 됐다고 그에게 말한다. 그리고 이것이 올해의 마지막 상담이라는 것과 학교든 견습이든 무엇을 하더라도 다음 학기에 계속하기 위해 다시 만나고 싶다고 덧붙인다. 그런 다음 그의 말을 듣는다.

도미니크: 말씀드린 대로 올 여름에는 생 라파엘에 갈 거예요. 아버지는 15일 후에 다니러 오셔서, 우리를 거기에 데려다 주고는 다시 데리러 오실 거예요. 전 농장에 일하러 가고 싶어요. 아버지가 어머니,

형 그리고 여동생이랑 함께 있지 않을 때 생 라파엘에 머무는 건 별로 재미없거든요. 아버지처럼 되돌아와 농장이 있는 사촌 집에 더 가고 싶어요. 직업으로 그걸 좋아해요, 농장 말이에요……. 전 두 가지 직업을 생각해요. 하지만 아직 어느 걸 택해야 할지 모르겠어요. 농장주인이나 아니면 자동차 정비공인데, 자동차들을 살펴보고 세척하고 수리하고 기름도 넣어요. 짐승들을 돌보는 거랑 거의 같아요. 그게 좋아요. 침묵한다. 다시 말을 시작한다. 정말, 어머니가 아버지에 대해 그렇게 말했던 일은 놀랍지 않아요. 아버진 정말로 나에게 그렇게 말하지 않았어요. 하지만 아버지는 내가 여기에 오는 것이 소용없는 일이라고 생각하신다고 전 생각해요. 아시겠지만 돈이 들기 때문이에요. 전에는 저도 역시 소용없는 일이라 생각했거든요. 그런데 이젠 뭔가 아주 쓸모 있는 일이라고 생각해요. 아빠에게나 엄마에게도 역시 비용이 많이 드는 건 곤란한 일일 거예요. 엄마가 절 데리고 다녀야 하는 일도 귀찮은 일이고요. 엄만 내가 혼자 올 줄 모른다고 말해요. 그건 사실이 아니에요. 전 아주 잘 알거든요. 하지만 엄만 그렇게 말해요. 아시겠지만 어머니들은…… 엄만 파리에 오는 걸 매우 좋아하시거든요.

돌토: 어머니가 그렇게 말했니?

도미니크: 아뇨. 전 그걸 잘 알아요. 불만스러워하는 건 여동생이에요. 여동생은 나에게 너무 신경 쓴다고 하고, 형은 내가 언제나 바보일 거라고 말해요.

돌토: 그런데 넌 그걸 어떻게 생각하니?

도미니크: 전, 아주 좋아요. 만족해요. 이제 학교에서도 다 이해해요. 다른 아이들이 날 귀찮게 해도 상관없어요. 거기에 신경 안 써요……. 맞거나 다리가 긁힌 게 별건가요. 전 계집애가 아니에요! 그리고 친구들과 잘 지내요. 형이나, 아시겠지만 아버지와도 사이좋게 지내

요. 형은 변장의 대가예요.

돌토: 변장의?

도미니크: 그럼요. 의상 말이에요. 이걸 입어야 하고 저걸 입지 말아
야 하는 것 말이에요. 형은 그게 재미있나 봐요. 아버지도 마찬가지고
요. 마치 재단사들 같아요. 그들은 그걸 생각해요. 우스워요. 그렇죠?
전 어떻게 입든 상관없어요……. 이 스웨터 예쁘죠? 안 그런가요?

돌토: 그렇구나, 정말로. (그것은 순록들의 그림을 뜨개질한 노르웨이
풍의 목이긴 스웨터이다.)

도미니크: 이걸 어머니께서 짜주셨어요. 이 그림은 할머니가 어머
니에게 보내주신 거예요. 할머닌 그걸 멋지다고 생각했어요. 그는 고
개를 숙여 그 스웨터를 바라본다.

돌토: 너도 역시 예쁜 걸 좋아하는구나.

도미니크: 하지만 형에게는 옷이나 재단법, 외투나 여자들의 옷이 전
부예요. 형이 흥미로워하는 건 목이 긴 스웨터도 아니고 스웨터도 아
니에요. 전 살바도르 달리 전시회를 봤어요. 아시죠?

돌토: 그 점에 대해 네 생각이 어떤지 말해 보렴.

도미니크: 그는 유명한 화가예요. 전 아주 즐거웠어요. 그런데 사방
에 구멍과 사람들 속에 서랍이 있다는 걸 알았어요. 구멍과 서랍들 말
이에요. 독창적인 화가라고 했어요.

돌토: 그런데 너는?

도미니크: 전 그가 만드는 것을 좋아해요. 하지만 그가 일부러 만드
는 구멍과 얼룩은 그렇게 좋아하지 않아요. 그런데 역시 정말로 좋은
아이디어예요. 서랍은 아니지만……. 그는 말을 그치고 모형을 만든
다. 와…! 여기 아주 아주 아주 아픈 한 사람이 있어요……. 선생님께
서 텔레비전이 없어 유감이에요……. 시장에게 자동차를 따게 하는 사

람……. (텔레비전에서 시행중인 게임들 중의 하나.)

돌토: 얘기하렴.

도미니크: 예. 그는 대답을 잘해요. 자기 지방의 시장(maire)이지 그의 어머니(mère)가 아니에요. 그건 똑같이 쓰지 않아요. 내가 생각하기에 그렇게 불리는 건 동음이의어죠. 그건 ㅅ-l-ㅈ-ㅏ-ㅇ이고 남자예요. 그건 여자일 수도 있고 다시 시장으로 불릴 수도 있어요. 그건 직함이라서 변하지 않아요. 그래서 그는 운이 좋게 시장이 되고, 그 지방의 시장이 되는 일밖에 하지 않아요. 그리고 대답을 잘하면 자동차를 가져요. 아주 멋진 아이디어예요. 텔레비전에서 누가 가장 잘 알게 될 것인가를 아는 것은 아주 재미있어요. 전 그들이 이길 때 아주 좋아요. 침묵. 전, 농장에 가는 게 좋을 거예요.

돌토: 넌 이제 열다섯 살이니까 바캉스중이라도 일하러 거기에 갈 수 있을 거야.

도미니크: 엄마에게 잘 말했어요. 하지만 엄마는 제가 너무 어리다고 말해요.

돌토: 그런데 더 어릴 때도 보비 고모부 집에 잘 갔었잖니.

도미니크: 아 예. 그건 수업을 잘 따라갈 수 없었기 때문이잖아요.

돌토: 올 여름에 보비 고모부가 네가 오는 걸 원한다면 아마 거기에 갈 수 있겠지?

도미니크: 그럼요, 그러면 좋겠어요. 고모부는 가축 상인이에요. 가까운 곳에 농장이 있고요, 그 농장 주인이 바로 고모부예요. 도와주는 다른 사람들도 있는데, 고모부는 가축들을 사고 팔기 위해서 늘 농장에 있을 수 없는 데다가 항상 해야 할 일들이 있기 때문이죠……. 아버지 여동생 고모는 집안일을 돌봐요. 그 집은 엘모뤼에 있어요. (따라서 언젠가 어머니의 문제를 끌어들이는데 나타났던 이 엘모뤼는 지방의 이

름이다. 그때 어머니는 나치 독일의 점령하에서, 야간통행금지 후에 거리에 있었기 때문에, 밤중의 일제 단속에 걸려 경찰서에 끌려갔던, 아마도 경범죄를 범한 여자였던 것 같다.) 거기에는 '농장' 이 세 개나 있어요. 아니, 농장 두 개와 성 하나예요. 그걸 트루아 퐁텐(세 개의 샘)이라고 불러요. 그 성의 이름이에요. 그 성도 농장이거든요. 합해서 농장이 세 개죠. 그러니까 일이 있을 수밖에요. 그러니까 분명 고모부는 내가 오기를 바랄 거예요. 생 라파엘에 가게 될지, 어머니와 아버지가 원할지 모르겠어요. 어머닌 떨어져 있는 걸 원하지 않아요. 아버지도 마찬가지예요. 아버진 내 생각에 동의할지도 몰라요. 하지만 여전히 여행에 돈을 많이 써야 할 거예요. 자동차로 가면 비싸지 않지만, 기차로 가면 비싸요. 말을 그친다. 그리고 계속해서 모형을 만든다. 이 사람은 보시는 것처럼 아파요.

돌토: 아 그래?

도미니크: 그는 어린 시절의 심장병이 있어요. 그를 병원에 데려가 왼쪽 팔꿈치에 푸른색 주사(정맥 주사의 혈종이나 도미니크가 여덟 살이었을 때 죽은 어린 사촌의 청색증에 대한 기억인가?)를 놓아요. (그는 왼쪽 팔꿈치의 오금에 주사를 놓는 시늉을 한다.) 자. 이제 치료해 주려고 수술을 할 거예요. (그는 모형으로 만든 사람의 몸을 위에서 아래로 열고 아무 말 없이 갈라 놓은 가운데 틈 안쪽에 노란 크레용을 놓는다.) 선생님은 텔레비전을 갖고 싶어요?

돌토: 내가 그걸 가져야 한다고 생각하니?

도미니크: 그건 종종 매우 재미있어요. 배가 다시 닫히지 않도록 리벳(?)을 박아요……. (그는 똑같이 행동한다.) 아이고, 그의 배 속에 무슨 일이 생겼을까…? 저런, 심장(그는 그 자리에 모형으로 된 기관을 만들어 설치한다)이, 틱, 틱, 틱(그는 검지로 두드리면서 아주 조그맣게 이

런 소리를 낸다), **심장이 뛰어요……. 좋아!** 폐(그는 폐 모양으로 된 두
개의 기관을 그 자리에 놓아둔다)**도 그래요!** 이어서 그는 베토벤 5번 교
향곡의 시그널 뮤직(레지스탕스 동안 자유 프랑스 방송의 시그널 뮤직)
을 콧노래로 부른다. **뿜, 뿜, 뿜, 뿌우움…!** 그리고는 음향 효과를 넣
는다. **엠엠엠엠엠엠엠……. 그런데 어떻게 된 거야! 아이고! 처음에 그
는 아무것도 갖고 있지 않았는데, 이제 다 있어!** 그는 웃는다. **그가 이
이야기에서 완전히 빠져나올지 알 수 없어요……. 메스, 착한 사람!**
(그의 아버지는 그를 외과에 보내고 싶어한다.) 다시 5번의 시그널 뮤직,
그리고 심장 뛰는 소리. **좋아요, 다 좋아요!** 침묵한다……. **저, 우리는
텔레비전에서 심장 여는 수술을 봤어요.** 그러는 동안 그는 액자 모양
의 순대에 둘러싸인 버미첼리[1]를 배치해 놓았다. **보시는 것처럼, 이건
내장이에요.** (아주 잘 모조되어 있다.) **작업하기 위해선 이걸 약간 들
어올려야 해요. 이 사람의 심장은 좀 크네요.**

　돌토: 그런 걸 뭔가 슬퍼하는 사람이라고도 하지. (그는 들었던 것
같지 않다. 그러나 아마 자궁하고 관련 있는 듯하다. 어머니의 말에 따르
면, 임신한 여자들은 그들의 심장 속에 임신을 하기 때문이다.)[2]

　**도미니크: 심장의 한 부분을 잘라내야 해요. 너무 큰 심장을 가진 이
들을 사람들은 놀려요……. 그들은 다른 사람들과 같지 않아요…….
환자예요.** (그의 어머니는 그가 너무 착하고, 늘 잘 속는다고 말했다.) 시
종 그는 혀로 배음 삼아 심장 소리를 흉내내면서 계속 '수술'을 하고
있다. **맞아요, 그는 너무 큰, 엄청나게 큰 심장을 가졌어요. 하지만 심
장만 있었더라면, 역시 안 좋은 일들도 많이 있잖아요…!** 충수(蟲垂)

---

1) 가느다란 서양 국수의 일종.[역주]
2) 여기서 '심장이 크다(gros)'는 표현이나 '슬프다(avoir le coeur)' '임신
(grossesse)' 하다는 표현이 유사한 단어를 쓰고 있다.[역주]

도 수술해야 해요. 그가 너무 많이 먹어서 그게 충수 안에서 잘 지내다, 안으로 뚫고 들어가 마침내 터질 수도 있기 때문이에요. (여자애든 남자애든 상관없이, 근친상간적인 아동의 성기는 터진다고 했던 사실을 우리는 기억한다.) 아니, 아저씨! 당신은 알코올 중독자네요! 화낼 거예요! 이게 뭐예요! 당신처럼 다 큰 아이가!

돌토: 자주 술 마시는 걸 좋아하는 사람이지.

도미니크는 웃음을 터뜨리고는 이렇게 말한다. 그런데 그가 삼키는 모든 것이 어디에 들어가는지……. 아무것도 없는데…… 그에게는 위가 하나 필요할 거예요……. 그에게 위를 붙이는 걸 잊어버렸어요! 자, 이제 고쳐졌어요. (사실 그는 제자리에 잘 붙여 놓은 매우 사실적인 작은 백파이프 모양을 하나 만들었다.) 그런데 폐의 한 부분이 구멍이 뚫렸어요. 알코올 때문에 위가 상했어요. 아이고…! 그런 다음, 매우 박식하게. 이 사람은 중독되려고 했어요. 오오…! 그는 세 배나 더 작은 위를 갖게 될 거예요. 이렇게요. (그는 위의 한 부분을 잘라낸다.) 이건 약간 너무 길어……. (그는 다시 내장의 한 덩어리를 잘라낸다.) 좋아, 보세요……. (오늘은 처음으로 말의 끝 부분에서 억양이 뚝 떨어졌던 시작할 무렵 이후로, 그의 목소리는 완전히 정상적이다.) 그리고 그의 폐는 다른 사람보다 약간 더 커요. 그래서 자, 그는 한쪽 폐로 너무 빠르게 숨쉬어요. 그리고 저쪽 폐는 더 이상 쓸 수가 없어요. 그걸 제거해야 할 거예요. 그게 너무 클 뿐만 아니라 갉아먹혔어요. 그래서 고장날지도 몰라요. 그는 세균에게 완전히 갉아먹힌 폐를 갖고 있어요. 어…… 맞아요! 정말로 현대적인 어떤 것이 필요할 거예요. 새로운 수술 말이에요. (그의 아버지가 그와 비슷한 아이들을 위해 찾아야만 할 것이라고 말했던 것.) 이 위는 알코올 때문에 완전히 갉아먹혔고, 이 폐는 세균에 의해 갉아먹혔어요. 그리고 또 세균이 알코올 때문에 위를 공격했어요. 그는 더 이상 세균들에 대해 방어할 수가 없었어요. 그건 캉시뤼스[3]예요! 그는 오랫동안 웃음을 터뜨린다. (그는 자신의 사디스트적인 환상을 즐긴다.) 이것이 계속되는 걸 막기 위해서는 이 캉시뤼스를 제거할 거예요. 이 캉시뤼스가 있는 건강한 살 부분도 떼어낼 거예요……. (그는 모형의 내장 속에서 작업을 한다.) 자 이제 됐어요! 배를 다시 꿰맬 거예요. 폐를 하나 꺼냈고, 심장을 약간 작게 만들었어요. 이건(그 사람의 내장에서 꺼낸 모든 조각들) 찌꺼기들이에요……. 쓰레기통으로! 그에게 플라스틱으로 된 폐를 붙일 거예요. 가슴이 캉시뤼스에게 갉아먹혔으니까요. 자, 이제 잘 꿰매졌어요. 아물기만 하면 돼요. (그는 콧노래를 부른다.) 그런데 다 끝났지만, 전부 다는 아니에요. 그는 화재에서 한 사람을 구하려다가 다리를 데었어요. 자, 다 고쳤는데, 이제 진짜 사람이 되었죠. 모든 걸 다시 꿰매요……. 아픈 피부를 떼어내야만 하고, 그런 다음 상처를 입은 다리에 건강한 다리의 피부를 붙여야죠. 그걸 이식한다고 해요. 아시죠, 고정된다는 거…….

돌토: 네 아버진 치료요법이 아니라 외과를 믿지. (그는 여전히 못들은 체한다.)

도미니크: 다리는 완전히 잘 고쳐질 거예요. 자, 이제 혼자 일어날 수 있지! (그는 그 사람을 일으켜 세운다.) 됐어!

나는 시간을 다 채운 상담을 마치려고 한다. 그래서 그에게 바캉스를 잘 보내라고 한다.

---

3) 게-바이러스. 무기력증. 죽음 축동의 우세함을 의미함.

도미니크: 제가 고모부 집에 갈 수 있다고 생각하세요?

돌토: 고모부에게 편질 쓸 수 없니?

도미니크: 아 예. 참 좋은 생각이에요! 그런데 부모님은 뭐라고 할지요?

돌토: 두고 보면 알겠지. 농장 일하는 데 도와주러 오라고 제안하도록 고모부에게 편지를 쓰는 게 나쁜 일이니?

도미니크: 그때 그는 자신의 머리를 잡는다……. 오, 이런! 그의 배 속에 우산을 잊고 놔뒀어요. 불행하게도 옷걸이에 잘못 걸려 있었는데! 그걸 벌써 소화하지 않았으면 좋을 텐데…!

돌토: 아주 예쁜 똥이 되겠지! (그는 여전히 못들은 척하고는 능란하게 그 사람의 몸을 다시 열어 모든 기관들을 찾아본다. 그리고는 그것들을 부드럽게 움직여 보고, 처음에 아무 말 없이 안쪽 깊숙이 넣어두었던 노란 크레욜을 다시 끄집어낸다.)

돌토: 이 노란 것은 아기들 똥처럼 옅은 노랑색이네. 엄마가 네 여동생 기저귀를 채울 때 그 아이 똥처럼 말이야.

도미니크: 그래요. 걔는 오줌을 쌌어요…! 그는 계속해서 그 놀이를 하면서 이렇게 말한다. 전요, 그게 리벳이었다고 생각했어요……. (여동생의 클리토리스인가? 어린 그가 목격했던 보살핌을 상기시켰던 여자 아기인 그의 여동생의 위치와 성교중에 있는 여자의 위치와의 연상에서 오는 결과가 이 클리토리스인가?) 그런데 환자의 배 위에 있었던 것은 옷걸이였어요. 우산은 안이 아니라 위에 떨어졌어요. 아유, 알게 되어 얼마나 행복한지……. 그는 모든 것을 다시 꿰매고는 말한다. 이제, 그는 죽었어. 시원하게 됐군! 그는 모형을 뭉개어 모형 제작 상자에 다시 넣고는 나에게 작별 인사를 한다.

신학기에 만나기로 약속했다. 떠날 즈음, 그는 내 앞에서 어머니에게 걱정스럽게 이렇게 묻는다.

— 바캉스가 끝난 뒤 다시 올 수 있겠죠?

어머니가 대답한다.

— 물론이지, 필요하다면.

— 좋아요, 그럼 안녕히 계세요, 돌토 선생님.

이번 학년말의 상담에 대해 뭐라고 말해야 할까? 그 스타일이 재치가 넘친다는 사실 말고는. 그것은 내과 의사들이나 헛된 지식의 힘에 대한 조롱임과 동시에, 외과의 찬양뿐만 아니라 어릿광대식으로 가장하여 자기 자신에게 일어났던 것에 대한 일종의 요약 설명이고, 이전에 그 착한 사람의 배 속에 넣어두었던 노란 막대기가 표상할 수 있는 여전히 함축적인 사도마조히즘의 표현이 아닌가? 그는 처음에 그런 말을 전혀 하지 않았다. 단지 사후에 끌어냈을 뿐이다. 마치 그가 너무 늦어서야 결핍된 행위를 깨달았던 것처럼 말이다. 그런데 분명히, 교정하는 사디즘적인 수술을 많이 한 후, 그 착한 사람이 서 있었던 것은 막대기 때문이었다. 그것을 뽑아낸 후에 착한 사람은 죽을 수밖에 없었다. 우산(여기서는 아버지의 자리를 차지하고, 뻣뻣한 수직 자세를 취하고 있는 어색해 보이는 형이거나 시효가 지난 수동적 동성애의 자아 이상)을 '삼켜 버린' 자신의 몸의 이미지를 구현한 것일까? 우리는 도미니크가 더 이상 뒷발로 서는 개(벨 성을 가진 사람)[4]처럼 똑바로 서지 못한 자세를 취하지 않는 것을 지켜보게 된다. 거기서 '우산'은 자신의 침대를 적시는 것에 대한 금지(요도 기능을 드러내지 않으려고 투입

---

4) 여기서 '뒷발로 일어서다(faire le beau)'는 '우쭐대다'와 같은 뜻이며, 돌토는 'beau'라는 표현을 모음으로 시작하는 명사 앞에 붙이는 동일한 뜻의 'Bel'을 도미니크의 성과 연결시켜 언급하고 있다. [역주]

된 초자아)를 의미하는 것인가? 여동생을 젖먹이는 어머니의 '젖퉁이'
에 대한 구순의 탐욕——식인 환상의 터부("전 암소들이 그것을 네 개
——페니스——를 가졌다고 생각했어요")나, 그보다는 오히려 부분 대
상의 식인 풍습이 표출되지 않은 이러한 구순성——과 관련 있는가?
어머니 속으로 사라진 아버지 페니스나 착한 사람(도미니크나 그의 형)
속으로 사라진 어머니의 상상적 페니스의 형상화인가?

　모형이 표현하는 것은 구순 리비도의 과잉 활동에서 기인된 외상이
지 않을까? 2년 6개월 전에 부모의 방에서 얼핏 보았고, 그의 구순의
해석을 통해서 보았던 성교 장면은 이러한 외상을 불러일으켰을 것이
다. 어머니의 몸에 상상적으로 접합된 것으로서 이 성교에 참여한 것
인가? 나는 오히려 그것이 도미니크가 어머니와, 그리고 어머니가 도
미니크와 분리할 있는 것으로 수긍할 수 없던 어떤 시기에, 아버지의
페니스가 어머니의 몸속으로 사라지는 것(자신 안에서 환각에 사로잡
힌)에 도착적으로 참여하는 것이라고 생각한다. 그것은 옷걸이(아버지
와 형의 외투와 동등한 가치)[5]에 걸린 우산이 아니라 '옷걸이,' 양복걸
이[6]와 연상된, 발기중에 침대(우산)를 적실 수 없고, 그 모양을 변형시
켜 배 속으로 들어가는 요도 대변의 페니스였던가? 어머니-아버지,
아버지-어머니였던가?

　명백하게 이 열한번째 상담중의 도미니크는 계속 독자적인 인격을
지닌 채로 남는다. 그는 자기 자신의 사고——그가 자신의 전형적인
모습에 대해 말했던 것처럼——를 갖고 있다. 그러나 그는 자기 남성

---

　5) 프랑스어 '옷걸이(portemanteau)'와 '외투(manteau)'에서 철자의 유사성
(manteau)을 염두에 두고 하는 말이다. [역주]
　6) '양복걸이(patère)'는 '아버지(père)'와의 연관 속에서 말하고 있으며, 또한 바로
뒤에 나오는 '어머니-아버지(mère-père)' '아버지-어머니(père-mère)'와 관련시켜
언급하고 있다. [역주]

의 (시장)(어머니)와 자기 여성의 (아버지)(짝)[7]이 이용하게 하는 역동성을 획득했다. 마음속으로 생각하는 그와 행동하는 그를 이해하자. 그는 교환과 현실감 속에서 자신의 상상적인 삶을 상실하지 않고 사회적 타자의 길을 되찾는다. 이번 상담에서 그의 특별한 손재주는 나에게 강한 인상을 주었다. 그리고 정확한 관찰, 모형 안에 정확하게 균형잡아 배치한 해부용 조직 절편들의 제작도 마찬가지이다. 그러한 사실은 학업의 성취야 어떻든 뛰어난 수공의 실제적인 적응을 예고한다. 또 지적해 보면, 자유로운 웃음, 자연스런 몸짓 흉내, 콧소리를 내지 않고 정상적으로 낭랑한 억양을 지닌 목소리.

이제 치료의 중단 여부는 확실히 아버지의 의지에 달려 있다. 그는 치료의 가치를 부인하고, 아니 그보다는 치료가 비싸다(단지 열한 번의 상담일 뿐인데!)고 생각한다.

도미니크가 돈에 대해 말했던 것은 이번이 처음이다. 그러나 동시에 그는 보비 고모부와 상당히 특혜를 받은 아버지 여동생의 재산에 대해 말했다. 아버지는 자신이 원했던 공부를 할 수 없었다. 왜냐하면, 그가 아내에게 말했던 것처럼 그 비용이 너무 비쌌기 때문이었다. 그는 장남이 중·고등학교 공부를 마침으로써 자신의 나르시시즘을 떠받쳐 주는 것을 보고 싶었으리라. 그런데 폴 마리는 기말 시험을 치기 전에 중학교 전기 과정의 공부를 중단해야 했다. 스스로 다시 나르시시즘에 빠지기 위해, 아버지는 도미니크를 단념했다. 아직도 그에게 무슨 희망이 있겠는가? 내과 치료는 분해된 조각들을 삼킨 그의 어린

---

7) 돌토는 이 표현을 'son(maire)(mère) et sa (père)(paire)' 라고 쓰고 있다. '시장' '아버지' 의 문법적 성이 남성이고, '어머니' '짝' 이 여성인데, 소유형용사 son, sa를 사용하여 (시장)(어머니)와 (아버지)(짝)을 각각 수식하고 있다. 그러니까 전자는 남성으로, 후자는 여성으로 받은 것이다. [역주]

남동생이 생명을 유지하는 것으로 충분했을 테고, 외과는 그를 죽였다. 그러나 그는 도미니크가 해당되는 정신박약아들을 위한 외과 시술만을 신뢰하고 그것을 단념하려 하지 않는다.

이러한 아버지의 의지가 정신요법을 계속하는 것에 반대된다 하더라도, 나는 도미니크가 그것을 나에 대한 일종의 젖떼기로, 지나친 외상이 없는 분리로 받아들일 수 있을 것으로 생각한다. 왜냐하면 도미니크는 자신의 아버지에게서 오는 모든 것에 대해 매우 긍정적이고, 그것이 자신의 구조를 실제로 보존하는 것이기 때문이다. 나는 또한 이 소년이 언제나 증상을 느낀다면 조만간 정신요법을 다시 시작할 것으로 생각한다. 자신의 정신병에 아주 잘 적응했던 가정 환경 속에서, 그가 신경증에서 벗어나 살아가기가 어려울 것은 분명하다. 그가 치유되고 생활의 대열로 복귀하는 것은 형과 아버지에게 심각한 리비도의 문제를 제기할 것임에 틀림없는데, 그들은 모두 도미니크에게 전혀 도움을 줄 수 없기 때문이다.

어머니는 떠나기에 앞서, 마지막 면담에서 선 채로, 반나절 동안 가르치는 교직 자리로 돌아가게 되었다고 말했다. 차후에 딸에게 그렇게 신경 쓰지 않아도 될 것이기 때문이란다. 그녀는 일하는 것을 보았던 센터의 직원들과 숙련반의 여선생에게 동화되어 특수교육에 관심을 두고 싶어했다. 그녀는 이렇게 말했다. "낙오자들을 돌보는 것은 좋은 직업이에요." 이런 모든 것을 미루어 볼 때, 나는 아버지가 치료에 약간 반대를 표명하는 것이 그렇게 나쁘지는 않다는 생각이 들었다. 이러한 치료는 아내가 가족과 가정에 완전히 의존하던 것을 너무 빨리 변화시켜 그녀를 사회 관계의 순환 속에 되돌려놓을 위험이 있기 때문이다.

열두번째 상담: 10월말

바캉스에서 돌아온 도미니크는 만날 약속에 참석하지 않았다. 생활 환경 조사원의 요청(이후의 만날 약속을 할 수밖에 없었던가?) 때문에, 어머니는 다음 주에 방문하겠노라는 내용의 편지를 10월 10일자로 내게 보냈다. 그 방문은 자기 남편의 요망에 따라 마지막이 될 거라고 했다. 정신요법에서 기대할 수 있었던 것 이상의 결과를 가져오자, 그는 그것으로 충분히 만족해하는 것 같았다. 다음은 이 편지를 요약한 내용이다.

"이번 여름에 우리는 2개월 동안 생 라파엘에 머물렀습니다. 그래서 도미니크는 고모부의 농장에 갈 수 없었습니다. 그는 아주 행복했고 잘 적응했습니다. 이전에는 세 살에서 많아야 다섯 살 정도 되는 아주 어린 동무들을 찾았던 데 비해, 이번 여름에 그는 7학년과 6학년을 마친 열두 살에서 열세 살의 아이들[1]과 함께 놀았는데, 모든 것이 순조로웠습니다. 부모들은 이전에 그들이 지체아들(전염병에 걸린 괴물들과 유사한)에게 하듯이 그에게 내보였던 멸시하는 태도로 그를 쫓아 버리던 것과는 달리, 나에게 칭찬을 했습니다. 왜냐하면 열다섯 살의 다

---

1) 프랑스에서는 학년 호칭이 거꾸로 불리어진다. 즉 우리나라 초등학교 6학년을 7학년, 중학교 1학년을 6학년이라고 부르고, 중학교 3학년을 4학년, 고1을 2학년, 고2를 1학년, 고3을 졸업반이라고 부른다. [역주]

큰 소년이 매우 상냥하고 인내심 있고, 그보다 어린아이들과 놀아줄 만한 특별한 상상력을 갖고 있다는 이유 때문이었습니다. 그들은 그가 뒤떨어졌다고 생각하지 않았어요! 그런 일이 일어난 건 처음 있는 일입니다. 그런데 우리는 단지 한 가지 비정상적인 행동을 주목했습니다. 그의 친구들의 부모님이 그를 극장에 데려갔을 때, 나는 도미니크에게 표 값을 지불하도록 5프랑짜리 지폐 한 장을 주었습니다. 갑자기 영화를 보는 도중에 그는 이 돈이 생각났는지 부인에게 이렇게 말했답니다. "내 표 값을 주지 않았어요." 그래서 그 부인은 "괜찮아, 끝나고 보자꾸나"라고 대답했답니다. 그는 왜 그 부모가 자기 표 값을 지불했는지 이해할 수 없었고, 표 값을 지불하지 않고 영화를 보는 게 죄를 지었다고 느꼈던 것 같습니다. 영화가 끝나자, 그는 자기 표 값을 지불하지 않았다고 생각하고서 아무도 없는 매표소로 살짝 들어가 계산대 위에 돈을 던져넣고는 부끄러워 얼굴을 붉힌 채 도망쳐 왔습니다. 그러나 그는 지불했기 때문에 속이 후련했을 겁니다. 아마도 그 지폐는 분실되었겠지만, 그의 마음은 후련하고 편안했을 겁니다. 어떤 의미에서는 열다섯 살 또래의 소년들에게서 보기 드문 정직함을 그에게서 볼 수 있는 것이 만족스러워요. 하지만 그런 사실은 그가 여전히 돈의 의미를 모른다는 증거이기도 합니다. 한 달에 용돈으로 30프랑(옛날의 3천 프랑)을 받지만 그는 그 돈을 갖고 다니려고 하지 않고, 잃어버릴까 두려워 나에게 맡겼습니다. 그는 그 돈을 쓸 생각조차 하지 않아요. 예정대로 그는 훌륭한 여선생님과 함께 다시 동일한 숙련반 수업을 받고 있습니다. 그것에 매우 만족해합니다. 국어 실력이 상당히 늘었습니다. 철자법 점수는 매일 올라갑니다. 여전히 계산하는 것이 문젭니다. 아무도 주변에 없으면 그는 괴상할 정도로 자기도취에 빠져 있습니다. 그는 왕성하게 활동하는 인물들(이전에 그가 그린 데생들과 비교해 보라)을 엄청나게 그립니다. 얼이 빠진 듯한 이 아이는 믿을 수 없을 정도로 정확하게 자신이 관찰했던 극히 세세한 부분들을 데생들 위에 적어 놓습니다." 교장선생님과 여선생님이 생각하는 것처럼 저 개인적으로는 그 아이가 올해 말쯤 교육 수료증(그가 그것을 통과하리라는 것을 의미하지는 않는다)에 지원할 수준에 이를 것으로 바랍니다. 그러나 그로 인해 그 아이가 이러한 입학 수준을 요구하는 축산학교나 농업학교에 들어갈 수 있을 것입니다……. 이미 제가 말씀드린 것처럼 선생님과 만나는 것에 대해 남편은 정신의학이라는 것 모두가 '감언이설'에 불과하다고 평가합니다. 그는 1년 내내 숫자, 기계와 함께 사는 사업가예요. 게다가 1주일에 이틀만 집에 머무는데, 그것도 자기 일밖에 생각하지 않는 겁니다. 두 아들 중 하나라도 기술자였다면, 그인 아마도 그를 관심을 갖고 지켜보았을 겁니다. 그러나 형은 기껏 예술가(아주 경멸하는)라 하고, 도미니크는 골칫덩어리에 불과합니다. 실비는 단지 딸아이에 지나지 않고요. 그이 같은 사람에게는 그것이 별 관심거리가 못 됩니다. 게다가 그인 내가 그 아이를 인문계 쪽으로 가게 해서 타락시켰다고 비난을 합니다. 그런데 나와 같은 인문계에 적성이 맞는 사람들은 고만고만한 벌이의 하급 공무원을 하기에 아주 적합합니다. 남편은 자기 일에 있어서는 엄청나게 똑똑하고 유능한 사업가지만 시사적인 문제나 문학·예술에 대해서는 전혀 관심이 없습니다. 그는 탐정 소설밖에 읽지 않는 것 같아요. 그에게 자신의 세계가 있다면 우리에게는 우리의 세계가 있죠. 남편은 도미니크가 선생님을 뵈러 가는 게 아무 쓸모없는 일이라 생각합니다. 그 아이의 어린 시절을 망쳐 놓았던 소위 질투는 근거가 없는 것이었고, 예전에 해주었던 충고를 따랐지만 별다른 변화를 가져다준 것이 전혀 없었기 때문입니다. 따라서 검토되고 정리되고 끝난 상태라 우리는 그

점에 관해 더 이상 말하지 않습니다. 그 아일 위해 돈을 쓴다면 차라리 산수를 가르치는 게 더 낫습니다. 저로서는 선생님께서 그 아이에게 해주셨던 모든 것에 대해 진심으로 감사드립니다. 선생님께서 그 아이를 다른 아이들처럼 사회성 있게 만들어 주었기 때문입니다. 저는 종종 아들을 선생님께 데려오기보다는 정상적인 가장을 만들기 위해서 아이 아버지를 여기에 데려와야만 한다고 생각합니다!

상담일

나는 대기실에 어머니와 도미니크 둘만 있는 것을 얼핏 보았다. 나는 그런 편지를 보내준 데 대해 어머니에게 감사를 표했고, 그 내용을 도미니크에게 간략하게 설명해 주었다. 도미니크는 어머니가 편지를 썼을 거라는 짐작을 했다고 말했다.

나는 그를 데리고 사무실로 들어간다. 그는 오늘 나와 함께 정기 검진을 다시 시작하기를 바랐다고 말한다. 그런데 어머니는 그에게 아무것도 알려주지 않았지만 그 때문에 놀라지는 않았다고 한다. 아버지는 이미 지난해 그가 오는 것을 바라지 않았다. 나는 그가 말하는 것을 적는다(그는 정상적인 목소리로 말한다).

도미니크: 내가 여기에 왔다는 사실 말이에요…? 결과는 1년이나 2년 더 아버지의 부양을 받는 거죠. 이미 지난해에 내가 학교에 남아 있도록 해주었던 이 치료가 없더라도 결국에는 잘 자리잡고 아버지에게는 더 이상 비용도 들지 않을 수 있었을 거라고 해요. 아버지는 여하튼 내가 어떻게 되든 상관없이 나의 지체는 더 이상 교정할 수 없으며,

애써 뭔가 하려 하지 않는 편이 더 낫다고 말해요. 그처럼 치유 불가능한 결함이라고 인정할 수밖에 없다고 해요. 좋아요. 전 아버지가 옳지 않다고 말하지 않아요. 내 아버지니까요. 또 아버지가 틀리지 않다는 사실도 잘 알아요. 자기 아버지에 대해서는 그렇게 말해서는 안 되잖아요. 그리고 난 아버지를 아주 좋아해요. 하지만 전 선생님께 치료받았던 것에 대해 매우 만족해요⋯⋯. 하지만 아버지를 이해해요⋯⋯. 내가 결코 기술자가 될 수 없기[2] 때문에 아버지는 돈을 낭비할 필요가 없는 거예요. 난 돈을 많이 벌 거예요(난 그걸 알아요. 그 방법은 잘 모르지만 그건 알아요). 그래서 제가 다시 선생님을 뵈러 오면 그때는 아버지가 지불하지 않아도 될 거예요. 그렇지만 지금은 아니에요! 조금만 기다리면 돼요⋯! 이렇게 독백처럼 그가 말하는 동안 말하는 어조는 아주 정상적이고 목소리도 아주 침착하고 어조가 전혀 공격적이지 않았다.

침묵. 잠시 후, 도미니크는 조금 전과는 달리 의도적으로 큰 소리이기는 하지만 정상적인 억양의 목소리로 마치 멈췄다 다시 시작하는 모험담처럼 이야기를 이어갔다.

도미니크: 오늘은 인간 통조림을 만들겠어요! 아주 고약한 일이죠! 거기서 모험을 하려는 사람에게는 무시무시한 일이 일어날 거예요. 그는 사람 모형 하나를 만든다. 조용히 산책하는 이 사람은 수면제를 하나 받고는 어떤 통조림 공장이 있는 함정에 떨어져요. (그것은 탱탱에

---

2) 도미니크가 완전한 부정문 'ne pas'〔도미니크는 여태껏 이런 부정문에서 ne를 생략하고 pas만 사용했다〕를 사용한 것은 이번이 처음이다. 하지만 여전히 규칙적으로 이렇게 사용하지는 않는다. 〔역주〕

서 일어났던 어떤 이야기와 유사하다.) 여러 기계들 끝에는 인간 슈크루트[양배추의 일종]가 있어요. (그는 그것을 먹고 나에게 주는 시늉을 하고는, 거기에서 머리카락 하나를 찾아내는 흉내를 낸다.) 금발이에요! 금발 인간들만을 통조림으로 만드는 공장이죠. 먹기에 알맞고 그 살은 돼지고기와 겨룰 만한 유일한 것들이에요. 이 공장에는 금발들 이외에도 모든 골칫거리들을 보낼 거예요. 페르……셉테르들이나 메르……세데스들 말이에요.[3] (그는 웃음을 터뜨린다.) 그리고 교장선생과 신부들이죠!

돌토: '신부를 먹어치운다'[성직자에게 매우 적대적이다]는 표현을 들어봤니?

도미니크: 아뇨, 전혀요……. 금발들과 함께 만든 슈크루트 안에서 검은 점들을 봤다는 걸 설명하려고 그 말을 했어요. 식인종들처럼 맛있게 먹고 노는데, 매우 우스워요. 식인종들은 선교사들을 먹어요. 그들이 바로 신부들이에요. 그들은 그것이 좋다고 생각해요. 그런데 거기에 우연히 신부 한 사람이 떨어졌어요. 그건 금발들을 위해서였어요.

돌토: 넌 신부님들에게 반감을 갖고 있니?

도미니크: 아뇨, 전 미사에 가지 않아요. 아버지도요. 일요일에 아버진 할 일이 너무 많아서 혼자 작업하거나 수리하느라 틀어박혀 있는 것 외는 다른 일을 하지 못해요. 어머니와 여동생은 일요 미사에 빠지지 않지만, 나에겐 그게 따분해요. 저도 다른 사람들처럼 첫 영성체와 견진 성사를 받았어요. 아버진 아주 어릴 때 복사도 하고, 1년에 한 번 신부가 발을 씻겨 주기도 했어요. 참 우스운 일이었죠. 또 내가 가고

---

3) les per……cepteurs et les mer……cédès. 아마도 도미니크가 '페르……' '메르……' 라고 길게 발음한 것은 '세금 징수관들'이나 '메르세데스 사람들'을 말하기보다는 '페르'(아버지)와 '메르'(어머니)를 의미하려고 했던 것 같다. [역주]

싶어하는 때는 부활절이나 크리스마스의 밤 미사예요. 복사 아이들이 있고 그들의 발을 씻겨주지만, 전 그걸 보지 못했어요. 아버지가 그걸 말해줬어요. 아, 슈크루트에는 사람들에게서 구두를 먼저 벗겨내요. 잘게 써는데 너무 딱딱하기 때문일 거예요. 그는 신부의 몸체 하나를 모형으로 만들고, 텔레비전과 거기에서 한 요리사가 소개하는 조리법에 관해 말한다. 그건 바로 남성에게 맡긴 여성의 직업이죠. 그는 이 몸체에 큰 꼬리를 달고는 이렇게 말한다. 자, 중심꼬리[4]예요. 그리고 그것을 자르고는 말을 잇는다. 한번은 다른 사람이 강제로 독일에 보냈던 착한 사람이 있었어요. 그게 영화거나 영화 같았죠. 이어서 여자들의 이야기를 한다. 한 독일인에게 체포된 여자들이에요. 하지만 그가 함께 있었던 다른 사람들은 여자를 원하지 않았어요. 그들은 내 사랑을 얘기했던 사람들이에요. 그때 여자는 격노해서, 결국 나사못 하나가 자동차에서 풀려 버렸어요. 아마 사고를 일어나게 했던 사람은 그 사람이었을 거예요. 나사못을 풀려고 했던 사람이 그 사람이거든요. 그런데 결국 그들 모두를 멈추게 했던 것은 양떼들이었어요. 그때 한 소녀와 포옹했던 소년을 보고는 모두가 말했어요. 미친 놈, 개처럼 두들겨 패야 돼. 그들과 독일인들은 소녀나 여자들이 좋지 않다고 생각했기 때문이죠. 침묵. 영화에서 페르낭델은 자기 친구에게서 아주 멋진 소녀인 여동생을 찾았어요. 그는 개를 애지중지하며 돌보고, 다른 사람이 떠났을 때 위로해주었죠. 그리고 아버지가 위로 오는(그는 내 코 밑동을 향해 앞으로 손가락을 흉내낸다) 다른 한 사람이 있어요. 그는 누군가 실수를 저지르면 소름끼치는 눈을 하고는 그렇게 해요.

---

4) 여기서 '중심 꼬리(maître queue)'는 동일한 발음의 '요리장(maître queux)'을 의미할 것이다. [역주]

그런데 아시겠지만, 전 많은 실수를 저질렀거든요. 그때 그는 그렇게 위로 와요. 그리고 그다음 날 그는 미쳐 버렸어요. 그런 다음, 그는 말을 그친다……

돌토: 그건 네 아버지나 할아버지들과는 다른 너의 사고 방식 주변에 있는 중요한 이야기들이라는 생각이 드는구나. 아마 독일로 다른 사람을 보냈던 사람은 바로 태어날 때의 너인 것 같아. 모든 것이 네 아버지와 섞이는데, 네 아버지가 당시에 그런 상황에 처했고 네 어머닌 늘 자기에게서 떠났던 아버지를 생각했기 때문이지. 네 아버지가 네게 그럴듯해 보이는 여자들에 흥미가 없기 때문에 소녀들에 대한 너의 관심은 아마도 별로 좋은 것이 못 된다고 생각하는 것 같구나. 그렇지만 네 아버진 어머니에게 아이들을 갖게 했지……. 내가 말을 그치고, 그도 침묵한다. 더 이상 할 말이 없는 것 같다. 나는 시계를 본다. 예정된 면담 시간이 끝났다. 그에게 그것을 말해준다.

도미니크: 잠깐만요! 떠나기 전에 통조림통 두 개를 만들어 주겠어요. 그는 아주 재빨리 열린 뚜껑을 만들어서, 같은 모형 점토 부스러기들로 그 통들을 채우고는 닫아 버린다. 슈크루트로 만든 금발 두 사람이에요.

나는 웃으면서 그에게 말한다. 네 아버지와 형이구나.

그는 웃음을 터뜨리면서 일어선다. 나는 그들과 작별하기 위해 그를 대기실로 데려간다.

떠날 때 어머니는 말을 좀 나누어도 괜찮은지 물어본다. 나는 동의하고 우리 셋은 사무실로 되돌아간다. "그런데, 의사선생님. 선생님은 이 애를 더 이상 안 보기로 했나요? —— 당신은요? —— 전 절대로 남편을 따라야만 해요. —— 그러면 도미니크는요?" 나는 그들 향해

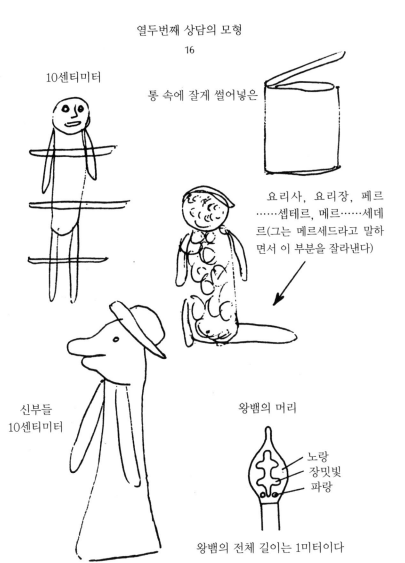

열두번째 상담의 모형

16

10센티미터

통 속에 잘게 썰어넣은

요리사, 요리장, 페르……셉테르, 메르……세데르(그는 메르세드라고 말하면서 이 부분을 잘라낸다)

신부들
10센티미터

왕뱀의 머리

노랑
장밋빛
파랑

왕뱀의 전체 길이는 1미터이다

몸을 돌렸다. 도미니크는 이렇게 말한다. 내가 결정하게 된다면 다시 오겠어요. 그게 아직도 도움이 된다고 확신하거든요. 하지만 아빠가 아직도 돈을 지불하고 싶어하지 않기 때문이에요! 어머니가 끼어들면서 말한다. "아니에요, 선생님. 남편이 그렇게 말하는 건 돈 때문이 아니에요. 제가 전에 편지에서 말했던 것처럼 그에게는 이 치료가 감언이설이라는 거예요. 그는 할 수 있다면 필요한 수술을 해줄 외과 의사를 찾을 거라고 말해요. 그걸 위해서라면 그는 비용이 얼마라도 지불할 거예요. —— 어떤 수술이죠? —— 아, 계산 중추의 수술이죠! 그게 있다고 하던데요. 그는 단어의 문제가 아니라 그걸 믿어요."

어머니가 말하는 동안 도미니크는 길이가 1미터가 넘는 푸른색 뱀 한 마리를 조각한다. 뱀의 머리는 노란 로렌의 십자가가 달린 붉은색이다. (자기 어머니처럼 로렌 지방인가? 아니면 BBC 방송의 시그널 뮤직을 참조한 자유의 십자가인가?)

"그런데, 넌 네가 원하는 걸 말해야 하지 않니?" 어머니가 도미니크에게 말한다.

그래서 도미니크는 이렇게 대답한다.

— 혼자서도 올 수 있을 거라고 이미 말했잖아요.

— 그건 내가 바라지 않아. 이미 그렇게 말했지.

— 그래서 엄마가 원하지 않으면 아빠에게 거역하지 않고 올 수는 없잖아요. (어머니는 그가 매우 우습다고 생각하는 듯이 흥분된 눈빛으로 나를 바라본다.) 그렇지만 내가 혼자서 올 수 있다면, 그럼 매번 금요일에 올 거야. 그게 좋거든. 그런데 할 수 없지 뭐. 원하는 건 아빠니까. 돌토 부인이 화가 나지 않았으니까 내가 더 커지고 돈을 벌 때까지 기다릴 거야. 그래서 내가 아직은 소심하지만 완전히 좋아지기

위해서 다시 올 거야.

그런 다음 우리는 헤어진다.

후기

정신병 어린이의 치료 부분의 보고서는 가정에서 아이들의 정신분석을 잘 알지 못하는 독자들에게 주체의 치료에 병행하는 어려움, 부모들이 정서적으로 미숙하거나 신경증에 걸린 가족 집단에서 생겨난 균형 상실의 위협과 긴장에서 기인된 어려움에 대해 해명해 줄 것이다. 아이들은 책임 있는 가족, 즉 법이 아이에게 권위를 존중하게 하고 거기에 복종하도록 하는 가족의 무의식적인 리비도의 역동성과 불안정하게 균형을 이룬 구조에 속하기 위해 그들의 인격이 없어지는 것을 겪는다.

우리는 정신적 외상의 후유증이, 비록 그런 외상이 이같은 특별한 주체에게는 전적으로 개인적이기 하지만, 집단의 각 구성원들의 리비도가 끊임없이 현실적으로 개입하는 변증법적인 결과로서만 특이한 양상을 띤다는 사실을 보게 된다. 우리는 정신요법의 치료를 받는 주체의 나르시스적 변화가 자신이 접촉하는 인격체들의 나르시시즘에서 제기된 문제들의 원천이라고 말할 수 있다. 아이가 치료중일 때, 모든 가족은 정신분석가와 마주하여, 부합하든 부합하지 않든 고려해야 할 필요가 있는 전이적 반응들을 나타낸다.

우리는 이같은 사례를 통해 아동 정신분석이 우리가 여태껏 듣고 있는 것과는 반대로 성인 정신분석의 교육보다 훨씬 더 오랜 교육을 요한다는 사실을 이해하게 된다. 정신분석가의 청취는 성인 정신분석에서의 청취와 다를 바 없다. 그러나 돈을 지불하고 사회와 마주한 아이에 대해 책임 있는 제삼자인 부모의 역할은 치료의 진행에서 매우 중요하다. 그들의 정서적 역할은 이런 사실로부터 아이에게 이상적 자아의 후원자로 나타난다. 즉 존경의 후원자인데, 왜냐하면 그는 현실에 얽혀 있고 필요한 거세 콤플렉스를 일으키는 권력의 부분이기 때문이다.

정신분석가의 역할은 전이를 통해서 부모를 대신하는 것이 아니라 신경증을 일으키는 이상적 자아에게 의존하는 주체의 자아 이상을 해방시키는 데 있다. 또한 그의 역할은 진화중인 오이디푸스적 요소들을 가로막는 것이 아니라 전오이디푸스의 시원적인 초자아를 분석하는 데 있다.

도미니크는 단지 정신병적 퇴행이 치료되었을 뿐이다. 오이디푸스적 요소들이 뒤늦게 형성되고 있는 중이다. 그의 성은 자신의 나르시시즘에 대해 복권이 되었고, 자신의 몸도 인간으로서 회복되었다. 위태로운 그의 감각도 표현된다. 그의 정동성은 다른 사람들과 소통이 된다. 그는 자신의 미래에 대해 자신감을 되찾았다. 그는 해방의 욕망을 수용한다. 그런 욕망에 대해 그는──비록 화가 났지만──정신분석가가 '화나지' 않고 실망했다고 느끼지 않는다면 부모의 권위를 고려하여 적당한 기회를 기다리는 것을 인정한다. 자신에 대해 아직은 만족하지 못하는 그의 상태, 불안을 그는 '아직은 소심한' 것이라고 부른다.

도미니크의 사례(그리고 유사한 조발성 퇴행에서 벗어나는 모든 정신병의 주체들)에서 오이디푸스의 해소는 아버지에 의해 강요된 거세 불안과 예비 단계들이 실제로 체험된 상태를 요구한다. 그런데 그런 것은 회복된 구순의 리비도 구조와 더불어, 그리고 상상 세계와 구별되는 실제의 시공간의 차원과 더불어서만 알어날 수 있다. 항문과 요도의 리비도는 생식성의 우위로 나아가야 한다. 그러나 또한 그것이 실재적이 되기 위해서 주체의 항문과 요도의 리비도는 사회에서 습득한 자신의 자율성과 더불어 문화적 '승화' 속에서 사용할 수 있어야 한다.

도미니크의 어머니와 같은 어머니와 함께, 법적인 성년의 연령으로 인해 자율성을 행사할 수 있는 유효한 권리의 부여는 유일하게 그런 자율성으로 인도할지도 모른다.

금전적인 생계 수단들——이것들도 그의 문화적 승화에서 비롯된다——을 개인적으로 획득함으로써, 도미니크는 아버지에게 금전상으로 의존하는 데서 강요된 성장의 금지에서 벗어날 수 있게 될 것이다. 그런데 아버지 그 자신은 자기 아버지에게 가치 있는 것으로 인정받지 못했고, 아버지와 사이가 좋을 수 없는, 셋 중에서 남아 있는 유일한 아들이며, 어린 시절과 젊은 시절에 외상을 입은 그 자신은 나르시시즘을 경험하지 못한 아버지이자 어린애 같은 아내의 과보호를 받는 남편이다.

제Ⅱ부
두 형제의 관계와 이상적
자아의 도착적 역할

현상학적인 유형의 연구는 어린 시절의 전(前)정신병적인 유사한 상태의 기원을 해명할 수 있을 것처럼 보인다. 주로 이런 상태는 도미니크의 경우처럼 흔히 기대하듯이 사춘기와 함께 호전되지 않고, 반대로 정신요법을 받지 않는다면 돌이킬 수 없을 정도로 악화된다.

우리 정신분석가들의 작업은 이처럼 어떤 개입들을 통해서 신경증과 정신병의 예방 문제를 규명할 수 있다. 이러한 개입은 부모에게 조언을 하거나 아이들을 인도하는 것이 아니라 건강한 성적 충동과 동시에 인정되지 못한 채 남아 있는 그들의 호소에 호응한 부모에게서 유래한 구조화하는 거세의 부재에 종속될 수밖에 없는 아이들이 표출한 증상들의 의미를 인식하는 것을 목표로 삼는다.

한 가정에서 아이들 중의 한 명이 어떤 증상들을 보일 때, 그들 사이에 존재하는 무의식적 역동성의 관계에 관한 연구는 유아의 정신의학에서 주변 사람들을 불안하게 만드는 아이에 대해 한 가지만 연구하는 것보다 종종 더 많은 것을 명확하게 밝혀준다. 이런 아이는 종종 역동적으로, 외견상 적응된 자신의 연장자들보다 건강한 리비도 구조의 방어 쪽으로 기울어져 있다. 여섯 살과 일곱 살, 열두 살과 열다섯 살 정도의 나이 차이가 있는 아이들처럼 그들 나이가 비슷하기 때문에 같이 자란 아이들의 역할은 언제나 가장 명확하다. 구조화하는 거세의 도피 놀이는 그것이 신비를 벗지 못했을 때 특히 외상을 입히는 것으로 드러난다. 사실상 각각의 아이에게 특별한 오이디푸스적 상황은 인간화하는 결정적인 유일한 역할을 한다. 그런데 가정에서 형제와 자매들 사이의 관계는 부모에 대한 관계를 형제자매에로 이동시켜, 안정된 척하지만 사실은 외상적인 형제관계에 부착되어 있으며 환상적이거나 때로는 실재적인 근친상간에 대한 감정적 보상을 허용한다. 이러한 보상을 구실 삼아, 회피된 것은 건전하게 불안을 주는 부모의 관계이다. 이런 관계는 삶 욕동과 죽음 욕동의 대면으로 인도하고, 오이디푸스적 거세와 원초적 장면으로 인도할 것임에 틀림없다. 즉 그것은 무의식적인 역선(力線)이 근본적인 나르시시즘의 통일성인 욕망의 윤리로 향한 인간화하는 상징적 기능의 매듭이다.

어린 여동생이 탄생할 때까지 장남 폴 마리와 동생 도미니크는 어머니를 두고 그들의 말과 행동으로 경쟁을 하고 있었다. 그들은 실비가 태어난 때부터 그들 상호 인격체의 교류 관계 모두와 서로의 거울상의 관계조차 중단하게 된다. 그들의 경쟁은 더 이상 인격체를 위한 공연이 아니다. 각자가 유일한 승리자로 남고 어머니의 시야에서 응시를 받는 상태에 머물기 위해 일시적으로 가려지려는 욕망은 아무런 대상이 없다. 이런 욕망은 결코 그들에게 인정되지도 않았고, 어머니에게 가치 있는 것으로 인정받지도 못했기 때문에 폐제되었다. 겉으로는 평화로운 결투가 그들 어머니의 메아리로[1] 가장 완벽하게 가능한 것으로 표현되었던 두 명의 '말하는 자들' 사이에서 일어나는 구두의 '몸짓'과 관련 있을 것이다. 서로를 일시적으로 가리려는 욕망에 대한 폐제는 어머니가 이러한 열망이 의미했던 사랑의 의미에 결코 아무런 가치를 부여하지 않았던 데서 생겨났다. 이런 욕망은, 형제 각자는 서로에게 라이벌이기 때문에 두 사람 모두에게 욕망된 타자였던 어머니에게 능동적인 구순과 수동적인 항문의 관계 속에서, 둘 모두를 성장하게 만들었다.

　장남 폴 마리는 도미니크가 그랬던 것 이상으로 어머니의 마음을 끌고 흥미를 주었음에 틀림없다. 이렇게 함으로써 그는 그녀 자신과(그리고 집에 있을 때, 남근적 큰누이와 쌍둥이인 큰형으로 간주된 아버지와) 함께 동등해졌다. 폴 마리가 세 살 반이었을 때 도미니크의 출생 때까지 아버지와 어머니와 매일 함께 있었다는 점을 잊지 말자. 도미니크가 어머니의 보살핌을 독점하고 요람을 차지하는 데서 폴 마리를 대신했지만, 폴 마리는 동시에 아버지를 대신해서 어머니의 동반자로 남아 있는 지위에 올랐다. 잦은 전출을 해야 하는 상황에 처했던 아버지는 폴 마리에게 이른바 '큰' 자리를 남겨주었고, 어머니와 동생을 그에게 '맡겨 두기'조차 했다. 이처럼 도미니크가 큰형에게서 어떤 보호자의 태도를 일깨웠을 때, 그는 큰형 그리고 가짜 아버지 또는 가짜 어머니로서 그런 태도를 가질 수 있었다. 큰형 폴 마리의 행동은 강박에 사로잡힌 엄마를 매우 즐겁게 해주었고, 그녀에게 온전한 동반자는 낮에는 말을 주고 받고 밤에는 몸을 따뜻하게 해주는 것을 의미했다. 그것이 당시에 폴 마리가 완벽하게 잘 충족시켜 주었던 역할이다. 부

---

　1) 이 가정에서 사용하는 말의 어휘 대부분에는 성기, 엉덩이, 심지어 골반을 지칭하기 위한 말이 없다는 점을 주목하자. 성기와 엉덩이는 아이들에게서처럼 어른들에게(벗은 채로 보여주는)도 한 가지 이름만을 갖는다. 그것은 작거나 큰 것으로 구별하는 보통의 형용사조차도 없는 '포포'이다. 어머니 자신은 결코 성기와 다른 단어가 있었다는 것을 생각하지 못했다. 그녀는 이 성기라는 단어를 감히 말하지 못하지만 자신의 벗은 몸을 보여주고, 어떤 에로티즘에 대한 생각도 없이 자신의 아들들이 벗고 있는 것을 바라보았다. 그녀에게 이 단어는 중성적이고, 가능한 말이라면 지리학적이다. 그녀에게 성기는 생식에 필요한 관계의 도구의 장소를 의미한다. 자신의 임신에 대해 그녀는 배에 관해서는 결코 말하지 않았지만 태어날 아기를 품고 있는 가슴에 대해 말했다. 그녀는 아이들에게 젖을 먹였지만 젖가슴이라는 단어를 말하지 않았다. 그녀는 젖을 준다, 젖을 먹인다, 젖 마실 것을 주다라고 말했다. 무의식적으로 남을 훔쳐보는 그녀는 새침함이라는 표현하에 수치심을 실추시켰다.

모의 드문 성관계는 여자로서의 어머니 욕망에 부응하지 못했고 출산의 관점에서만 이행되었을 뿐이었다.

어머니가 나에게 말했듯이, 폴 마리와 도미니크는 어렸을 때뿐만 아니라 그 이후에도 결코 다투지 않았다. 그들은 어머니가 자주 보았듯이 다른 형제들처럼 결코 서로 맞서지 않았다. 그래서 어머니는 그 점에 만족해했다. 그러나 그녀는 그것이 생식의 주도자이고 어머니의 소유자인 아버지의 부재에서 생겨났다는 사실을 이해하지 못했다. 왜냐하면 아버지는 집에 있을 때 어머니만큼 매력적인 모델도 아니고, 몰아낼 수 없는 생식의 특권을 가진 라이벌도 아니며, 하물며 어머니와 몸과 몸의 접촉을 금지하는 아버지도 아니었기 때문이다. 따라서 이 아버지는 폴 마리에게는 어머니보다 덜 남근적인 이상적 자아, 다시 말해 어머니의 남근이었고, 도미니크는 모든 사람들의 말에 따르면 외할아버지의 복제품이었다.

두 형제 가운데 어머니를 가장 기쁘게 했던 이는 폴 마리였다. 그는 최선을 다해 어머니를 흉내내고, 어머니와 말상대를 하며, 그와 더불어 아빠와 엄마인 양 처신했다. 그리고 어머니에게 종속되어 아부하고 아부받고 육체적으로는 귀염을 받았지만, 미학적으로는 평가 절하된 채 어머니의 상상적 페니스의 전형이 됨으로써 어머니를 가장 즐겁게 만들었던 이는 도미니크였다.

어머니로 말하자면 그녀는 두 아들에게 어머니와 아버지의 이중적 역할을 하면서 성인의 남근을 재현했다. 그녀는 입법자이자 최고 감독관인 두 사람이었다. 그러나 그녀는 또한 그들에게 의존하고 그들 각각에게서 분리할 수 없었다. 그들은 손상된 세 존재의 나르시스적 트리오이자 서로를 떠받치고 있는 세 명의 불구자들이었다.

그런데 실비의 탄생과 성장과 더불어 상황이 바뀐다. 두 소년은 더 이상 엄마와 마주하여 서로를 일시적으로 숨기는 체할 수가 없다. 도미니크는 더 이상 인격체를 감출 수가 없다. 그의 여동생의 태양이 천정점에서 모든 것을 불태운다. 그 자신은 이상한 고독 상태에, 비탄과 포기의 상황 속에 처한다. 폴 마리는 비탄의 표시가 주변을 매우 거북하게 하고, 자신의 가정에서 어머니를 잘못 판단하게 하는 동생이 죽었으면 하는 욕망을 오히려 가졌을 것이다. 따라서 폴 마리는 형제를 마주 대하면서, 자신에 대해 실비의 출생 이전과 똑같은 감정적 태도를 유지하는 주변 사람들 중에 유일한 인물인 외할머니의 말을 자기 것으로 삼음으로써, 자신이 생각하기에 불충분한 교육자들인 아버지와 어머니를 대신할 것이다.

실비의 출생과 마찬가지로 도미니크가 태어났을 때, 폴 마리는 장모가 함께 있는 집에서 아버지가 어머니를 대신하는 것을 보았다. 그는 친절하고 어머니 같은 아버지를 보았다. 그는 하나의 모델을 갖는다. 그리고 실비가 태어날 때 아버지는 도미니크가 태어날 때보다 훨씬 더 아름다운 자리를 그에게 양보한다. 왜냐하면 어린 소녀는 항문 리비도의 위치에 고착됨으로써 자신을 아버지라 생각하는 여섯 살 난 큰오빠에게는 만족감을 주는 것이기 때문이다. 반면에 모두에게 버림받고 모두에게 잘못 보인 도미니크는 모든 문화적, 항문과 구순의 습득을 상실하고, 그가 예상된 결실, 다시 말해 세상에 대한 공포의 두려움만을 받아들이는 분열 상태의 히스테릭한 행동을 통해 고통을 감수한다. 폴 마리는 그가 어린 동생에게 나쁜 짓을 했다면(옛날에 아버지의 놀이는 어린 동생의 죽음을 몰고 왔다) 그것이 할머니에게 주었을 고통을 잘 안다. 게다가 우리는 너무나 의식적으로 근접된, 도미니크에 대한 폴 마리의 살인의 환상이 그를 선사 시대의 어떤 아버지, 아이였을 때의 어떤 아버지, 다시 말해 폴 마리 자신의 생존에 부정적인 어떤 아버지에게 동일시하리라는 것을 잘 이해할 수 있다.[2] 그 아버지는 원초적 장면(생식자들의 성관계의 정신적 재현) 이전의 아버지, 폴 마리에게 구조 상실의 위협을 가했던 아버지이다. 그때 폴 마리의 발기성 요도 리비도의 지위(적어도 사춘기 이전의)는 쟁취되지 않았고, 생식자인 부모의 동의하에 가치를 부여받지도 못했다. 도미니크에게는 단 한 가지 안전함이 남아 있는데, 그것은 큰형과의 접촉을 피함으로써 그를 매우 존경하는 것이다. 도미니크는 그를 일종의 중성적인 그림자처럼 존경한다. 이 그림자는 자신과 마찬가지로 해부학적으로 '포포'에 여분의 육체를 갖추고 있고, 자신을 실비와 구별하지만 거의 자기만큼이나 가치 있게 무효화되고 거세되었다. 그것은 페니스 없는 그의 '포포'와 함께, 가치의 영예를 앗아가는 어린 여동생이다. 그것은 마술적인 의식을 치루는 할머니이고, 이상화된 유령인 실종된 삼촌이다.

동시에 폴 마리는 도미니크에게는 예전에 즐겁던 생활의 표본이다. 그는 실비의 시대 이전 시대인 파국 이전을 알고 있었다. 폴 마리는 어머니의 이름으로 도미니크를 보살피도록 어머니에게서 위임받았고, 어머니는 그에게 그런 자격을 부여했다. 도미니크의 놀이는 이런 후견에서 빠져나가고 동시에 어머니와 사회 주변 사람들의 눈앞에서 형을 꼼짝달싹 못하게 하고 조롱하며 가치를 떨어뜨리기 위해 이런 상황을 이용하게 될 것이다. 우리는 큰형이 이러한 일시적인 몸의 숨김, 대부분 전술에 불과한 도미니크의 육체적 · 심리적 · 말의 일탈에 공격적으로 반응했더라면 이런 상황을 수습할 수 있었으리라고 생각할 수

---

2) 이것은 아이들이 청년기 이전의 시기에 도달하기 전에 그들 부모의 아이 때 사진을 보는 것을 결코 좋아하지 않게 만든 이유이다. 반면에 가족들은 아이들의 사진과 같은 연령의 조상들의 사진을 대조해 보기를 좋아한다.

있다.[3] 그러나 어머니가 자랑스럽게 말하던, 두 형제가 결코 다투지 않았던 일은 도미니크의 심리적인 성공 때문에 생겨났던 것이다.

지나치게 관대한 어머니(아버지는 1백50퍼센트의 어머니라고 말했다)는 퇴행적 증상들을 존경할 만한 현실로 받아들이게 한다. "큰아인 어린 동생이 무책임하다는 걸 너무 잘 알아요. 좋은 형이 그래야 하는 것처럼 그 아일 돌봄으로써 나를 기쁘게 만든다는 사실도요." 그녀는 배꼽으로 연결되어 있고 임신중이며 기생하고 보호하는 어머니로 행동한다. 그래서 폴 마리는 어머니를 기쁘게 해주기 위해 이처럼 행동해야 했다. 그는 도미니크에 대해, 그의 곁에서 재현하는 어머니의 로봇인 도착적인 이상적 자아가 된다. 학교 생활을 하는 동안 내내, 폴 마리는 어린 동생을 학교로 데려갔다 다시 데려왔다. 그때 그는 동생과 함께 가기 위해, 다시 말해 열 걸음 정도 떨어져서 그를 뒤따라가기 위해 자기 학교의 등교와 하교를 전후해서 1시간 정도 돌아서 가야했다. 장남 폴 마리는 보호자의 사디스트적이고 과잉보호하는 방식으로 어린 동생을 성가시게 하고 귀찮게 따라다닌다. 그러나 도미니크는 그에게 앙갚음을 한다. 아빠에게 값비싼, 엄마의 소중한 남근인 도미니크, 가족의 어릿광대 같은 이상한 물신인 도미니크, 이런 도미니크는 폴 마리를 그의 투정에 굴복시키고, 잘못 길들인 사냥개가 주인을 회피하듯이 그를 비웃는다. 이러한 행동은 편집증적 자아, 즉 그가 페니스 없는 라이벌 소녀로 대체된 이후로 그의 나르시스적 욕망과 폐제된 오이디푸스적 욕망 사이에서 타협된 자아에 연결된 이드를 표출한다. 폴 마리 자신도 페니스의 소유에 대해 평가 절하한다. 그러나 그

---

3) 여기로부터 가정에서 공격적인 반응이나 동생들에 대한 형들의 관심 부족을 비난하는 위험이 생겨난다. 이것은 이처럼 자신들의 성충동을 억압하거나 전도시키도록 자극받은 큰아이들보다는 오히려 작은아이들에게 더 큰 위험이다.

는 자신이 어머니를 위한 남편의, 거세하는 어머니의, 그리고 두 동생을 위해 보살피는 아버지의 대리인 구실을 하는 모든 사람이 공유한 착각 덕분에, 기존의 자기 정체성 속에서 자기 자신으로 남아 있었다. 이 장남은 일종의 힘없는 경찰관에 불과할 뿐이다. 그는 아버지에 의해 거세되지 않은 채로 남아 있었고, 모든 생식 능력을 억압함으로써 선동적인 근친상간에 대항해서 싸우면서 살기 때문이다. 주요한 동반자이며 어머니의 절친한 친구이자 지지자이지만 아버지가 나타나자마자 보잘것없고 하찮은 폴 마리는 모든 경쟁적인 대결을 회피하면서 사회 속에 자리잡는다. 이러한 행동은 불행하게도 가정에서는 '형제애' 라는 이름으로, 사회에서는 '기독교의 자비' 라는 이름으로 정당화된다.

도미니크는 비록 자신의 큰형을 존경하고 어쩔 수 없이 따를지라도 그를 피한다. 그는 주고 받는 말에서는 더 이상 형을 모방하지 않는다. 가정에서는 매우 현저한, 완전한 무언증의 단계를 거치고 난 후에 그는 말을 되찾았지만 단지 '횡설수설할' 뿐이었다. 그는 추적하지 못하게 말의 흔적을 흩뜨리고 길을 잃음으로써 몸의 흔적을 흩뜨린다. 그는 더 이상 스스로 듣지 않고 보지도 않는다. 그리고 몸을 숨긴다. 그러나 그는 몸에서 떨어져서 형을 정말로 난처하게 만든다. 그는 큰형을 주눅 들게 만들고 보이지 않게 괴롭히는 효과를 갖는 골칫거리인 일종의 몰래 엿보는 레이더로 교묘하게 그를 '귀찮게 구는' 데, 아마도 그에게 오줌을 눈다고도 할 수 있을 것이다.

이 임상 리스트는 실은 폴 마리가 사춘기 이후에 보여준 것이다. 즉 그는 창조적인 해결책이 없는 리비도의 지위를 침범해 들어간다. 부모 커플이 도미니크가 태어날 때까지는 하나로 결합하여 살아왔기 때문에, 동생보다는 오이디푸스에 더 가까운 폴 마리는 자신의 정체성에 대해 회의를 갖는 고비를 넘겼다. 그는 애석하게도 남성성의 육체를 지닌 인간 존재이다. 그러나 부모로서는 매우 소중한 이 거추장스런 꼬맹이를 받아들이지 않을 수 없었다. 그는 논리적으로 배설물 아이를 낳는 항문의 무능함을 받아들였고, 여자의 중개를 거치지 않고는 남자가 육체를 지닌 아이를 낳을 수 없다는 사실을 받아들였다. 여성들을 예찬하는 전유물인 생식 능력에 협력하기 위해서 이러한 불쾌한 행위는 불가피한 일이다. 그는 어머니의 동반자와 동일시하는 것을 선택했다. 그는 자기 어머니의 쌍둥이 남매가 된다. 그것은 또한 그를 외할머니가 자신이 낳지 못한 아들처럼 여김으로써 그에게 허용하는 역할이다. 그는 자기 어머니의 쌍둥이이자 시중꾼이다. 그는 자신의 나이에 맞는 역할을 전혀 하지 못했다. 아버지의 눈과 귀에 가치 있어 보이는 위험을 무릅쓰지 않은 채, 그는 아버지의 대리인으로서 어머니의 환심을 살 수 있고, 또한 스포츠와 여자를 정복하는 데 성공하는 것과 마찬가지로 문화적 습득과 관련하여 자기 나이 또래나 자신의 성과 같은 이들과의 경쟁을 피할 수 있었다. 친아버지와 아버지의 관계는 그가 거세를 겪지 않았다는 사실을 증명한다. 그는 단지 여동생과 함께 연관해서 금전적으로, 그리고 감정적으로만 평가 절하되었을 뿐이다. 폴 마리는 자신의 아버지처럼 사회적으로도 성적으로도 가치를 부여받지 못했다. 아버지가 생활했던 미지의 낯선 곳과 계속해서 집에 머물지 않았던 이유로 다 큰 어린이는 어른 노릇을 할 수밖에 없었다. 이런 의미에서 형의 오이디푸스적 구조(그 자체는 부모의 역사를 통해 조건지어져 있다)가 부재하기 때문에 폴과 도미니크의 '형제애의' 관계는 도미니크의 정신병 진행에 있어 매우 중요한 하나의 요소였다는 사실을 알게 된다.

두 형제는 동성애적 차원에서 부모의 제스처라 할 수 있는 것을 그들 사이에서 재현한다. 벨 부인은 나에게 이렇게 말했다. "나와 남편 사이에 의견 차이가 있을 때, 우린 결코 그걸 드러내지 않았어요. 우린 항상 의견이 일치하는 것처럼 보였죠." 그리고는 이렇게 덧붙였다. "전 12년 동안, 아니 14년 동안 아버지와 어머니 노릇을 하고 있어요." 12년이라는 것은 딸의 나이이고 14년은 도미니크 나이이다. "우리가 서로 의견이 완전히 일치할 때면 아이들은 아버지가 집에 있거나 그렇지 않거나 하는 차이를 잘 몰라요." 게다가 그녀는 잠자리에서 단지 몸만 따뜻하게 할 수 있으면 아이들 중 어느 한 명과 자거나 남편과 자거나 매한가지라고 말하지 않았던가? 알다시피 그녀가 결혼한 동기는 고독에 대한 강박 관념에서 비롯된 것이지 성생활이나 출산을 하려는 욕망에서 시작된 것이 아니다. 그러나 이제는 "다행히도 그녀에게는 아이들이 있다." 일상 생활에서 그녀는 돈만 있으면 자신이 '운이 좋다'고 생각한다. 그녀에게 있어, 남편이 예기치 않게 떠나야 한다고 선언하는 남편 여비서의 말은, 순종하고 따르는 그녀가 감히 전화하길 바라지도 못하는 남편의 말과 동등한 가치를 가진다. 남편은 스스로 아내에게 전화하기에는 '너무 할 일'이 많다. 그래서 그는 아내에게 '속물근성의 특징'인 여비서의 메시지를 거부하면서 전화로 남편에게 말하기를 요구하는 사장의 아내를 '가증스럽다'고 묘사한다. 이러한 전적으로 수동적인 아내의 특징 이외에도, 벨 부인은 우리에게 인격의 또 다른 양상을 어떻게 이해해야 하는가를 제공했다.

그녀는 시어머니의 시련을 함께 나누면서 도미니크 임신 7개월째, 즉 남편의 남동생이 실종되었던 시기에 아들을 잃는 일이 어떨 것인지를 느꼈다고 말했다. 그녀는 그 점에 대해 고대 종족에 어울리는 듯한 말을 했다. "무서운 것은 아이를 잃어버린다는 사실이 아니라 그 아이가 어디에서 죽었는지, 어떻게 실종되었는지 모르는 거예요. 왜냐하면 그 아이가 실종된 시간과 장소를 알 수 없어서 어떤 공식적인 애도 의식도 정당하게 치를 수가 없기 때문이죠." 불안을 가져다주는 유령과 같은 이 실종된 시동생은 보이지 않는 것을 요구하고 그녀의 아이들에게서 평온을 빼앗아 감으로써, 구체적인 성공이 박탈된 도미니크 같은 아이에게 있어 위압적이고 도착된 자아 이상인 것처럼 보인다. 그런 도미니크 같은 아이는 (그의 오이디푸스적 욕망은 어떤 퇴행적 상황에 처해 있었으므로) 수컷이라는 번식력을 갖춘 남자가 되려는 소명에 있어 어떤 궁지에 빠져 있는, 다시 말해 다원적으로 결정된 수많은 원인들로 소외되어 있었다.

그 이유들이란? 여기 몇 가지 이유들이 있다.

— '못생기고' '몹시 추하며' '원숭이를 닮은'(그런데 그는 벨〔아름다운〕이라는 성을 갖고 있다) 채로 태어났고, 모든 생각과 가족적 환상의 지배자인 어린 시동생 베르나르 벨이 실종된 시기에 태어났다.

— 형제 중에 둘째로 태어났다. 그런데 아버지 형제의 둘째는 바로 도미니크의 아버지인 그의 형으로 인해 죽었다.

— 모두가 딸이기를 바랐지만 사내아이로 태어났다.

— 벨 가문의 사람이라면 금발이어야 하는데 갈색머리에 털북숭이로 태어났다.

20개월까지 그의 모든 안전은 어머니 몸에 가담함으로써, 또 말을 조숙하게 잘함으로써 확보되었는데, 이는 어머니–형–도미니크라는 트리오에 들어가서 운동과 괄약근의 제어 없이 말하는 물신으로 봉사하기 위함이었다. 욕구뿐 아니라 기능 면에서 외견상으로는 제어되고 절제된 그의 소화관은 보살피는 명령으로 인해 지배되었고, 주의 깊은 보살핌에 접목된 반면, 자유로운 선택, 자유로운 취향과 자유로운 리듬에서 폐제되었다.

그러나 어린 여동생이 다른 성의 개념을 가져오지 않았더라면, 그리고 매혹적인 곱슬곱슬한 금발의 여자로 태어난 갓난아기가 모두에게 인정받는 가치 있는 남근 숭배를 소유했던 남근과의 상징적 관계의 문제와 페니스의 부재 문제를 일으키지 않았더라면, 모든 것은 훨씬 더 나아졌을 것이다. 실비가 태어남으로써 두 가문에 그런 문제는 현실로 나타났던 것이다. 실비의 탄생은 도미니크를 여동생과의 환상적인 동일시로 인도하고, 터부와 식인 환상 이전에 이미 획득된 예전의 행동 속으로 퇴행하는 것과의 동일시로 인도함——이것은 자신의 정체성 상실, 사회적 가치와 유용성의 상실을 의미했다——으로써 도미니크 자신을 박탈해 갔다.

구순과 항문의 승화 이전으로 퇴행하는 것은 그에게 남성 성기에 대한 긍지를 지니지 못하게 하고, 건강하고 살아가기에 적합한 자아 이상을 지탱하기 위해 남성의 이상적 자아의 살아 있는 어떤 매개체도 집안에 없기 때문에 부정적인 양상을 띠는 자신의 이름에 긍지를 갖지 못하게 한다. 리비도가 아버지의 이미지라는 이상적 자아 속에 결합된, 오이디푸스적이면서 동시에 매혹적이고 거세적인 상상의 지지를 받지 못할 때, 죽음의 본능은 다시 지배적이 된다. 몸의 이미지의 모든 서열의 수준에는 퇴행이 존재한다.[4] 그것은 성감대의 서열을 상실한 기능적 이미지의 퇴행이며, 시간과 장소의 개념을 상실한 몸의 기본 이미지의 퇴행이다. 재현이 없는 역동적 이미지는 구순과 항문의 남근 숭배에 대한 자각적 환각증에 대여된 남근적 환상들로 인해, 그리고 접촉하는 몸의 시공간적인 조건들에 대한 무지로 인해 남성적인

---

4) 나는 몸의 이미지의 구조를 매번 삼위일체설처럼 기술했다. 이 구조는 기본 이미지, 성감대에 집중된 기능적 이미지, 그리고 항상 현행의, 수동적 또는/그리고 능동적인 역동적 이미지의 나르시스적 일치로 이루어져 있다. 이러한 세 가지 이미지들은 끊임없는 무의식적인 연관 속에서 이들 실현의 상징인 주체의 나르시시즘을 형성한다. 몸의 이미지가 없는 신체 도식은 주체와 주체의 언어 교환에 기여할 수 없다.

욕망을 여전히 방어하는 도미니크에게 자신의 성기에 대한 수컷의 윤리에 나쁜 영향을 끼친다. 도미니크는 아무것도 요구하지 않으며 더 이상 호소하지도 않는다. 그는 자신을 자극하고 역동성을 부여하려는 모든 것이 위험이라는 톱니바퀴를 작동시키기 때문에 수동적인 편집광의 자폐증 속으로 진입한다. 따라서 후각적인 탐색, 타자의 욕망인 합체의 감시와 같은 모든 것들이 생겨나는데, 그것은 그가 자신의 **잔류 욕망의 투사를 통해** 타자에게 돌릴 수 있는 몸과 몸을 접촉하는 유일한 관계이기 때문이며, 또한 현실에서 어머니가 자유로이 중간에 쉬는 것을 거부하고 몸을 덥히려고 유방이 있는 자신의 나체에 붙어 있기를 강요하기 때문이다. 그것은 고독의 공포이다. 그녀는 수동적인 동성애자이며, 정숙하게 말을 늘어놓으면서도 자기 아이들에 대해서는 마조히스트이자 소년애 도착자로서, 즉 의존적이고 독신 생활을 하도록 운명지어진 난쟁이들 가운데 있는 순진한 백설 공주가 행동하는 것처럼 무의식적으로 행동한다.

아버지에 대해 말하자면, 우리는 그가 마음에 드는 일을 통해, 집에 있는 드문 시간에도 잘 보호된 고립을 통해 가족의 침입으로부터 보호하는 수단을 찾았던 어린 시절의 외상 환자라고 확실하게 말할 수 있다. 그가 가정을 가졌을 때 부모로서의 행동은 단지 보살피고, 전적으로 헌신하며, 온화할 뿐이어서 현재까지 아이들에 대해 결코 거세콤플렉스를 일으키지 못한다. 그에 대해 알레고리를 빌려 표현하면, 거대한 암놈 회충에 의해 보호받고 몸을 숨기며, 별로 거추장스럽지 않으면서도 필요한, 단지 번식 기능을 통해서만 수컷인 숫놈 회충과 같다.

도미니크의 자아 이상 속에 아직도 건강함이 있는 것은 남성의 표본들에서 매개체로서 고모의 남편이자 가축 사육사인 보비 고모부, 그리고 그의 아들이 있다는 사실뿐이다. 부계의 성에 대해 말하자면, 그가 모든 가족들로부터 가치를 부여받은 것은 실종된 삼촌의 인격체에게서이다. 이 삼촌은 도미니크가 임신 말기일 무렵에 죽었고, 그는 죽음으로 인해 이상화되었다. 또한 이 실종된 삼촌은 자기 여동생의 약혼자인 친구가 잃어버렸던 일종의 남성적인 무기를 찾고 있었다.

우리는 수동적이고 망상적인 편집광의 구조가 도미니크에게 어떻게 자리잡았으며, "나에게 진짜 뭔가가 일어났다고 생각해요"라는 나에게 물었던 그의 첫번째 진실한 말에 거의 자동적으로 "누가 너를 진짜가 되지 않게 했지"라고 한 나의 대답이 어떻게 그를 깊이 감동시킬 수 있었는지 이해한다. 그는 인간화의 의미와 가치를 받지 못했던 사실들을 체험했다. 그런 사실들은 발달중인 자신의 몸과 나이에 내재하고, 이해되지 못한 말의 오류이다. 이런 말의 부재는 그를 기묘한 감각의 신비 속에, 그리고 무제한의 욕망 속에 있는 주변 사람들에게 그랬던 것처럼 본능적인 미지의 힘 속에 남겨두었다. 충격적인 근친상간은 인간이라면 누구나 마음속에 품는 장벽 그 자체——이것은 정확히 그를 이상성격자나, 비행을 저지르기보다는 오히려 실상은 사회적으로 무능한 외톨이로 만들었다——이외의 다른 장벽이 없는 채 일어났던 것이다.

제 III 부
정신질환자의 정신분석에서
만남, 인간 상호간의
의사소통과 전이

인간 상호간의 만남——그것이 다른 존재를 지각하는 어떤 인간 존재의 감각 주변으로부터 결정될 때——은 신체의 영역, 즉 시각·청각·후각·촉각·미각에 속한다. 그러나 식물이나 동물들 같은 살아 있는 존재들 사이의 모든 만남, 더구나 인간 상호간의 만남은 각각에 있어 그 만남이 모든 만남이든 '어느' 만남이든 자신에게는 특별한 변화의 표현을 통해 규정된다. 인간 존재에게 있어서, 비록 여전히 신체적 영역에 속한다 하더라도 참가자들이 지각하는 수준에서 모든 변화의 효과는 정신적인 사실들과 관련하여 그러하다. 신체적이고 정신적인 이러한 효과는 결코 어떤 증거를 통해, 즉 '만남의 효과'가 이전의 체형에 어떤 뚜렷한 변화를 불러일으키지 못했을 때, 발견될 수가 없다. 그럼에도 불구하고 **모든** 지각은 신체 도식 속 어디엔가 기록된 인상을 불러일으킨다. 그것은 감각 신호의 긴장 상태와 자연 상태에서, 그리고 양적이고 질적인 변화의 지각이다. 이러한 지각은 전신 감각의 즐거움과 고통을 지각하는 이에게 그것들을 발견할 수 있게 만들고, 그런 이에게 만남과 연관된, 유쾌하거나 불쾌한 상징적 가치를 띤다. 이러한 지각이 체형에서 변화가 생겼을 때, 그리고 이러한 의미심장한 변화가 이번에는 뚜렷하게 표현된 응답, 변화되고 조정된 첫번째 응답에 일치된 어떤 응답으로 반응하는 또 다른 살아 있는 존재에 의해 지각될 때, 어떤 상징적 의미가 형성된다. 그것은 의사소통이며, 그것이 바로 언어의 시원적 기원이다.

언어의 구성은 항상 인간 존재에게 있어 초기의 선행적인 어머니－아이 관계 속에서 오랫동안 아이 혼자서 살아갈 수 없다는 사실에서 기인한다. 이러한 어머니, 이러한 아이는 그들의 공존과 그들의 분리와 재회의 특성이 기호들의 결합, 즉 최초의 언어 속에서 형성되었던 긴장이나 편안함과 불편함의 변화에 따른 감정의 변화에 의해 상호적으로 유도된다. 이해, 오해, 그리고 상호간의 인정은 미묘하고 본질적인 것들인 시니피앙－지표들에 연결된다. 본질적인 것들은 수유, 세면, 산책, 수면 같은 아이의 욕구에 연결된 교류와 몸과 몸의 접촉이다. 미묘한 것들은 얼굴 표정, 몸짓, 목소리 흉내이고, 어머니에 대해 아이가, 그리고 그 반대인 경우, 긴 시간을 두고서 서로에게 갖는 모든 지각들이다. 살아 있는 유기체 속에서 느낄 수 있는 변화, 따라서 이미 존재하는 체형 속에서의 변화 효과를 낳는 모든 만남은 자신의 존재, 그와는 다른 어떤 대상(의사소통의 단절이 있기 훨씬 전에 이 대상과의 의사소통이 있었다)의 존재로부터 살아가는 이에게는 중요한 의미를 띤다. 또한 체형에서 일어나는 모든 변화는 옳건 그르건 간에 만남의 효과처럼 느껴질 수 있다. 만남은 반드시 인간 상호간의 만남을 의미하지는 않는다.

살아 있는 자에게는 우주적인 요소들, 생기가 없는 것들, 광물·식물·동물과 인간들과 같은 모든 사물들과의 만남이 있을 수 있다. 거기에서 기인하는 인상의 변화는 참가자들의 특성을 표출한다. 식물의 예를 들어 보자. 포도나무의 줄기가 될 배(胚)의 부분은 나선형으로 자란다. 그러나 그 부분은 또한 자기가 만나는 모든 지지물 주변을 감는다. 그러한 감기는 자신의 특유한 생명의 발현이다. 마찬가지로 미모사의 잎은 어떤 사람이 만질 때처럼 모든 이상한 지각에, 돌연히 붙어

온 바람에 몸을 움츠린다. 사실 지각 작용은 살아 있는 유기체 내에서 연속적이다. 그것은 그 유기체에게 어떤 신호가 되는 그들의 조정된 변화이거나 급작스런 변화이다.

이제 인간 존재들에 관해 이야기해 보자. 만일 신호가 두 참석자에게 즐거움이나 고통으로 표출된 동일한 효과를 만들어 낸다면, 그들의 동등한 반응은 그들 사이에 공통성의 관계를 형성할 수 있다. 한쪽에서 발산한 신호가 진정을 요하는 긴장을 표시함으로써 응답을 하는 다른 쪽에서 이러한 요구(긴장의 완화)를 충족시키는 신호를 끌어낸다면, 반응은 그것이 며칠이라도 지속되기만 하면 그들 사이에 상호 이해의 관계, 일종의 인정된 의사소통의 관계를 형성한다.

유아와 어머니 사이에서 일어나는 이러한 신호들의 놀이는 즐거움(긴장의 완화) 속에서 공통성이나 고통(과도해진 긴장) 속에서 공통성의 시니피앙인 생명 의존 관계를 유발한다. 어떤 인간 존재가 자신의 내부 감각의 변화나 지각 작용의 변화에 응답을 받지 못하거나 보완적인 교류의 요청에 응답을 받지 못할 때, 그는 그 만남에서 신뢰할 수 있는 존재나 공통성의 관계에서 비롯된 자신과 닮은 사람을 느끼지 못한다. 그는 이러한 무(無)를 자기 인간 존재의 체형 속에서 외톨이가 된 것으로 느끼고, 그래서 만난 다른 사람이 없는 것으로 느낀다. 그는 다른 도움을 받지 못하고 자기 혼자만의 욕구와 욕망의 내적 긴장에 종속된 채로 남는다. 이러한 보조나 보완의 만남이 없는 현상이 다른 인간 존재들 가운데서 자신의 삶과 공존한다면 그가 사로잡혀 있는 이러한 무는 아무도라고 불린다. "사람들이 많이 있었지만 난 아무도 못 만났어"라는 상투적 표현은 보완적인 감정의 만남, 즉 의심할 여지없는 인간 존재들 가운데서 진정으로 교환된 언어 속의 특별한 의사소통이 부재한다는 것을 나타낸다.

내가 앞서 어설프게 설명했던 모든 것은 우리가 '정신질환자들'이라 부르는 주체들과의 만남 속에서, 그들의 나이가 어떠하든, 이상하고 매번 특이한 것——사실 이것은 언어가 전적으로든 부분적으로든 결핍된 인간 사이의 고전적인 방식의 만남이다——을 이해하기 위해 필요한 것으로 보인다. 그들의 내적 긴장의 변화는 환경에서 나온 지각 작용에 따르는 것보다는 신호가 없는, 더구나 그것들을 표현하는 데 적합한 언어도 없는 생리적이거나 감정적인 상태에서 나온 지각 작용에 더 종속된다. 그들이 현존하는 신호들로 작동하는 것으로 여기는 이상한 인상들, 과거의 환상들은 그들이 환경과 접하는 가운데서 충돌하게 된다. 그래서 그들의 표현은 동기가 없는 것처럼 보이지만 항상 동기를 갖고 있고, 그러나 그들의 환상들을 통해, 다시 말해 그들의 모든 에너지를 흡수하고 그들을 둘러싸고 있는 현실을 이해할 수 없도록 만드는 어떤 가상의 삶을 통해 동기를 갖는다. 종종 그들이 취하는 전적인 부동의 상태나 때로 빠져드는 절대적인 침묵 상태, 그들이 짓는 미소, 현재 상황에 부적합한 방어 기제, 고함, 몸짓, 미친 듯하고 상투적이며 주술적인 말들은 그들에게는 바로 언어의 표출이다. 다시 말해 그들의 내적 긴장의 상징적 표현이다. 그러나 이러한 언어는 더 이상 우리가 그들과 마주하는 다른 현실과 그들의 불안과의 의사소통을 목표로 삼지 않는다. 타인에게는 이해 불가능한 이러한 표현 방식은 언어가 그 근원에 있었다는 사실과는 반대로 타인의 존재가 변경시킬 수 없는 외톨박이의 체형 속에서 보호하는 고립의 수단이 된다. 의사소통은 결국 단절된 것처럼 보이고, 뚫고 들어갈 수 없는 장막으로 대체된 것처럼 보인다. 아마 그것은 잘못된 결론 때문인 것 같다.

모든 인간 존재들은 그들의 모습과 행동이 어떠하든 타자의 존재를 지각한다. 그러나 그런 존재가 어떤 이들에게는 생명을 위협하는 신호이다. 우리와 같은 타인의 존재는 정신질환자들에게 그들이 회피하는 접촉을 가지려 하는 것처럼 보이거나 그들이 원하지만 우리에게는 불쾌하고 무례하거나 위험스럽게 보이는 접촉 방식을 우리가 피하는 만큼 더욱 강렬하게 위험의 불안을 불러일으킨다. **만일 우리들 스스로 가능한 한 정확하게 우리가 그들에 관해 지각하는 것을 의미하는 언어 속에서 그들에 대해 설명할 수 있게 된다면, 그것이 우리 스스로에게 명확해질 때, 우리는 동시에 의사소통의 영역을 구성할 것이다.** 상투적인 반응, 또는 다른 인간과 대면하고 있는 한 인간 존재의 명백한 무반응은 비지각적 수용에 대해서는 전혀 의미가 없다. 그러나 그것은 오히려 능동적인 무효화에 의미가 있다. 그렇게 해서 정신질환자는 우리와의 만남에 대해 그가 느낀 효과를 표현한다. 수동적인 지배나 능동적인 회피는 우리가 그의 내면에 있는 죽음의 욕동[1]으로부터 불러일으켰던 자각에 의해 자기 체형의 동요로부터 생겨난다.

우리가 정신질환자라 부르는 이는 어떤 인간의 존재——정신분석가의 존재——와 마주하여 신중하고, 엉뚱하며, 반복적으로 그에게 주의를 기울이는 식으로 행동한다. 여러 번 만난 후 머지않아 정신질환자는 자기 체형의 어떤 변화를 보이는데, 그것은 정신분석가에게 중요한 의미를 갖는다. 이러한 지각할 수 있는 변화는 우리 아무개에게 던져진 언어의 시작이며, 그 아무개는 지각의 영역, 즉 가능한 의사소

---

1) 시원적인 구순기의 동요와 관련된 죽음의 욕동은 접촉의 공포와 분리의 불안을 가져온다. 시원적인 항문 요도기의 동요와 연관된 죽음의 욕동은 수치스런 거부의 관념 형성 작용과 말들이나 운동, 검사 내용에는 배설물에 관한 것, 주술적인 것과 신성 모독 같은 편집증적 강박을 불러일으킨다. 성기기와 관련된 죽음의 욕동은 치유 불가능한 질병, 성적인 손상, 유괴, 강간, 살해 등의 불안을 야기한다. 전이 대상과 마주하여 위에서 언급된 환상의 실현에 대한 절박한 불안이나 그 반대도 분석 상황을 표시하는 것 중의 하나이다.

통의 전주곡 속에 통합되어 있다. 정신질환자는 상담이 거듭되는 중에 유사한 사람으로 남아 있는 우리와 마주한 자기 자신을 인식함으로써 우리 아무개를 인식한다. 우리의 존재는 그에게 더 이상 전적으로 엉뚱하거나 이상하지 않다. 우리 존재는 특별한 것이 된다. **전이는 경고를 받은 나르시시즘의 바탕 위에서 움직이기 시작하고, 거기에서 욕망과 죽음의 욕동이 극적으로 맞선다.** 정신질환자의 표정, 몸짓, 말에 호의적인 말이나 침묵으로 표시된 분석가의 주의력[2]은 인간으로서 자신이 마주한 사람에게 가치를 부여한다.

정신분석가에게는 특별한 전이가 있다. 왜냐하면 그는 인간 존재에게서 자신의 대화자, 그 분야에서는 유일한 존재, 상징적 기능의 주체, 자기 이야기의 주체, 자신을 알리려는 주체, 질문에 응답하려는 주체를 신뢰하기 때문이다. 이러한 무언의 질문은 아주 어리거나 의식을 갖는 시기가 지난 후 억압으로 변한 존재의 경우처럼 의식되지 않았을 수 있다. 이런 경우에 어떤 흔적이 억압 과정에서 남게 된다. 은폐 기억, 반복적인 꿈의 요소, 공포나 강박적 증상도 남는다. 이런 흔적은 또한 어떤 체형, 신체적 증상, 게다가 알레르기일 수 있다. 그것은 신체 언어의 장애이며, 신체 언어는 상상이나 몸짓의 언어, 또는 구두의 언어로 대체된다. 정신분석가라는 주의 깊고 참을성 있으며 수용력이 있는 증인은 자신의 일로 해독해야 하는 특수한 경우의 언어로서 항상 해석된, 이해할 수 없고 정신착란적인 언어 또는 무언증(無言症)의 의미가 있다고 가정한다. 또한 그는 몸짓이나 부동 상태에 어떤

---

2) 흔히들 분석가는 '떠도는' 주의력을 갖는다고 한다. 이 말을 이해할 필요가 있다. 그것은 혹자가 생각하듯이 방심한 주의력이 아니다. 그것은 모든 의미 있는 흔적들을 수용할 수 있는 청취이며, 가능한 한 장애물이 없이 타자와 대면하는 것이다. 정신분석가의 교육은 그런 면모를 갖추는 것이다.

의미, 이런 주체를 알려주고 정신질환자의 모습 아래 숨겨진 채 바로 거기에 현존하는 의미가 있다고 가정한다. 정신분석가는 침묵하고 횡설수설하며 자신의 존재나 타인의 존재, 그리고 유용한 만남의 경험을 수동적으로 무관심하거나 능동적으로 부정하는 자를 현재화하는 일종의 상징적 기능의 매개자이다. 정신분석가에게 각각의 타자는 그의 행동이 어떠하든 인간 종의 완전한 권리를 가진 대표자이며, 그에게 있어 '정신질환자'는 구조화된 서사에서 '정상인'이나 '신경쇠약자'라 불리는 사람들처럼 무의식적 이야기를 상징화하는 대신에 현실화하는 그런 이야기의 주체이다. 정신분석가는 이 이야기를 알지 못한다. 그는 종종 주변 사람들을 통해 그 이야기의 몇 가지 현상학적인 요소들을 알게 되며, 이러한 요소들은 그가 자신의 비통상적인 대화자인 그 타자에 대해 관심을 갖기 위해 필요한 출발점이다.

이 예민한 관찰자 정신분석가는 말이 없을 때에도 자신의 언어, 청취, 참가를 통해 환자 자신은 부인하지만 그를 동류로 인정하면서 여전히 자신의 욕망을 전달하지도 수용하지도 못하는 환자의 상징적 존재를 인정한다. 그런데 그의 욕망은 모든 인간의 욕망처럼 삶이나 죽음의 욕동으로 구성되지만, 정신질환자에게는 다소 죽음의 욕동이 지배적이다. 정신분석가는 전이에서 가능한 한 전적으로 정신질환자가 표현하는 모든 것을 받아들여야 한다. 동시에 그는 죽음의 욕망을 수용하려 노력해야 하고, 그의 참가가 환자에게 불러일으키는 이미 경험한 위험스런 만남과 불안이 잔류하는 그런 욕망의 환상을 해독하려고 시도해야 한다. 그리고 이런 불안은 정신질환자가 아직 완전히 성공하지 못했으나 피하거나 극복하려고 애쓰는 불안이고, 환자가 이런 불안에 사로잡혀 있는 것은 이 불안이 환자에게 역(閾)[3]의 나르시시즘을 지탱하는 유일한 에로스화가 되었기 때문이다.

정신분석가는 자신이 느끼는 것에 대한 통찰력으로 만남에서 자기와 자기 자신, 그리고 동시에 타자와 자기 자신 각각에 대해 인정하도록 중개한다. 또한 그는 각자에서 각자, 각자에서 자기 자신으로 여기에 참석하거나 참석하지 않는 자유를 중개한다. 인간 상호간의 만남에는 분리된 두 개의 몸과 두 개의 자기 자신이 있다. 그것들 각각에는 그들의 분리와 상이한 느낌 너머에 얽혀 있는 몸의 이미지와 발신되고 수신된 다른 효과가 함께 있다. 만남은 참가자들을 마찬가지로, 다시 말해 동일한 순간에 자유롭게 분리된 것으로서 인정할 수 있게 만든다. 그리고 정신분석가 쪽에서는 몸과 몸을 통하지 않고 타자와 언어로 소통하려는 욕망에 최대한 참가한다. 이러한 동시성은 여기서 두 사람에게 공통된 시간과 공간, 그들의 반복된 만남에 할당된 시간과 공간 속에서, 그들의 상이하지만 공존하는 느낌이 그런 사실로 이루어질 수 있는 의사소통을 통해 의미를 되찾는 것을 의미한다. 이러한 의미는 지각했던 것에 대한 증언을 청취하고 수용하고 다시 전하는 사람에 의해 변형된다. 그것은 주의를 기울여 참가하는 사람에 의해 그의 내면에서 야기된 변화하는 참가의 의미이다. 따라서 자신의 진실 속에서 청취되고 기다려진 것을 확인하고, 자신을 들을 수 있는 사람에 대해 변화하는 참가의 의미이다.

정신질환자와 정신분석가의 만남에서 생긴 이런 변화의 언어는 두 참가자에게나 두 사람 중 한 사람에게만 무의식으로 남을 수 있다. 그래서 그 표현은 한쪽이나 다른 한쪽, 또는 두 사람에게 하부 언어일 수 있다. 가변성이 전적으로 유사한 어떤 타자에게 그들의 만남을 명시함으로써 각자에 의해 인정되자 바로 언어의 효과가 생긴다. 의사소통

---

3) 자극에 대하여 반응이 일어나기 시작하는 지점. (역주)

은 부분적으로, **여기 · 지금** 그런 효과로 주어질 수 있고, 만남에 참가하는 순간 타자에 대해 지각하는 능력에 따르는 것처럼, 내용이야 어떻든 어느 한쪽에 존재하는 표현의 통제 수준에 따라서 그렇게 된다. 또한 의사소통은 종이 위에 쓰인 흔적들, 모형 반죽, 공간에서 행한 몸짓――자폐증 언어, 말 이전의 언어――속에서 제시될 수 있으며, 환자나 두 사람에 의해 즉각적으로 해석 가능하거나 불가능한 음소(音素), 말들로 표현될 수 있다. 그것은 구두의 언어와 유사한 효과들 속에서 지연되고 굴절된 부분들이거나 그 언어와 대체된, '듣는 것'과 관련 있는 부분들이다.

정신분석은 상담에 주어진 시간――이 시간은 두 사람의 공동 참여 장소에서 체험된 것인데, 이들 중에 정신분석가는 자신의 참여를 통해 이러한 작업의 결과를 자발적으로 수용하는 상대방을 돕고 싶어한다――동안 **여기 · 지금** 의식적으로 소통된 언어에 숨겨진, 이 무의식적 언어의 연구와 해독을 목표로 삼는다.

그러면 정신분석가가 옹호하고자 하는 이런 작업은 무엇인가? 그것은 거기에 그와 마주하여 참가하고 있는 남자나 여자의 현재의 역동적 진실에 도달하는 것이다. 거기에 도달하기 위한 수단은 정신분석가가 청취하는 환자의 억압된 무의식적 욕동을 현실화하는 분석가의 참가이다.

신경증 환자든 아니든 성인들의 정신분석인 경우에 정신분석의 만남에서, 정신분석가의 주의력은 아마 절대적이지는 않더라도, 특히 발화된 언어의 연상 선을 전달하는 감춰진 진실에 끌리는 경향이 있다. 정신분석가는 피분석자의 담론에 귀를 기울인다. 그는 가장 잘 구성된 이야기를 듣는 것을 회피하는 것이 아니라 특별히 그 '주체'의 진정한 토대인 무의식적 의미를 청취한다. 그리고 자신의 이야기를 통해 자기 정체성을 갖는 주체의 돌이킬 수 없는 진실성보다는 더 흔히 모든 각 개인의 사회적 인물을 나타내는 환자의 의식적 담론이 이 주체를 지닌다. 피분석자가 말하지 않은 공존하는 환상들은 침묵 속에서, 급변하는 사고 속에서, 실언 속에서, 간단히 말해 의식적 담론의 결함 속에서 노출된다. 그것은 욕망의, 현재의, 무의식적 역동성을 드러내는 환상들이다.

　보호자가 사라지지 않으면 그와 육체적으로 분리된 것을 아직 모를 아주 어린아이가 문제될 때, 신체 기능의 반응들과 마주한 정신분석가는 아이가 면담에 참가하는 것보다 어머니의 말을 청취한다. 그는 아이의 출생으로 인해 가정에서, 형제자매들에게서 일어났던 반응들을 이해하고, 이 아이의 수태와 임신 그리고 생활에서 연속되는 감정 세계와 관련하여 어머니가 느낀 것 속에 있는 무의식적 환상들을 이해하려 한다. 또한 어머니의 현재 나르시스적 균형을 만드는 것을 이해하려 하고, 아이의 부모와의 관계 또는 잔류하는 오이디푸스적 환상들에서 아이가 어머니에 대해 갖는 관계뿐만 아니라 사태의 현실에서 기인한 현재의 괴로움과 이러한 어머니의 나르시시즘의 관계를 이해하려고 노력한다. 요컨대 정신분석가는 어머니와의 면담에서 삶의 욕동을 유지하려는 자극들이 될 답변이나 선험적인 태도들보다는 오히려 자기 어머니를 통해 세상과의 관계를 맺은 아이에게 죽음의 욕동들에서 비롯된 격렬함을 불러일으킬 수 있는 모든 것에 대해 진술하게 하려 애쓴다.

　그러나 정신분석가는 마음속으로 완전히 수용적이지만 장차 자율성이 약속된 주체에 대해 현존하는 자신의 욕망 속에서 아이에게 주의를 기울인다. 그래서 그는 리비도의 조발성 단계들에 관한 이론과 임상의 지식을 수단으로 삼아 아직은 말을 못하는 이 주체에게 직접적으로 건넸거나 어머니4)가 아이와 동시에 들을 수 있고 또 들어야만 하는 말들을 통해, 그 아이가 부모에게 불안을 느끼게 하고, 그래서 제삼자인 정신분석가에게 도움을 청하게 했던 이러한 증상들을 통해 표현하는 바를 밝히려고 노력한다. 이처럼 정신분석가는 이 아이에게서 가족과 부모의 리비도 에너지의 간섭에 의존하는 욕망을 지닌 주체를 인정한다. 그는 이런 아이를 신체적이고 동시에 감정적이며, 지각하고 수용하는 의존성 때문에 혼란스런 의사소통을 탐지하는 자가 된 것으로 인정한다.

  적어도 내가 잘 이해했다면, 신생아와 어린아이는 단지 부모의 욕망의 시니피앙이라고 보는 정신분석가들이 있다. 나로서는 부모의 욕망이 언어의 효과로 아이들을 유도한다고 생각하지만, 모든 인간 존재는 기원에서부터, 그리고 수태에서 욕망의 자율적인 원천이라는 생각이 든다. 인간이 이 세상에 살아서 출현하는 것(출생에서)은 그런 출현 속에서, 자신을 원초적 장면의 제삼자인 주체로서, 그리고 그 주체가 유일한 시니피앙인, 부모와 짝을 이룬 생식 욕망을 충족하는 유일한 주체로서 자신을 수용하는 자율적인 욕망의 상징 체계라고 나는 생각한다. 부모가 호적에서 붙였던 이름자를 통해 개성을 갖추고 이름지어진 사람을 부르는 것, 즉 이야기 도중에 주고받은 말들 속에서 삶의 시초부터 항상 지각했던 이름은, 비록 이후에 부모가 단지 어린애의 별명만을 부를지라도, 그가 지각하는 호칭일 수 있다. 정신분석가의 목소리를 통한 이러한 호칭은 그가 부모 혹은 어머니에게서만 무의식적으로 받아들인 불안감과 분리되고자 하는 욕망을 일깨운다. 이

---

  4) 참가하고 있는 경우라면 아버지도 마찬가지이다. 만일 아버지가 참가하지 않는 경우라면 정신분석가는 항상 면담에서 그의 부재와는 상관 없이 그의 의견을 참조하면서 말하는 가운데 그를 참가하게 해야 한다.

욕망은──어머니의 욕망으로서──그러한 호칭이 없다면 완전히 순응함으로써 대응할 수밖에 없는 욕망이며, 그가 어머니에게 단지 그럴 것처럼 보이는 것인 부분 대상, 다시 말해 출생의 중단에 대한 부정에 불과하리라는 소망이다. 아이가 새로운 목소리로 듣는 자기 이름에 대한 호명은, 아이의 증상들을 드러내는 언어를 통해서만 말할 수 있는 어머니의 유일한 말이나, 마찬가지로 표현할 수 없는 아버지의 말의 대표자가 아니라 이러한 음소들의 대표자라는 것을 일깨워 준다. 아버지의 자격으로 자신이 부정하는 욕망의 충족을 인정하지 않는 아버지는 민감한 아이에게서 출생된 자의 위상, 즉 살고자하는 고유한 욕망의 주체를 부인할 수 있다. 내게는 태어난 지 15일이 지났으나 식욕 부진에 걸린 한 아기가 생각난다. 걱정하던 소아과 의사가 정신분석가에게 보냈던 그 아기는 불안해하는 어머니의 팔에 안겨 있었다. 나는 몸에 기대어 웅크려 있는 아기를 팔에 안은 어머니와 함께 방금 전에 말했던 그런 유형의 대화를 나누었다. 매번 어머니들과 의미 있는 이야기를 나눌 때마다 나는 아무런 지각도 없는 것처럼 보이는 아기의 인격체에 대해 말한다. 그 어머니는 이렇게 말한다. "선생님은 정말로 아기가 말하는 걸 알아듣는다고 생각하십니까?" 그래서 전에 그랬던 것처럼, 아기를 위해 어머니의 말을 또박또박 끊어서 말하고 아기의 이름을 부르면서, 나는 말한다. "네 어머니는 네가 이해 못한다고 생각하는구나. 내가 하는 말을 이해한다면 내 쪽으로 고개를 돌리렴. 네가 듣고 있다는 걸 네 어머니도 이해하게 말이야." 이 순간 아기가 상담을 시작할 때부터 어머니 품에 파묻혀 있던 자세에서 벗어나 나를 향해 고개를 돌리자, 어머니는 눈이 휘둥그레졌다.

정신분석을 통해 인간 존재가 언어 존재로서 세 가지 욕망, 즉 아버지, 어머니, 그리고 자신의 욕망의 상징적 화신이라는 사실을 이해한 사람들은 그러한 사실에 놀라지 않을 것이다. 자신의 고유한 욕망을 가진 주체에 대해서 믿음을 갖지 않은 사람은 아동 정신분석가가 될 수 없을 것이다. 아기를 단지 영양 소화관으로만 생각하고, 아직 인간의 충분한 상징적 의미 작용을 갖지 못할 것이라고 믿는 이들에게는 실례가 되겠지만, 아기의 숨 쉬는 살덩이는 그 사실을 증명해 준다. 다시 말해 그런 사람들은 타인에게 아직 말을 하지 못하는 아기의 생존 자체가 자신의 말의 표현이고, 임신하는 순간에 무의식적으로 살덩이가 되어 버린 '욕망하다'는 동사의 시니피앙이라는 사실을 믿지 않는 이들이다. 또한 그들은 성장과 이런 살덩이에 예정된 죽음이 그 자체로는 파악될 수 없는 에너지의 상징들이라는 사실을 믿지 않는다. 이러한 에너지는 연속된 의미, 즉 인간의 삶도 죽음도 충분히 표시하지 못하는 의미의 창조적이고 적합한 만남이라는 중개를 통해 그 충족을 찾는다. 우리에게서 솟아나서 우리를 감싸는 이러한 에너지, 우리 살덩이의 예지(銳智), 우리의 행동·몸짓·말의 예지는 이런 관점에서 단지 지각할 수 있고 실체적이나 미세한 두께이며, 우리가 표명하지만 우리에게 속하지 않는 '존재하다'는 동사의 두께일 뿐이다. 우리는 이것을 우리의 부름과 응답을 통해서, 그리고 모든 인간 종들에게서 다르게 나타났다 하더라도 유일하게 닮은 무기력 속에 있다는 것을 서로 아는 동료들 사이의 덧없는 만남을 통해서 표시한다. 욕망의 미묘한 배음(倍音)인 사랑의 동요는 우리를 존재의 근원으로 돌아가게 한다. 그러나 애석하게도 우리가 지각하는 존재는, 비록 그 존재가 공간 속에서와 마찬가지로 시간 속에서 자신을 앞지르고, 자신보다 앞서 존재하고 더 오래 살아남는 말들에 속한다 하더라도, 항상 죽음을 면할 수 없는 살덩이에 속한다. 모든 말은 몸 이미지의 무의식적인 행렬을 통해서 지각에 대한 기억을 다시 통과함으로써만 우리에게 의미를 가져다줄 수 있다. 몸의 이미지는 산다는 경험이 훼손하고 소진하고 망가뜨렸던 이러한 살덩이로 된 몸의 상징이다. 그러나 이런 이야기가 시들해짐에 따라 느꼈던 고통이나 즐거움에는 우리의 동료들과 만나는 동안에 듣고 주고받았던 말들이 수반되었다. 만일 이런 말들이 우리의 감정과 동일한 감정을 포함하고 있다면, 이런 말들은 육체적인 참여와는 독립적으로 우리를 타인에게 참여하도록 하고, 타자가 부재할 때 우리를 참여한 타자가 되게 만드는 힘을 갖는 순수한 시니피앙들의 의미를 가졌다. 우리는 개인적인 주체에 대한 우리의 느낌을 이러한 말들과 결합시키는 것을 좋아한다. 그래서 이런 말들의 의미는 상실된 느낌에 연결된 무의식적인 이미지를 불러일으킨다. 이런 말들은 나르시시즘의 매체이다. 언어 덕택에 타인과의 접촉에서 정동의 흐름에 따라 구조화된 인간 존재는 언어에서 짜여진 정동의 코드를 따라 표현할 수 있게 된 욕동들을 공감하게 만든다. 우리가 고통과 기쁨의 고독, 시간과 공간 속에서 타인들과 헤어지는 시련, 죽음의 이별을 견디는 것은 타자와 일치된 인간의 정신 현상을 의미하는 이런 말들을 통해서이다. 그런데 죽음은 유일하게 우리가 이것에 대해 갖는 확실성과 예상으로 인해 우리 존재의 현실을 믿게 만들고, 우리는 언어가 없다면 덧없는 육체의 노쇠한 외양을 통해서만 존재의 개념을 갖게 될 것이다.

정신분석가가 순조롭지 못하게 살아가는 어린아이들을 만나고 그들의 진실을 찾아서 그들과 함께할 때, 그는 교육자도 교사도 아니며, 하물며 재교육자나 의사도 아니다. 그의 역할은 성인들과 함께하는 정신분석가의 작업 속에서 하는 것과 동일하다. 정신분석을 받은 환자의 생리학적 나이만 다를 뿐이다. 순조롭지 못하게 살아가는 아이들은 그들의 금지된 몸이나 운동 기능 안에 조직되지 못한 몸을 통해 말한다.

그들은 또한 자율 신경의 기능이 규칙적인 리듬이 없거나, 살아가는 불안이나 비탄에 대한 상징적인 표현인 조직되지 못한, 게다가 해체된 사이버네틱스 기능을 나타내는 몸을 통해 말한다. 그들은 진정한 말을 거부하는 언어로 스스로를 표현하는데, 이런 언어 속에서 말은 언어 부재, 다시 말해 의사소통의 부재와 동의어이다. 그것은 발음되는 동안 발음하는 사람에게 아무런 의미가 없는 단어들을 녹음한 일종의 녹음테이프이다. 이런 아이들을 만나게 될 정신분석가는 몸의 언어와 몸짓 언어를 청취해야 한다. 표현력이 풍부한 말을 획득하기에 앞서 몸 이미지들의 언어가 존재한다(그리고 구두와 몸짓 언어의 모방적이고 수동적인 습득 후에도 여전히 지속된다). 이런 언어는 근원적인 나르시시즘, 그리고 욕망과 욕구(거기에 인접한 욕망의 매체로서)와 관련되는 환상 속에 새겨져 있다.

아동 정신분석가와 정신질환자의 정신분석가가 이해하고 분석해야 하는 것은 이러한 **몸 이미지들의 언어**[5]이다. 모든 인간 존재들은 그들이 살아가는 동안 이런 언어를 소유한다. 아동은 자율적인 산책과 거울 속에서 관찰된 자신의 이미지와의 만남에 의해, 신체 도식에 수용되기 전에 그런 언어에만 사로잡힌다. 그리고 이런 만남은 주변 동료들과의 뚜렷한 동일시로 유도할 것이고, 아이가 보게 하는 것에 대한 발견으로부터 어른들의 언어에 대한 모방을 통해 흉내내는 몸짓 언어와 구술되고 음소로 이루어진, 이어서 문법적인 언어로 유도할 것이다. 한 주체에게 모든 만남의 근본적인 시니피앙인 몸 이미지들의 언어는 신체 도식의 감각 요소들을 동반하고, 아이가 말할 줄 알게 될 때부터 동물과 사람들과의 만남에서 구두 언어의 음소들을 동반한다. 무

---

5) 아래 참조.

의식적인 방식으로 모든 시니피앙, 그리고 특히 항상 분리된 몸을 넘어서 있는 말들과 공명을 일으키는 것은 이러한 몸 이미지들의 언어(나르시스적인)이다. 이런 언어는 역시 신체 도식에서 무의식적으로 몸짓을 통해 말없이 표현될 수 있다.

아이들은 청각적일 뿐만 아니라 지적인 주의력과 총체적인 청취력에서 어른들보다 우월하다. 어른들의 주의력의 범위는 일반적으로 아동기가 지난 후 자기의 의식적인 풍부한 표현력에서, 그리고 타인의 풍부한 표현력 앞에서 오염으로 인해 감수성에서 축소된다. 형식 언어의 틀——아이들 주변의 관습적인 규범 속에 들어가는 것을 의미한다——속에 아직 흘러 들어가지 않은 아이들의 예민한 감수성과 표현의 풍부함은 대부분 어른들의 청취력과 주의력을 벗어난다. 예를 들면 아이들은 자신들이 듣는 모든 것에 대한 소리를 지각하고 재생한다. 그런데 어른들은 그럴 수 없다.

지식은 직접적인 존재에서 멀어지게 한다. 어른들은 아동의 신체적인 무기력과 신경의 불완전함으로 인해 아동의 행위에 분별력이 없다고 생각한다. 그러나 그것은 잘못이다. 아이 상태인 인간 존재(infans는 말을 못하는 자를 의미한다)에게서 주체는 아이가 어른 상태에서 갖게 될 분별력과 같은 섬세한 분별력을 갖는다. 단지 아이는 그것을 보여줄 수 없을 뿐이다. 어른에게서 의식적·무의식적인 몸짓 그 자체는 거의 전부가 사회 환경이나 교육을 받았던 지방의 특유한 것이다. 이것은 그들의 몸짓과 제스처에서 이른바 적응된 어른들이 모든 리비도의 표현 수준에서 상징적인 거세를 받았다는 것을 의미한다. 달리 말하면 그것들은 억제 효과로 인간의 신체 도식의 부분적인 동원이 내포하는 표현력이 풍부한 수많은 신호의 수단들에 대한 불수용을 통해 표시되었다. 이런 억제 효과는 생존을 계속해서 의존하는 가족 집단의 응집 요소를 생기게 하는 풍부한 표현력의 코드를 지니고 성장하는 동안에 인간 존재의 가치 있는 귀속을 확인한다. 가족 가운데서 성장하는 인간은 그 자신과 세계를 가족을 통해 안다. 그는 그에게 가장 가까운 주체들의 욕망과 욕구의 수동적이거나 능동적인 언어 요소가 되는 것이 필요하다. 그리고 그 윤리학은 실제로 권력의 보유자의 역할을 하는 이들의 상호 작용과 영향에 의해 수정된, 각각의 욕동 콤플렉스의 무의식적인 산물이다.

어른들은 항상 다소 예속되고, 다소 제한되어 있다. 그래서 그들은 항상 근본적으로 감수성이 예민하고 표현이 풍부한 그들의 진실에서 다소 소외되어 있다고 말해야 한다. 우리는 얼마나 자주 어른들이 아이에 대해 "어리석은 말을 하거나 바보 같은 짓밖에 하지 않아"(다시 말해 어른 자신에게는 아무런 의미도 없는 것들)라고 말하는 것을 들어왔는가! 반면에 아이는 자신의 욕망(무의식적인)으로 인해 생기를 띠고, 사회적으로 책임 있는 어떤 요소와 동일시하는 것에 아직은 전적으로 참여하지 않은(오이디푸스기 이전에) 채, 모든 행동과 말을 통해 적절히 좋은 말을 하고 진실하게 행동한다. 그는 오이디푸스적 거세에 대한 불안의 과거-불꽃(자녀의 생식 욕망의 타오르는 불꽃은 거기에서 무기력하게 소진된다)이 생식 리비도에서 근친상간 금지에 연결될 법의 통합에 의해서만 그렇게 될 것이다. 예를 들면 우리는 어른들에게는 어린 시절에 사람의 목청에서 낼 수 있는 갖은 음소들을 발음할 가능성이 더 이상 없다는 것을 안다. 그들의 청각의 이미지와 결합된 후각의 이미지는 집단과의 언어 교환 속에서 유효한 것으로 인정받지 못했던 소리들을 발산하지 못하고, 종종 듣지도 못하게 된다. 그런데 이런 언어 교환은 모어의 음소들을 통해, 처음에는 어머니에 의해 드러나고 이어서 가족에 의해 잘 나타난다. 근친상간에 대해서도 마찬가지이다. 의식적인 성인은 자녀의 생식 욕망을 충족할 수 없다.

따라서 모든 인간 존재들은 넓은 뜻으로 보면 언어의 적응으로 인해, 진실로 느낌을 표현하지 않는 데 사로잡혀 있던 습관으로 인해 그들이 다소 철 이르게 억압했던 자신들의 느낌에 비추어 보아, 무의식적으로 배반자들이다. 그래서 느낌은 소통할 아무런 수단도 없이 고립된 채로 남아 있을 수 있다. 음악은 언어와는 다른 청각의 영역에서 육체와 감정의 긴장을 설명할 수 있는 하나의 수단이다. 그래서 음악은 구순성과 관련된 일종의 욕동과 정동의 '승화'이다. 음악은 이런 욕동과 정동들을 표현이 풍부하게 편성함으로써 구어가 억압했던 리듬과 억양이라는 주파수를 이용한다. 춤은 표현이 풍부하고, 행동과 언어를 표현하는 자세와 율동을 통해 예절로 인해 관습적인 표현의 몸짓에서 억압해야 했던 것을 나타낼 수 있게 한다. 춤은 항문성과 관련된 승화이다. 욕동과 정동은 모두 '승화될' 수 있다.

모든 예술가는 자신의 예술이 작용하고, 창조적인 상상력이 자기 시대에는 표현될 수 없었던 억압된 것을 해방시켜 주는 언어 영역이 어떤 것이든, 금지되거나 억압된 표현의 중개자들이다. 그는 또한 유일한 시원적인 체험에서가 아니라 실제적 체험에서 인간 상호간의 유일한 일상어와 더불어 달리 표현할 수 있도록 허용한다. 그의 예술은 원초적인 리비도 구조의 특유한 것이다. 그래서 종종 예술가들을 큰아이들로 평가하는데, 이것은 잘못이다. 왜냐하면 완성된 생식의 신체 도식에 연결된 생물학적인 토대에서 흘러나온 어른의 리비도 욕동은 과거에 그랬던 아이의 욕동과는 근본적으로 다르기 때문이다. 근친상간 금지의 통합으로 극복된 오이디푸스적 거세의 불안은 창조적이고 사회적인 권능을, 진실성과 환원 불가능한 독창성 속에서 한 주체가 표현하는 예술적인 선택에 부여한다.

생식 오이디푸스적 거세의 시련으로 자신의 느낌과 행동에 반응하여 부모의 말과 자신의 말의 일치를 체험하는 가운데서 완전하게 인격을 부여받지 못한 어른들이나, 실질적으로 어른들에게서 온 유혹적인 외상이 어린 시절에 욕망으로부터 왜곡되었고 부분적으로 생식기 이전의 성욕의 흐름에서 불구가 되어 버린 어른들은 그들의 몸짓 언어와 구어 그리고 신체 언어에서조차 투명하게 드러나는 어떤 구조적인 무기력을 지니는데, 이것은 그들을 일시적인 부적응자나 결정적인 적응 불능자로 만든다.

정신 신체장애자, 정신질환자, 신경증 환자들 모두는 확실히 정신분석을 받을 수 있고, 그때까지 의사소통과 창조력에 사용할 수 없는 리비도를 되찾을——그들 이야기의 뚜렷한 시련이 정신분석가와의 관계 속에서 다시 체험되는 전이 덕택에——수 있다. 정신분석 작업 중에 그들의 불안에서 풀려난 욕망의 진실이 다시 나타난다. 정신분석가와의 의사소통 속에서 다시 현실화된 욕동들의 동원은 환자를 그러한 욕동의 증인이 되도록 한다. 정신분석가라는 인격과의 만남을 통한 말하기는 그들에게 인간의 가치를 부여한다. 언어를 통한 그들의 표현은 욕망의 상상 세계와 현실의 거세에 대처하도록 한다. 정신분석된 전이는 주체에게 세상과의 관계 속에서 자신의 욕망을 인정하고 상징적 기능에 자신의 욕동들을 통합하도록 허용한다.

우리는 종종 정신분석 작업이 위험할 수 있고, 커플들을 갈라 놓거나 예술가들을 황폐화시킨다고 말하는 것을 듣는다. 자, 그럼 진실에 접근하는 것이 그들에게 이전의 선택에 대한 의미 상실로 이른다면, 그것은 이런 주체들의 참여가 단지 신경증적인 참여에 불과했다는 것이고, 전문적인 예술가들에게는 그들의 창조력이 진실하지 못했다는 것이다. 그들이 구성했던 것은 정신분석 작업에서, 주변 사람들이 사회에서 보아 왔던 것, 즉 그들이 자신들의 욕망과 동시에 책임 있는 창조적 현실 속에 동화하는 것을 수용했던 증거라기보다는 오히려 의사소통의 회피이고, 사회적인 책임의 회피라는 사실을 확인해 준다. 진실하고 생기 있는 어떤 사랑도 정신분석 작업으로 분리될 수 없으며, 진정한 예술가의 어떤 의사소통도 정신분석으로 황폐해질 수 없다. 예술가는 계속해서 다른 사람들보다 훨씬 더 많이 지각하므로, 다른 사람들과 의사소통하려는 그의 욕망이 항상 존재하기 때문이다. 인간 존재에게 진실한 것이 있다는 사실은 정신분석 후에 더욱 그럴 것이다. 그러나 사회 생활에서 의사소통에 이르지 못하고, 창조하지 못하는 사람들은 예술이라는 피난처 속에서 자신들을 표현하는 대용 수단들을 찾았던 것이 사실인데, 예술은 그들이 자신들의 역동적인 진실을 되찾았을 때 의미를 상실한다.

정신분석 중에 부부의 관계가 상상적이고 신경증적인 의미를 갖는 것과 다름없다고 확인될 때, 정신분석을 받은 사람에게서 발달되고 세련된 책임감은 그에게 진실을 받아들이고 결혼 관계의 균열을 수용하도록 강요한다. 그러나 이러한 신경증적 결합에서 태어날 수 있는 아이의 출산에서 그의 책임은 아이의 교육에 있어 그의 몫이 더욱 의식적이고 더욱 중요하다. 인간 존재는 자신의 행동과 다른 사람들과의 관계 속에서 보다 큰 책임 때문에 자신의 진실을 되찾게 되는 것은 확실하다. 끝까지 이행되는 정신분석은 진실의 해명 작업이고 타인의 자유에 관한 각성이다. 나는 신경증적인 커플들을 많이 알고 있는데, 두 커플 중에 한 부부에 대한 정신분석은 의사소통이 가능하게 되었다. 사실 그 부부들은 정신분석을 받기 전에는 그들의 성생활에서나 부부 관계에서 아무런 의미가 없었다. 그들은 정신분석을 받기 전에 오랫동안 마음속 깊이 갈라 서 있고, 때때로 적이거나 이방인들이며, 때로는 (과잉보상 작용으로) 권태나 피해 속에서 서로가 퇴행적으로 의존하게 된다. 이것은 실망이 없는 건 아니라도 적어도 갈등이 없이 공식적으로 수용된 결별이 그러하듯, 잘못 결혼한 부모들의 영향 아래서 교육받은 아이들이 자율성으로 나아가는 성장과 구조에 훨씬 더 해로운 두 가지 결과이다.

이제 정신질환자의 정신분석에 관한 우리 이야기로 돌아가자. 정신질환자와 대면한 정신분석은 환상의 파편들에 대한 연구에 적용되어야 하고, 때로는 행동과 얼굴 표정이나 몸의 제스처 사이에 나타난 모순점들에서, 구어의 무의식적인 균열들 속에서 그 파편의 흔적들에 적용되어야 한다. 정신분석가의 주의력은 섬세한 관찰을 통해 체물질(體物質)의 파편들 속에서 시원적이거나 위치가 바뀐, 구순과 항문 또는 생식의 에로스화, 다시 말해 성감대, 일관성이 없는 전(全) 인격체에서 자신들의 욕망을 알아볼 수 없다고 말해주거나 외치는 기관들과 기관조직들을 발견해야 한다. 그리고 전 인격체와 관련하여 이러한 에로티즘이 지녔던 혼란스럽고 고립되고 뒤틀려 있는 의미를 발견해야 한다. 이런 식의 지각은 협력적이든 아니든 피분석자가 정신분석가라는 인격체에게 표현하는 순간에 연상의 담론과 더불어, 정신분석의 만남 중에 정신분석가의 참고용으로 시행한 데생이나 모형에서, 지연되고 굴절된 흔적들에 도움을 구한다. 이것은 실제적인 만남에서 항상 자리잡는 것이 아니라 종종 말이 없거나 구두로 하는 상담 가운데 메시지로 존재하는 표현이다.

정신분석가 본연의 정신분석은 자기를 위한 것이 아닌 한, 자기 자신에 대해 그리고 오직 자신의 이야기를 통해서 타자에게 주의를 기울이도록 허용하는 것을 마련했다. 정신분석가에게 있어, 이런 흩어져 있는 파편들, 이런 환상의 흔적들은 피분석자의 측면에서 뿐만 아니라 정신분석가의 측면에서도 만남의 현상을 현실로 나타나게 한다. 그런 현상은 때로 어떤 전 인격체와, 때로는 피분석자가 자신의 과거의 불안을 다시 함께 느끼는 다른 선택된 인격체와 만나는 현상이며, 따라서 그것은 전이의 현상이다. 그러나 피분석자와 정신분석가 사이에 인간의 언어를 인정한다는 의미에서, 피분석자가 감정적으로 느낀 것에 대한, 배출구나 창조적인 것으로서, 무의식적인 의미를 정신분석가가 해독하는 순간에만 진정으로 '만남'이 있다. 그런데 그 의미는 그것을 부여했던 주체에게조차도 전적으로나 부분적으로 감춰져 있다. 정신분석가의 말은 종종 필수적이기도 하고 때로 보조적이기도 하며, 그의 행동은 항상 언어로서의 가치를 갖는다. 그래서 그의 말은 피분석자에게 자신의 의미 있는 말들을 현실에 더욱 잘 드러내기 위해 사용된다.

우리는 이런 해독 작업에서, 지금까지 관찰한 사례에서 도미니크라는 피분석자에게서 이끌어 낸 대부분의 파편들이 잠재적인 욕망의 지연된 언어의 결과로서나, 그런 욕망을 응고시킴으로써 장차 자율적인 남성의 주체가 되려는 욕망을 표현하려는 환상 속에 굴절된 언어의 결과로서 인식될 수 있다는 사실을 관찰한다. 그런데 그런 욕망은 정신분석이 있기 전까지는 인간적으로나 윤리적으로도 인식되지 않았다. 게다가 지연된다는 것은 두 가지 의미에서 이해될 수 있다. 다시 말하면 그것은 어떤 상상된 욕망과 관련되는데, 도미니크가 그것을 체험하고 충족할 수 있을지도 모를 시간과는 다른 시간 속에서, 또는 자신의 몸과는 다른 몸의 환상을 매개로 해서 다른 장소, 다른 곳에서 상상된 욕망이다. 그런데 그 몸은 도미니크가 소외되었거나 다른 곳에서 상상되었던 감각에서나, 청년기 소년의 몸이라는 실제 현실에서와는 달리 상상된 감각 속에서 환상을 품는 몸이다. 또한 환상은 치료하는 동안 내내 유일한 표현 수단이었다. 이것은 아주 어린 시절부터 굳어진 불안과 관련 있는데, 이런 불안은 표현 수단을 찾아야만 하고, 당시에는 상징화할 수 없었다가 이후에 사라져 버렸던 몸의 이미지와 호응한다. 도미니크의 현재의 몸은 더 이상 옛날과 동일한 신원 보증을 해주지 않는다. 그 몸은 인간적으로 분류할 수 없는 에로틱한 지각의 장소이며, 고유한 오이디푸스적 거세 때문에 말하고 느낀 인간 상호간의 만남에서 부모 형제와 더불어 성장하는 동안에 생긴 상징적 교환의 오류이다. 도미니크가 건강한 사람이나 신경증에 걸린 사람이 말하듯이 나라는 인격체와 말하는, 다시 말해 나의 말이나 질문에 대답한 것은 우리의 만남이 끝날 무렵에 불과하다. 치료 동안 내내, 그가 질문하거나 말하는 데 나의 존재도 그 자신도 전혀 또는 거의 문제가 되지 않았다. 그러나 그는 불가사의하게 행동했다. 그는 횡설수설하거나 다른 곳, 다른 장소, 다른 만남, 다른 시간을 말하기도 하고, '선사 시대가 아니길' 바라는 '인물들'에 관해 말하기도 했다. 그런 인물들 속에서 그의 리비도의 한 부분은 알려진 생물들의 특징과는 생소하고, 인종들과도 낯설거나 성이 전도된, 자신이 꾸며 낸 몸들에서 소외되기도 하고 거기에 빌려준 것으로 투사된다. 다시 말해 그는 다른 실제의 몸과 관련되는 자신의 실제 몸에서 나오는 요구에 연결할 수 없는 에로틱한 상황에 처한 것이다.

혼란스럽게 도착적인 공포를 불러일으키는 욕망은, 모든 리비도의 시원적 단계들에 준거를 두고 나의 인격체와 만난 초기에는 분명하게 수용되지 않았는데, 도미니크가 정신병에 진입한 이후부터 만났던 모든 다른 인격체들과 대면하여 반복적으로 느꼈던 욕망과 동일한 종류에 속한다. 그런 증거는 말들이나 판에 박힌 듯한 모형과 데생, 그리고 망상이 지배하는 이야기들이다. 이런 이야기들은 도미니크가 몇 년 전부터 어느 곳에서나 비슷하게 자신을 표현하기도 했고, 내가 처음 두 번의 상담의 증거로 인용했던 것들이다. 망상을 보이는 이런 담론에서, 우리는 그 점을 기억하고 자동차들(욕망의 자율성)이 나뭇잎(말로 표현할 수 없는 뿌리 깊은 불안 속에서 식물과 연관된 몸의 이미지) 속으로 피신하고 위장했던 것을 이해할 수 있었다.

두번째 상담에서는 이미 어떤 변화가 시작되었다. '인물'은 흉부를 삽입함으로써, 몇 년 전부터 항상 지녔던 단 하나의 축 대신에 두 가지 축으로 주조되었다.[6] 도미니크의 특징을 나타내었던 거부된 접촉에서, 나는 치료의 초기에 그를 이해할 수 없었는데, 그의 말을 듣거나 이해하려고 귀를 기울일 수 없었던 것은 아니다. 그래서 우리는 새로운 인물과 판에 박힌 인물 사이에 청취가 다른 것을 보게 된다.

도미니크가 모든 인간 존재를 두려워했다는 사실을 우리가 이해한 것은 정신병 치료가 끝날 무렵——가능하다면, 아마 신경증 치료가 있을지도 모를 때——이다. 그것은 그가 이전에 만났던 인격체들과 접촉에서 얻었던 경험에 따라, 식인과 근친상간의 욕망에서 생겨난 그의 불안을 인정하지 않는 것이었다. 그런데 이런 욕망은 끊임없이 자신의 몸과 어머니의 몸에 속한 자신의 성기의 강요에 의해, 그리고 모든 수준에서 자신의 몸을 통해서, 동시에 자신의 몸속에서 육체적인 소모의 유혹을 느꼈던 당시의 위험으로 인해, 조장되고 지나치게 자극을 받은 욕망이다. 그의 몸은 수컷이나 암컷의 몸이었다면 점점 더 적게 알았을 테지만, 역사 시대의, 선사 시대의, 또는 환각에 사로잡힌, 반역사적이거나 비역사적인 어떤 종을 더 이상 알지도 못했던 몸이다.

---

6) 53쪽과 19쪽 참조.

그러나 치료를 시작할 때, 우리가 알아차려야 했던 것은 도미니크가 두려워했다는 사실이 아니다. 그보다는 오히려 그가 공포 속에서 스스로를 어떻게 느꼈느냐 하는 것이다. 그래서 그 점을 알기 위해, 나는 전이 속에서 그가 나의 존재를 어떻게 느꼈고, 다른 곳의 모든 사람처럼 내가 그에게 마련해 주었을 환상을 당시에 어떻게 대처했던가를 이해하려고 애써야 했다. 점토로 만들고 그려진 재현물들은 이본(異本)들을 통해 중개적인 몸의 환상과 동시에 나와의 만남을 방해하는 이미지와 삽화로 사용되었다.

나의 일에 대한 몇 가지 선언은, 도미니크의 비일상적인 언어에 대한 응답으로, 그와 만날 수 있는 결과를 가져왔다. 군대가 숙영할 때처럼 나팔을 불면서 그가 말했던 순간이 생각나지 않는가. "가끔 전 잠에서 깰 때 나에게 진짜 뭔가가 일어났다고 생각해요." 여기에 난 이렇게 대답했다. "그런데 누가 너를 진짜가 되지 않게 했지?" 그러자 곧바로, "그럼요, 맞아요. 그런데 그걸 어떻게 알죠?" 아이나 정신질환자가 처음에 하는 말들은 신경증에 걸린 어른이 처음 꾸는 꿈과 같다. 연속된 풍부한 의미들로서 그런 말들을 기록해 두고 들을 줄 아는 것은 매우 중요하다. 그것이 바로 내가 나 자신은 그런 의미를 모른다고 그에게 말했던 이유이다. 그러나 그는 그것을 나에게 이해시키게 되었고, 따라서 그가 진짜라고 느꼈던 말들을 내가 그에게 대답하도록 만들었던 것은 받아들여진 나를 통해 나온 본래 그 자신의 표현이었던 것이다. 이것은 내가 귀를 기울였고 그를 이해했다는 증거이다. 그렇다. 그것이 그에게 새로운 청취의 효과, 만남의 효과, 내가 청취하는 침묵이 충분한 의미, 즉 그가 다음처럼 말했던 의미가 있던 효과를 주었다. "시끌벅적, 시끌벅적. 그러다가 갑자기 아주 조용해져요. 파리 날아다니는 소리가 들릴 정도예요. 난 그게 좋아요." 그것은 도미니크가 어릴 때 거처했던 부모의 방에서 아마도 그들의 성교에 대한 기억과 관련됐을 쑥덕이는 소음이 있은 후에 생긴 여러 사람들의 침묵, 다시 말해 젖소들(그의 어머니나 나)에게서 조용함을 제거함으로써 파리들의 불안 가운데서 창조적인 만남의 침묵 효과이다. 또한 그것은 도미니크의 어린 시절의 추억들이 투사되었던 증인, 그리고 나라는 증인, 그 자신과 함께 그의 행동의 청각적 · 시각적인 증인이며, 그런 행동을 통해 도미니크는 자폐적이고 무익한 방식으로 무언의 환상 속에서 되살아난 일종의 항구적인 몸과 몸의 대면을 현실에 드러냈던 것이다.

그러나 이런 만남은 계속해서 나를 매우 위험스런 인격체들 가운데 자리잡도록 했다. 그의 주변 사람들이 나를 훌륭한 사람으로 인정했기 때문에 나는 틀림없이 다른 사람들과 유사하고 그들과 공모하고 있다고 생각했을 것이다. 또한 주변 사람들이 그의 불안에 대해 보였던 질책과 몰이해, 즉 그를 격리자로 만들었던 증후의 체형에 대한 질책과 몰이해에 나도 틀림없이 전염됐다고 생각했을 것이다. 또한 전이도 신뢰와 불신 속에서 네번째 상담 때까지는 매우 양면적이었다.

나의 청취 덕분에 전이 속에서, 응집되고 인접하지만 외부에 있는 그의 주변에 내가 다가갔던 것은 점차로 의미 있는 만남의 효과들 때문이다. 이번에는 나로 인해 그가 응집되고 파편화되지 않게 되었다. 그래서 그는 몸의 대면 없이도 내게서 자신을 비춰 보고, 장차 스스로 자리잡고 참조하며, 자신의 훼손하는 식인의 욕망처럼 투사했던 어떤 욕망(나의 욕망)에 의해 파괴되거나 호선(互選)될 위험 없이 의사소통할(나와 함께) 수 있었던 표현 공간을 헤아려 볼 것이다.

이처럼, 전이 속에서 정신분석가는 형성중인 인격체의, 정신병에 걸린 인격체의 응집력을 지닌 상징이 된다. 동시에 그는 반복적으로 경험한 느낌에서 입증된 기억의 대표자가 되고, 나르시스적 리비도의 조정자가 된다. 이런 과정은 정신분석가가, 비록 의식하고 이해하지는 못한다 하더라도, 항상 피분석자의 표현을 가치 있는 것으로 인정하기 때문에 생겨난다. 이런 현상은 그 자체로 한 인간의 표본[7]과 진실한 만남으로 상징적이다. 인간의 표준과 유사함은 감각-체감(體感)의 구조 상실이라는 분열 결과를 초래하지 않고도, 과거의 나머지 흔적들을 일깨운다. 정신분석가와 접촉하는 주체가 지각한 것에 대한 현실의 가변도(可變度)는 다른 환경, 다른 데서 생겨난 만남 속에서, 그리고 다른 순간, 다른 장소에서, 다른 사람, 다른 생물, 다른 사물들과 더불어, 유사한 느낌이나 다양한 강도를 불러일으킨다. 그러나 이런 만남은, 지금 여기서, 되찾은 상상 세계와 함께 자신의 현실 속에 끌려온 몸이 아니라 여기에 출현한 몸의 역동성을 보증한다. 그런 모든 것은 단지 피분석자의 표현과 정신분석가의 수용에 대한 입증을 중개로 한, 전이 현상 속에서만 가능하다. 정신분석가 자신은 감정적으로도 감각적으로도 환상들로 인해 타격을 받지 않았다. 그래서 피분석자는 그를 동료로 생각한다. 그의 실재는 상담 동안에 피분석자가 표출한 욕동들의 불안이나 격렬함이 어떠하든 동료로 남는다. 이처럼 정신분석가는 행동으로 옮긴 몸과 몸의 대면에서 혼동되는 대신에, 타자가 상징의 영역에서 분리하는 것, 놀이나 모성요법으로 치료하는 몸과 몸의 대면이 있거나 정신분석가와 피분석자 사이에 몸에 대한 장시간의 토론이 없다면 일어날 수도 있는 것과 같은, 상상계의 위치와 역할 속에 평온하게 남아 있는 것으로 간주될 수 있다.

피분석자의 행동, 데생, 모형, 담론에서 굴절되고 지연된 언어를 연

---

7) 자아와 나와의 관계에 관해 참조, 다음 273쪽.

구하기 위해서, 정신분석가는 환상(게다가 환상의 환상[8]), 양파 껍질로 된 가면들, 이것은 그가 자신과의 관계 속에 있고, 가면을 쓴 것으로 인정되지만 그 상태로 남는 것 또한 자유로운 주체를 도와주려 한다면 전적으로 존중해야만 하는 '저항들'이라 말할 수 있겠는데, 이런 것들과 마주한다.

주체가 정신분석가에게서 어떤 표현을 찾았거나 그 표현에 대한 이해를 했을 때, 정신분석가는 만남에 대한 의식적인 효과를 인식하도록 하기 위해 어떤 수단을 사용하는가? 내 생각에 그는 주체가 실제로 체험한 사건들을 상담에서 즉각적으로, 그 자리에서 표명하는 언어적 표출을 이용한다. 그때 그는 그 사건들을 대개 이전에 체험한 역사적 사건과 연관된 것으로 해석하거나, 정신분석가인 그가 피분석자의 이전에 한 말들을 통해서든지 책임 있는 주변 사람, 즉 부모로부터 나온 정보를 통해서든지 알고 있던 어떤 사건에 그 사건들을 연결시킨다. 또한 정신분석가는 피분석자가 참석한 데서 얻은 정보가 아니라면 그 정보의 출처를 밝혀야 한다. 여기서 나는 폐제되고 소외된 주체에 관해 말한다. 마찬가지로 아직 너무 어려서, 그가 감정적으로 연루되어 있었고, 그에게 깊이 영향을 미쳤으며, 그가 하는 말들이——상담중에 데생과 모형에 수반되는 환상처럼——동시에 자신을 위장함으로써, 그 사건들을 통합시키지 못한 채 체험했던 시기의 리비도 스타일을 드러내는, 사건들의 내막을 파악할 수 없었던 주체에 대해 말한다. 따라서 체험된 역사적 사실의 전체와 관련되는 흔적들은 해석이 가능한데, 그것들은 전이 속에서 다시 환기되기 때문이다. 그래서 전이의 분석은 바로 체험된 사실의 참조이다.

---

8) 도미니크 사례에서 자신이 황소라고 꿈꾸는 암소를 참조, 앞 76쪽(네번째 상담).

그것 이외에 정신분석가는 자신의 고유한 이해력, 자신의 정신분석의 경험에서 얻은 이해력, 전생식기에 경험한 쇠약에서 건강한 아이들의 수많은 관찰에서 생긴 이해력을 이용한다. 그런데 전생식기의 시기에 아이들은 방어 수단, 가장(假裝)의 반응, 또는 창조적인, 상징적인, 비정상적인, 과장증의 반응을 통해서거나, 성불능이나 거세의 시련에서 증상이라 불리는 반응을 통해서 자발적으로 대응한다. 모든 반응은 이른바 정상적인 아이들의 경우에 그들의 나르시시즘을 필요한 때에 지탱하고, 모든 인간이 다른 강도로 만나는 외상과 현실의 시련을 대면한 그들의 인격을 구조화하는 데 기여한다.

나에게는 세 살 이하의 아이들을 알거나 이해하지 못한다면 정신질환자를 떠맡는 일은 불가능해 보인다. 많은 어른들의 신체적 장애는 그들의 감정적인, 선택적이거나 그렇지 않은, 내가 의미하는 바는 그들에 의해 에로틱한 것으로 깊이 느껴졌거나 그렇지 않은, 그러나 에로틱한 그들 관계의 장애 속에서, 주체들이 무대인 회귀하는 전생식기의 불안에 있는 고유한 표현 수단의 폐제에서 비롯된다. 나는 긴장을 불러일으키는 사장이나 동료들의 만남, 작업중의 어떤 만남에서 기인된, 또한 구성원 각자가 다른 리비도의 수준에서 성장중에 있는 다양한 연령의 아이들이 함께 사는 가정에서 종종 위태로운 긴장의 조절에서 기인된 정신 신체상의 반응을 생각한다. 그래서 아이들 가운데 몇몇에게는 공동 생활과 관련된 시련이 있다. 그들은 종종 형제 중의 다른 대표자들의 행동으로 인해 심적 구조 속에서 동요되거나 파괴될 정도로 타격을 입는다. 그것은 그들 자신에게 있는 행동 때문이 아니라 가까이나 멀리서 부모 중의 한 사람에게 속한다는 것을 항상 지시했던, 그들 정신의 무의식적 심급과 관련하여, 상상 속에서 그들이 자신들에 대해 표현하는 것으로부터 비롯된다. 아이에게는 그와 관련해서거나 다른 쪽 부모와 관련해서, 경우에 따라서는 부모를 대신한 제2의 부모로서 정식 교섭 상대가 되는 형제와 자매에 의해, 부모 중의 한 사람이 그의 역할을 차지하고 있는 것처럼 보인다. 오이디푸스 콤플렉스가 종결될 때까지 모든 인간 존재 구조의 기반인 오이디푸스 삼각관계는 이처럼 약화되거나 붕괴된다.

아이들이 특별한 개방성이나 과로의 상태에 있다면, 그들은 이런 혼란에서 훨씬 더 상처받기 쉽다. 따라서 그들의 경과된 리비도의 각 단계의 균형에서 중요한 차원은 오염으로 인해 재검토될 수 있다. 예를 들면 10개월에서 20개월 사이에, 그들이 젖을 빠는 동생을 보고 있을 때의 식인 행위의 금지나, 특히 두 살에서 세 살 사이에, 그들이 당시의 이상적 자아의 표본이나, 고의로 발생했거나 싸움중에 생긴 죽음의 표본을 통해 용감하게 말하는 것을 들을 때의 살해의 금지가 있다. 또한 그들의 부모가 아직은 자신의 이상적 자아인데, 가치를 떨어뜨리는 말들이 아이에게 존경받던 사람들로부터 나왔다면, 부모와 관련하여 진짜든 거짓이든 그런 말들을 듣는 것이나, 부모에 대한 모욕적인 일들의 참여에 따른 나르시스적 기반의 구조 상실이 있다. 그것은 오이디푸스 콤플렉스의 시련을 겪지 않았거나 자신의 특유한 불안과 실랑이를 벌이는 아이의 경우이다. 출발의 근거에 이어 문화적 태도, 따라서 자신의 인격체를 구조화하는 상징 기능의 발판이나 받침대로 사용했던 부모와의 접촉에서 얻은 지식은 이처럼 약화되거나 심지어는 파괴될 수 있다.[9]

인간 존재가 성장하는 동안에, 몸의 생리적 발달과 동시에 상상적 경험, 특히 아이가 수용해야 했던 말로 표현되지 않은 감각 기관의 지각에서 비롯된 에로틱한 변화들이 있다. 이러한 경험들이 극복되기 위해서 필요한 상징화는 부분적으로 어른들의 말과 감정적 반응에 의존하고, 바로 이 시기에 아이가 생각하고, 보고, 행동하고, 행동하는 것을 보는 것에서 부여하는 리비도적 표현들의 윤리적 가치에 대한 확인이나 무효화에 의존한다. 어른들의 몸에서 장차 성인이 되는 그 자신의 표본으로서 동일시를 추구하는 일 이외에는 달리 도리가 없는 부모의 인격체는 특히 중요하다. 전이의 관계 속에서 피분석자와 정신분석가 간에 생기는 것처럼 만남의 현상을 통해서, 주체가 되찾는 것은 자신 몸 안에서 그리고 그것을 알려주는 것과는 다른 곳에 위치한 주체로서의 그 자신이다. 즉 전이의 관계 덕분에 그리고 남근, 다시 말해 이론의 여지가 없는 가치와 관련하여 리비도적으로 부여된, 인간 가족 사회의 동일한 집단의 살아 있는 존재들과 공유한 역사성의 프리즘을 통해서이다.

각각의 사례에서, 주체의 구조를 규정하는 데 기여했던 모든 인격체들이 그들의 욕망으로 인해 이 주체에 대한 장애의 원인으로서 자신들의 욕망에 뒤얽혀 있는 것처럼 보이는 것은 이런 이유 때문이다. 불편한 감정과 죄책감은 죄 값을 받아야 하는 것은 아니라도 책임질 만한 것을 추구한다. 정신분석을 알지 못하거나 잘 알지 못하는 대중들 중에는 여전히 유형에 대해 말한다. 그가 그렇게 된 건 그것 때문이다. 그런 부모들과 같이 지내는데 등등. 그런데 정신병이나 신경증 장애의 진정한 원인은 반드시 현실의 사건들도 아니고, 부모의 교육적인 행동

---

9) 이런 상처에서 연속되는 증상들은 항상 불안의 신호인 '변덕' (마이크로-히스테리)에서부터 주변 사람들에게 불안을 불러일으키고, 진료를 받거나 수의사식의 쓸모 없거나 해로운 증상 치료를 받는 신체 기관의 생기를 제거해 버리는 상태로 넘어감으로써 언어, 글쓰기, 취학, 놀이에 무관심한 것에서 다양한 기능 장애에 이르기까지 매우 다양하다. 종종 무의식적 정동의 증상들은 신체 기관의 체질을 약화시키고, 병균에 보다 약한 저항력으로 인해 심각한 신체 기관의 질병을 가져온다. 대부분의 어린 시절은 질병과 마찬가지로 건강을 지배하는 정신 신체상의 시기이다(〈정신분석과 소아과〉를 참조할 것).

이나 이례적이거나 진부한 행동이 아니라 일종의 변증법과 관련 있다. 부모나 교육자 주변 사람들의 개성이 교육에서 존재하지 않는 가짜-정상성과 관련해서 과거에 무효화되었거나 아직도 무효화된 사실, 또는 항상 불분명한 기준들과 관련해서 사회에 적응하지 못했거나 아직도 적응하지 못한 사실이나 그런 개성이 사라져 버렸다는 사실은 그것이 말해질 수 있는 때, 즉 특히 아이가 정신분석중에 있는 순간부터는 중요하지 않거나 거의 중요하지 않다.

그 자신에게 중요한 것은 더 이상 실제적 사건——추억 속에서 되살아나거나 기억 속에 고정된 채로 남아 있는——이 아니다. 그러나 주체는 그가 겪었던 비개성화나 인간 가치의 왜곡으로 오염된 불안에서 살아남았고, 그것을 포기하는 것을 받아들여야 한다. 결국 이런 불안은 자신의 방식으로 자기도취에 빠져 있음으로써, 포기하기가 매우 어렵지만 자기 몸속의 주체가 그것에서 살아남았다는 유일한 사실로부터, 추억이 자신의 개인적 신화에 속하거나 그 증인들이 있게 된다. 그는 덕택에 모든 것이 현실화되는 전이를 통해 그것을 인정해야 하고, 이어서 자신의 과거와 동시에 정신분석가——자기의 작업 동료——를 단념해야만 한다.

말들, 기억된 사건들이나 부모의 행동들 속에서 근친상간, 살해, 식인 행위는 허용된 욕망이고, 아이의 상황에서 기인된 무기력이 조숙함에서 비롯되기 때문에, 단지 충족을 호시탐탐 기다리는 욕망이라고 이해하도록 내버려두는 모든 것, 그 모든 것이 실질적으로 외상의 경험을 형성한다. 아이가 자기 부모의 실제적인 시련을 모르는 가운데서 간직했고, 성적·정치적으로 무지한 신분에서 그들에 의해 유지됐던 보호된 교육은 또한 외상을 가져다주는 교육인데, 왜냐하면 상상 세계와 현실 사이의 말들을 통한 경계의 설정이 없기 때문이다. 그러나 성장중에 돌발한 이러한 외상적 경험은 주체의 나르시시즘의 구성과 병존하고, 이러한 사실로부터 세상에 속한 그의 존재에 내밀하게 연결되어 있다. 이것이 '의식화'라 불리는 지적인 조명이 무의식의 역동성을 충분히 해방시킬 수 없는 이유이다. 먼저 주체와 정신분석가 사이에 나르시시즘의 관계가 수립되어야 한다. 다음으로 분석 작업, 연상 작용의 전개, 꿈의 연구를 통해서 피분석자는 정신분석가와의 관계에서 시원적 감정의 상태를 다시 체험해야 하고, 자신의 상상 세계를 현실과 대면시켜야 한다. 이런 고통스럽고 때로 충격적인 대면은 정신분석가와의 관계를 통해 견딜 수 있는 시련이며, 상실된 상징적 질서의 회복도 이런 시련에 달려 있다. 보호된 교육을 따라 이처럼 일찍 외상을 받은 주체의 모든 만남은 조만간에 전이 관계에서 나타난 욕망을 불러일으킨다. 이런 욕망은 충족을 향한 목적에서는 윤리적으로 가치 있는 것으로 나타나지만, 욕망 충족이 이제 현실에서 수반할 비창조력과 인간성 상실에 의해, 자신의 인간 이미지들이 정신분석의 관계에서와는 다른 곳에 나타난다면 그것들을 파괴할 것이다. 그런데 자신의 인간 이미지는 사회에서 건강한 나르시시즘의 통상적이고도 필수적인 매체이다. 더구나 주체 그 자신에게 전체적으로나 부분적인 몸의 이미지의 붕괴는 죽음 욕동의 출현이다. 또한 이런 출현을 피하기 위해 주체는 자신의 고유한 몸과 관련된 것과는 다른, 또는 자신의 현실에서 생식적으로 성을 가진 자신의 몸과 관련된 것과는 다른, 더구나 그에게 정신착란을 일으키게 할 수 있는 것인 인간과는 다른 자기의 환상 속에 나르시시즘을 새겨넣기를 선호한다. 그는 또한 다른 인간 존재에게, 사실상 전이 덕택에 시간과 공간 속에 현실화된 주체 자신이거나, 현재 또는 어린 시절에 실재의 그를 위한 인물이거나, 상징적인 또는 유령 같거나 마술적이기도 한 인물을 재현하는 것처럼 보이는 정신분석가에게 자신의 죽음 욕동을 맡기는 것을 더 좋아한다.

이런 이유로, 정신병의 경우에 해당하는, 죽음 욕동의 긴장 상태에 있는 주체의 만남은 정신분석가가 환상 없이, 다시 말해 그 자신에 대한 나르시스적 가치 없이 수용해야 하는 현실이다. 이를 위해 외상을 입고 정신병에 걸린 이런 주체들은 삶이나 죽음의 무의식적 욕동들이 전이 속에서 상징화될 수 없다면, 제어할 수 없을지도 모를 그런 욕동들의 모든 반향으로부터 침투된 만남에서 인간으로 오래 지속되려는 그들의 위험한 내기나 위험한 선택을 추구할 수 있다.

정신질환자에게서 삶 욕동은 죽음 욕동의 불안을 솟아나게 한다. 이런 불안은 자기 몸을 압박하고 방어 기제를 마비시키며, 모든 역동성을 파괴할 수도 있다. 그래서 삶 욕동과 뒤얽혀 있지 않은 죽음 욕동이 솟아나고, 그 덕택에 불안은 사라진다. 그러나 죽음 욕동이 상징화가 불가능하기 때문에, 이런 죽음 욕동의 우세는 윤리를 파기한다.

신경증 환자에게는 초자아가 금지하는 욕망과 관계 있는 성감대의 거세 불안 이외는 없다. 이런 불안은 항상 자기 몸에 대한 삶의 확인이다. 그리고 그런 이미지는 거세 불안 덕택에 잘 보존되어 있고, 어른에게는 자신의 가치를 부여하는 생식 욕망에서 결코 분리될 수 없다. 따라서 나르시시즘은 불안 때문에 윤리적으로 과도한 가치가 부여되어 있고, 그 불안은 주체에게 자기 몸에서 분리할 수 없는 그를 자신의 말과 행동에 책임질 수 있고, 이성을 지닌 존재로서 명시하는 인간의 얼굴을 확인해 준다. 사실상 그나 그 여자가 오이디푸스기에 이어 다시 사춘기에 존중된 권위(아버지나 대리인)에 의해 그들을 인간 사회에 통합시키는 말의 법을 감수했던 시련은 바로 불안이다.

리비도 욕동의 폐제가 구현된 정신착란과 비정상으로 인해 상징화되었을 때, 전이가 중개하는 특별한 인간 상호간의 만남에서 내가 정신질환자의 치료를 통해 얻었던 정신분석 경험은 이와 같다. 사실상 증상들은 기만적이고 왜곡된 언어나 부재하는 언어에 교육의 요청으로 현실로 나타났던, 이상적 자아에 의한 자아 이상과 주체의 진화 또는 구조화 과정에서 어떤 핵심적인 리비도의 시기에 나타난 정보의 상징적 효과들이다. 주체의 경험된 신체 도식의 매 순간에, 현재의 시공간에 맞추어, 남성이나 여성의 신체 도식의 방향에서 생식적으로 진로가 결정된 윤리에 의해 보호받지 못하고 확인되지 못한 자아 이상은, 그를 말의 중심에서 벗어나게 하고, 마술을 부린 것처럼 '얼굴[체면]을 잃었던,' 즉 인간 존재의 몸과 말의 상징적 관계의 장소인 얼굴을 잃었던 몸의 이미지의 붕괴와 죽음 충동에 빠뜨린다.

결론적으로, 내가 도미니크와 만나고 작업하는 동안에 이런 모든 성찰들을 행하지 못했던 것은 분명하다. 이번 사례의 도중에 내가 적어두었던 모든 성찰들과 부록에서 언급한 것들은 한마디 한마디 거의 대부분 내가 적어둔 상담들의 재독서에서 나온 것들이다. 그리고 내가 이처럼 기록해 두었던 모형들은 상담이 연속되는 동안에 내가 크로키해 두었던 것이다. 이런 상담들을 상세하게 적어두고서, 나는 나중에 이것들에 대해 깊이 생각해 보았다. 나는 말만큼이나 그림과 조형의 표현물을 통해, 그리고 전이적 의사소통의 조정된 흐름을 통해 도미니크가 표명했던 것에 대한 의미를 숙고해 보았다. 그와의 만남에 온통 시선을 집중하고 귀를 기울이고 전적으로 참석했던 나는, 나라는 그의 정신분석가를 통해 그와 의사소통했던 그의 진실의 공명 장치였다고 느꼈다. 내가 즉석에서 그 의미를 이해했다고 한다면 그건 사실이 아니다. 나는 청취했고 기록했으며, '이드'가 내 속에서 저절로 반응했다. 내가 이해한다고 믿었을 때 나는 내가 이해했던 바에 따라 말했다. 나는 그것을 나중에 더 잘 이해했던 것이다. 물론, 어떤 방식으로. 그것이 어떠하든 우리가 본 바와 같이, 그것은 참여했던 두 사람의 작업이다. 그런데 나는 내가 제공한 증거를 통해 이런 작업이 여럿의 작업, 그리고 많은 사람들의 작업이 되기를 바란다.

도미니크와 나는 의사소통을 하게 되었던 두 세계의 대표자들이다. 우리 두 사람 다 언어를 부여받았는데, 나는 대부분의 언어에 보다 잘 적응했고, 그는 덜 적응했다. 그리고 그가 나를 불신하는 것보다 내가 그를 덜 불신했다. 옳든 그르든 정신질환자라 불리는 그의 **체형**이 그에게 인간의 창조적 소명을 달성하는 것을 방해했다고 생각하면서, 나는 내가 이해한 대로 그를 거기에 이르게 하려고 애썼다. 독자는 여기서 이런 상징적 관계의 증거가 기록된 것을 발견한다. 그것은 또한 나의 욕망이 기여하고픈 우리 시대의 정신분석 탐구의 한 순간을 정착시키는 것이다.

부록:

오이디푸스와 관련된
성의 발달 과정에서
개인 심리 심급의 프로이트
이론에 관한 해명.
신경증과 정신병

언어 활동을 시작하는 아이는 자신을 3인칭으로 말한다. 아버지, 어머니, 아이라는 트리오의 3인칭이다. 아이가 '나'를 말할 때, 그것은 항상 '나(나의 엄마)' 혹은 '나(나의 아빠)'를 의미한다.

각자의 존재 개념은 몸을 지니고 있는 자기 자신과 연결되어 있는 동시에 타인들과 관계를 맺고 있는 또 다른 자아와 관련된다.

프로이트의 정신분석에서는 욕망이 초점을 맞추는 리비도, 다시 말해 이드에서 유래한 역동적인 프시케의 심급들로서 자아——이상적 자아——와 초자아, 그리고 자아 이상에 대해 말한다. 이러한 심급들 사이에서 무의식의 에너지 구조는 형성된다.

나는 여기서 이러한 심급들에 부여하는 실질적 의미를 밝히고자 한다. 우리는 그런 의미를 통해 이 심급들이 아이의 발달 과정중에 보여주는 역동적인 역할을 이해하게 되고, 인간 존재의 상징적 구조의 형성을 지켜볼 수 있으며, 또한 그 병적인 구조 상실을 이해할 수 있게 된다.

자아

욕망의 주체는 자율적이고 의식적인 존재 개념에서 차츰 생겨난다.

그 주체는 인칭 대명사 '나'와 함께 의식적으로만 나타난다. '나'는 언어 활동에서 '너' '그' '그녀' 이후에 뒤늦게 나타나며, 항상 자아를 표현하는 몸과 마찬가지로 자아의 프리즘을 통해 이드 속에서 나온 주체를 의미한다.

그러나 '무의식적인 나'는 언어 활동보다 먼저 존재하는 것 같으며, 부모의 무의식적인 나와 토론중인 태아의 형성 심급으로 간주되어야만 한다. 꿈 없는 잠 속에 현존하는 이 '무의식적인 나'는 살아가고 성장하며 창조적 행위를 수행하고, 죽어야 하는 인간 종의 전형인 몸이라는 자아와 자아 그 자체의 보호적이고 방어적인 삶의 욕동을 소진한 후 죽고자 하는 욕망의 주체이다. 이 자아는 다른 한편으로 이드에서 발생하는 욕동을 항상 따름과 동시에 이름과 공존하게 된 나를 나타낸다.

이름에 붙은 성은 주체의 유전성과 공존하고 오이디푸스적 자아의 구조와 분리될 수 없다. 그것은 그 음소를 통해 주체가 부모, 조상, 방계 혈족, 자손들과의 근친상간적 욕망을 금지시키는 법칙을 따르도록 한다. 몸을 통해 주체와 혈통을 연결하는 이 이름은 또한 아들이나 딸의 관점에서 젊었을 때 부모의 보호적 책임을 정당화하고, 부모의 관점에서 늙었을 때 자식의 책임을 정당화한다. 주체는 당연히 태어났을 때 이성이 의미하는 법칙이 아니라 그들 부부의 자아(들)의 나르시즘적 연장이다. 그래서 성은 자녀들이 부모와 대면시킨 부모의 오이디푸스와 주체의 존재를 언어적으로, 무의식적으로(의식적으로 되기 전에) 연결한다. 주체에 부여한 성을 통해 그들은 언어 활동에 포함된 순결한 사랑 법칙을 주체의 욕망이 언어 활동에 대립하기 전에 공표한다.

이름이 죽음 너머에 있는 주체의 상징인 반면에, 성은 서로서로와 관련해서 탄생된 자녀들의 욕망에 대한 거세의 상징이다. 근친상간적 욕망의 금지는 모든 인간이 또한 자신과 타인에 있어 혈통의 대표적 대상이 되는, 육체와 분리될 수 없는 주체의 혈통을 의미한다.

이상적 자아

이상적 자아는 프시케의 또 다른 무의식적 심급이다. 그것은 **항상 살아 있는 존재, 주체가 유사물을 열망하는 대상으로 표현된다.** 그것은 마치 그 살아 있는 존재가 자신의 욕망 속에서 일어나기를 바랐던 주체의 앞선 단계를 실현하는 것 같다. 이상적 자아는 항상 이해할 수 있는 현실 속에서 발견된다. 이상적 자아는 주체에 있어 유혹자이고, 욕동들을 조직하는 지원자이다. 그것을 대표하는 인간은 상징적 남근 가치, 다시 말해 주체의 리비도에 있어 절대적 가치를 지닌다. 이상적 자아가 현실로 나타나는 육체는 본래 주체에 있어 성의 차이를 발견하기 이전에 같은 성을 지닌 유사물이다. 그래서 유아기의 이상적 자아는 아이에게 있어 아버지와 어머니 두 성일 수 있다. 그리고 주변 사람들이 그에게 부여하고 아이가 전염되어 그에게 부여하는 가치로 인해서, 아이에게 가치 있는 것처럼 보이는 인간의 또 다른 대표자일 수 있다. 이상적 자아는 주체에게 동질성에 있어 자신의 몸과 유사한, 그러나 실제보다 더 가치 있는 몸속에서 완벽함·편안함·힘의 상태를 나타낸다.

이상적 자아는 결국 하나의 이미지, 주체의 **나르시스화하는 이미지**이다. 이런 주체는 처음에는 전적으로 무력하고 전적으로 의존적인 몸속에서 자신의 종에 부합하는 '패턴,' 즉 모든 것이 우리에게 주체가 이런 종에 대한 예감을 가졌다는 사실을 증명해 주는 패턴에 따라 성장한다. 성장하고 완결된 그 자신의 이미지는 생물학적이고 감정적인 측면에서 그것을 명명한다. 그는 우선 보호하는 성인들의 형태로 그것을 상상하고, 그다음 누군가의 형태로 그의 부모와 사회의 주변사람들을 통해 가치 있게 된다. 따라서 이상적 자아는 본보기이다. 그것은 아이의 상상 세계와 현실을 대립시킨다. 현실에서 아이의 상상적 의존은 그를 나르시스에 빠지게 하고, 그가 보게 되는 자신의 이상적 자아에게 행하는 실행들 속에 흘러들도록 아이의 욕동을 자극한다. 이렇게 명명되고 몸속에 자리잡은 주체인 '자아'가 원하는 것은, 이렇게 살아 있는 모델 '**처럼 존재하고**' '처럼 가지고' '처럼 행하고' '처럼 되는' 것이다. 거기에 욕망이 구성하는 몸의 이미지를 통해 실상은 '이드'의 진행중인 구성이라는 '전자아'가 있다. '전자아'의 몸의 이미지들은 걷는 나이까지 유아의 성장 과정에서 진화한다. 우리는 여기서 몸의 이미지들의 구조를 설명하지는 않을 것이다. 단지 그 이미지들이 관찰되는 것은 아니며, 얼굴과 목도 그 일부를 이루지 않고, 훨씬 나중에 거울 속에서 자신을 인식한 이후에야 그 일부를 이루게 된다는 사실만을 언급하기로 하자. 또한 '전자아'의 몸의 이미지들은 변함없이 기본, 기능, 성감대로 3중적이라는 사실도 언급해 두자. 성감대는 이상적 자아에 있어 욕망을 통해 집중되고, 신경의 진화가 약화됨으로써 성적인 만족의 단절과 회복에 의해 매개된다. 이처럼 우리가 두 성에서는 구순, 항문·요도, 이어서 소년에게는 음경·요도, 소녀에게는 출산·질(膣)로 연달아 규정지을 수 있는 욕망은 이상적 자아와의 미묘한 의사소통이 이뤄지는 가운데, 욕구에 원천을 둔 본질적인 의사소통의 은유이다. 각 단계에서 어떤 나르시스적인 몸의 이미지가 구성되고, 시원적인 '전자아'의 이상적 자아를 매개하는 인격체가 아이와의 유일한 관계에 대한 자신의 욕망을 충족시키지 못하는 통상적인 경우에는 이 이미지로부터 이 단계에서 저 단계로 변화하는 무의식적인 윤리가 발생한다. 반대의 경우에 아이의 윤리는 나르시스적으로 시원적인 단계에서 정지된다. 정지되지 않은 성장의 경우에, 아이의 신경생리학적·정신적인 발전은 각 단계의 거세들을 넘어섬으로써 유지된다.

— 탯줄의 차단(그리고 후각·호흡의 확보, 청취, 영양 섭취)

— 젖떼기

— 유동식과 우유 떼기

— 신체 기능의 의존성 탈피

— 혼자 걷기

— 괄약근의 정상 기능

— 완전 자립

각 거세의 통과는 나르시스적 윤리의 변화, 다시 말해 흡혈광(태아 단계)의 터부, 식인 환상(구순기)의 터부, 어머니에의 유착(항문기, 요도기, 시원적인 질(膣)기)의 터부들을 구조화하는 변화로서 획득된다. 이러한 터부들에서 탄생된 은유적 습득은 첫째로 호흡하는 영양을 주는, 그리고 음소적이고 영양을 주는 건강이고, 둘째로 포착하는 손이며, 셋째로 음소들을 받아들이고 유지하며 방출하는 것과 손으로 잡고 유지하며 던지는 것과 같은 이런 동일한 부위들로부터 방사하고 내뱉는 항문화(肛門化)에 이어지는, 지각 출입구들의 구순화이며, 넷째로 어머니와 함께 언어 활동에서 구성하는 모든 것이고, 다섯째로 무엇에나 손을 대고 유희적이고 지적인 재주를 보이는 시기가 시작되면서 혼자서 걷고 돌아다니는 커다란 변화와 함께 나타나는 점진적인 자립화를 선행하는 말과 몸짓의 언어 활동을 통한 모든 학습의 연계이다.

갓난아기와 아동은 어머니를 항상 모방하고자 하는 존재로 느낀다.

그러나 아동은 아직 '나'라고 말할 줄 모른다. '전자아'의 두 살이나 두 살 반까지가 문제이다. 어머니의 특혜 대상인 어머니의 타자는 어머니의 욕망의 대표자 · 기준으로 인정받고, 그 역시 어머니의 욕망에 전염되어 가치를 부여받고 상징적 남근의 대표자가 된다. 아이보다 더 성장한 모든 인간들은 일시적으로 이 이상적 자아의 부차적인 지지자가 될 수 있다. 그러나 그들은 아이에게 있어 공존적 · 지배적인 대상인 어머니의 평가에 종속된다. 그녀가 선호하는 모든 대상은 그에게 있어 강력한 남근적 가치를, 다시 말해 재론할 여지없는 힘의 가치를 지닌다. 형제도 자신의 역할을 갖는다. 아이에게 있어 어머니와 밀접하게 연결된 아버지는——아이는 어머니의 특혜적 욕망으로 다른 가족들과 그를 다르게 느낀다——어머니와 함께 이상적 자아의 역할을 다른 누구보다 더 많이 물려받는다.[1]

1차 거세

두 살 반이나 세 살 무렵에, 성의 차이를 알게 되는 시기의 욕동은 상상 세계와 **현실**의 문제에 직면해야 한다. 그것은 매혹적이지만 자신들의 성기로 인해 절단된 이상한 것으로 지각된 '소녀들'의 존재가 소년에게 보여주는, '위협적인' 것으로 생각되는 **페니스 훼손**의 결과이다. 그리고 그것은 남성 성기의 발견이 소녀들에게 그곳에서 말없는

---

1) 성의 차이를 명료하게 인식하기에 앞서 이 한 쌍의 이상적 자아는 아마도 의사소통 욕망의 시작에서 어떤 역할을 한다. 그때 전달자 · 성인과 혼동된 유아는 이처럼 그를 통해 동시에 활기를 띤 채, 감정 이입을 겪음으로써 또 다른 성인과 동시에 연결된다. 이러한 삼각구도는 아이에게 있어 언어 활동의 모태이고, 그것은 부모의 중심축이 부모에 의해 재현되었든지 아니든지 상징적 기능의 생산성에 필수적이다.

욕망의 명백한 의미, 즉 이런 이상하고 매혹적인 '소년들'이 소유하고 있는 유혹적인 공포('자지'로 이해될 경우)나 경이(생식 욕망을 표현하는 힘으로 이해될 경우)인 페니스와 함께 '받아들여진' 것으로 상상된 훼손의 결과이다. 남성과 여성에게서 성기[2]를 의미하는 페니스의 현존 혹은 부재에 관한 진실에 관련된 물음에 이상적 자아의 대표자가 한 응답은 생식 능력에 있어서 여성과 남성의 상보성과 분리할 수 없는 '운명'의 계시, 다시 말해 확고부동한 자신의 현실에 처해 있는 주체, 소녀 혹은 소년에 있어 욕망의 역동성의 계시를 가져다준다. 세 살 된 아이는 이러한 계시를 넘어서 정복해야 할 성인의 운명에 관한 이상적 자아의 말을 통해서 자립에 이른다. 이 말은 현실과 상상 세계 사이의 조건적 관계를 확립하고, 가능과 불가능의 경계를 정한다. 그리고 처음으로 공간 속에——그것의 자연적 구성은 주체에 있어 자신의 자아의 대표자가 된다——그 자신의 몸을 통해 시간의 현실인 것에 항상적인 것과 결코 아닌 것을 정한다. 자아의 주체는 자신의 언어 활동을 수용하는 행위와 생각 속에서 문법적 나에 음절을 연결한다.

극복된 1차 거세는 아이에게 다음과 같은 것을 유발한다. 지배적인 이상적 자아는 아이보다 더 성장했지만 자신과 동일한 현실 법칙, 실질적으로 자신과 동일한 성의 법칙을 따르는 몸을 지닌 인간이 된다. 자아의 이상적 자아에 대한 동일시의 탐색은 아이에게 구순·항문 리비도에 기원을 둔 문화적 정복을 유도하는데, 이 리비도는 이미 성인 부모 중의 한 명, 그가 없을 때는 그와 동일한 성을 지닌 사람 중에 선택된 대리인과 완전히 동일시되기 위해 자신의 존재 전체의 능력을 통해 학습에 참여했다. 자아는 이상적 자아를 모델화하고 완전히 모방

---

2) 그리고 더 이상 단지 비뇨기의 특성만이 아니다.

하려고 하며, 그의 눈에 보이는 부모의 행동 속에서 반대 성의 부모에 대한 그의 특별한 역할을 원하기까지 한다. 이 사례에서, 아이는 자신의 문화 집단에서 남성 혹은 여성 리비도의 언어 가치를 배우기 시작한다. 이렇게 해서 그는 자신과 반대되는 성의 부모와 아이를 갖는 욕망을 표현하기에 이른다. 그래서 최초의 삼각형 아버지-어머니-자신 중에 가치 있는 성인과의 동일시 욕망은 아이에게 장차 성인·생식의 욕망이 약속된 근친상간적 임신의 환상을 갖게 한다.

아이에게 정상적 자기 성애가 존재하고 그것은 1차 거세의 나이부터 오이디푸스의 해소 시기까지 생식기 부위에 집중된다. 만약 그가 공공연히 몰두하거나 싫증내는 순간을 제외하고 비난받지 않는다면 아이의 정상적 자위행위는 잠이 들거나 깨는 시간에 일어난다.

때로 아이에게 아직 가르쳐 주지 않은 노출증이 나타나는 일시적인 시기가 있다. 이러한 몸짓을 통해 아이는 자신이 발견한 쾌락의 의미에 관해 확신의 문제를 말없이 제기하는 것이다. 세 살의 아이는 "무엇인지" "무엇에 쓰이는지" "뭐라고 불리는지"에 관해 자문한다는 것을 기억해야 한다.

사실 일반적으로 21개월 혹은 25개월 이후의 소년에게 있어 쾌락을 동반하지만 배뇨와는 양립할 수 없는 페니스의 발기는 문제를 제기한다. 자신에게 몰두한 채 그가 상상한 음낭의 특별한 감각과 마찬가지로 그에게는 공으로 보이는 자신의 고환도 대변 저장고가 될 수 있다. 특히 민감한 귀두의 자극은 그를 불안하게 할 수 있다. 특히 포피가 좁다면 더욱 그럴 것이다. 이 모든 정보는 그에게 필수적이다. 그는 아버지와 같은 남자로 성장해 가기 위해서 그의 모든 것이 아주 정상이라는 사실을 알 필요가 있다.

소년이 소녀의 성기에 관련해 자신의 성기의 명백한 특성을 발견한 지금, 그의 성기에 관한 경멸적인 말, 즉 사용된 어휘를 통해 대변 욕구의 기능에 대한 멸시로 성기를 한정시키려는 듯한 '더러운, 추한' 같은 성기에 관련한 형용사들은 외상을 유발한다. 그것은 소녀보다 더 잘 보이는 성기를 지닌 소년에게 더 심하다. 이런 점에서 성기는 피할 수 없는 발기가 빈번하고 예측할 수 없기 때문에, 그리고 소년의 나르시시즘을 중심으로 하기 때문에 비유적인 의미에서만큼 본래의 의미에서도 더욱 상처받기 쉽다. 소녀 역시 생식 구조의 민감하고 발기하는 부분에 관한 진실한 설명을 알고 있어야만 한다. 비록 소녀의 신체가 적게 드러난다고 해도 그것에 대한 촉각적 지식과 주관적 성 지식을 가지고 있다. 소녀는 외음부의 진짜 이름을 알아야만 한다. 그런데 단추라고 부르는 것은 클리토리스이다. 그녀는 또한 발기한 유두도 단추라고 하며 그것과 자연스럽게 연결한다. 소녀는 또한 자신의 성기를 부르는 질이라는 단어도 알아야만 한다. 소녀는 그 진짜 단어를 몰라서 구멍이라 부르는데, 소년이 그녀에게 흥분을 줄 때 둥글게 발기하는 것처럼 느낀다. 만약 누군가가 아이에게 생식 구조에 관한 정식 어휘를 말해주어야만 한다면, 그것은 언어를 가르쳐 주고 그때까지 몸에 대한 단어들을 제공한 어머니를 통해 발음된 단어들, 성인의 단어들이 여성성의 기초가 되는 부위와 명확히 주관적인 감각, 그리고 아직 인수되지 않은 기능에 인간화된 의미와 가치를 부여한다. 세 살 때부터 영리한 아이들은 자신의 성기에 호기심을 갖는다. 성기는 아주 특별하게 감동적이고 그들에게 있어 자신들의 현재의 윤리적 가치에서 대변적 기능의 고독감과 유사하다. 잘 믿는 아이들은 미래에 아주 중요한 역할을 부여받게 될 것을 본능적으로 느끼고, 성의 차이 (우선 소년은 서고, 소녀는 앉거나 쭈그리고 각기 다르게 오줌을 누는 것을 발견하면서, 그들은 이것을 이해했다)를 명확하게 발견한 이후로 더욱 그런 역할을 느끼게 되는 신비스런 부위에 관해 항상 질문을 한다. 왜? 무엇에 사용되는가? 아이는 몸, 성기에 관한 미래의 운명을 알고 싶어한다. 소년은 어릴 때의 아버지와 닮았는지, 모든 소년은 크면 남자가 되는가를 궁금해한다. 아름다운가? 그럼 그것이 성기인가? 그리고 소녀는 크면 여자가 되는가, 어머니나 여자들에게서 봤던 것처럼 젖가슴을 가지게 되는가?

아이의 질문에 대답하는 이러한 모든 정보를 제공하는 말은 생식 부위에 대한 그들의 관심에 의미를 부여한다. 그 부위는 그때까지 그들에게 있어 욕구의 배출을 통한 위안을 주는 해부학적 부위로 생각되었다.

그 결과, 소녀들의 이름, 의복의 외관(그것이 원인일 때)은 다음과 같은 인상착의이다. 그것은 아빠와 엄마가 아들이나 딸을 원하거나 원하지 않았던 것이 아니라, 그들의 체격을 통해 자신들이 태어나면서 그런 사실을 알렸던 것이다. 또한 그것은, 비록 그들의 얼굴이나 의복으로 인해 실수를 할 수도 있는 경솔한 성인들이 진실에 관해 말할 수 있을지라도, 그들의 몸이 표현하는 진실이다.

그들 몸의 해부학적 구조에 관한 언어적 정보들을 바탕으로 거기에 위치한 그들의 쾌락의 의미가 밝혀진다. 자신의 미래의 운명을 인식하게 된 소년·소녀는 자신의 환상을 언어로 표현하고 그림을 그리며 놀이를 할 수 있다. 그들의 환상은 촉구하는 동일시와 정체성을 동시에 유지하는 유혹적인 힘의 후광에 둘러싸인 성인들이 그들의 성기에 대해 시기하는 그들의 욕망을 드러내준다.

극복된 거세의 일차적 불안은 주체를 남성 혹은 여성 몸의 현실에 입문시키면서 자신의 성기와 관련된 문제로 인도한다. 동시에 동성의 부모에게서 나머지 부모의 자리와 역할을 빼앗아 오고자 하는 희망과 함께 성인의 키로 충분히 자라고자 하는 욕망에 들어서게 한다. 그는 세 살부터 이러한 희망에 이끌려 행동한다. 자위의 환상을 통한 오이디푸스 콤플렉스로 진행하는 이성애적 욕망의 리비도 에너지의 성분들이 구성되는 시기이다.

이러한 성공의 목표는 아이가 동성의 부모를 모델화하도록 자극해서 그 부모처럼 이성의 부모를 유혹하고 환심을 사고자 한다. 그러나 그는 동성의 부모를 배려해야만 한다. 왜냐하면 그는 여전히 또 다른 부모와 연결된 이상적 자아를 현실로 나타내기 때문이다. 그리고 그는 존재의 연속성과 필요한 퇴행적인 만족의 보증인이기 때문이다. 아이가 살아가면서 겪게 되는 새로운 경험에 대해 실망하게 되고, 그로 인해 그의 시원적인 구조의 준대표자들인 두 부모의 보호를 구할 때, 자신의 나르시시즘을 확고히 하기 위해 안전감을 주는 기본 몸의 이미지로의 회귀가 필요하다.

오이디푸스 거세

바로 이러한 문제가 제기된 몇 년 뒤에——아이가 언어의 제어를 통해, 그리고 신체와 손의 창조적인 재주를 통해 오이디푸스 환상을 동반한 생식적인 자기성애의 감각을 점점 더 명확하게 발견함으로써, 가족과 가족 외의 주변 사람들에 대해 확실해지는 어린 인격체의 나르시시즘을 발전시키는 도중에——상대 쪽에 여전히 더 매혹되는 **성인 부모를 향해 유혹하는 무능력의 불안**은 점점 더 강력하게 나타난다. 아이의 경쟁은 결코 이뤄지지 않는다. 아무리 그가 어린 연인인 척해도 '실제로' 그 자리를 차지할 수는 없다. 그의 현실적인 성적 무능력은 명백하다. 근친상간의 대상을 얻고자 하는 욕망이 생길 때마다, 그는 현실에서 실망을 맛본다. 그때 오이디푸스 거세의 불안, 자신의 몸이 파괴되고 성기가 훼손되는 위협을 받는 느낌, 경쟁심을 일으키는 성인에 대한 투사에서 생긴 환상이 나타난다. 자신의 욕망 대신에 죽음으로 벌을 받거나 위협을 느끼는 것은 아이가 직면한 나르시스적 딜레마이다. 아이는 오이디푸스 콤플렉스의 절정기에, 자신의 젖니가 빠지는 시기에 윤리적 기준을 상실하면서 자기의 완전한 고독감에 빠지거나 죽음 욕동의 위협을 받을 수 있다.

소년에게는 고환, 소녀에게는 내장을 제거하는 이러한 상상 거세에 대한 불안은 아이의 성적 욕망이 더 강할수록, 부모가 그의 고조된 요구를 만족시켜 줄 만큼 더 관대할수록, 부모가 그와 마주하여 신체 접촉의 표현——이 표현이 귀여움을 나타내는 지나치게 친밀한 태도이거나 퇴행적인 신체의 체벌, 즉 아이가 유혹적인 사랑이나 그의 관점에서는 질투를 일으키는 경쟁심으로 생각하는 도착적인 부모의 이런저런 교육 방식이든지간에——을 할수록 더욱더 강해진다. 인간의 존엄성을 존중해 주기를 요구하는 교육에 연결된 신중하고 애정 어린 관심은 오이디푸스기의 아이를 가장 덜 구속하는 태도이다.

세 살부터 일곱 살까지 생식의 욕동이 변화하는 도중에 부모 중의 한 사람의 부재(또는 감정적이거나 성적인 욕구 불만)는 성인 경쟁자에 의해 지켜지지 않는 생식 욕망이 우선시되는 방향으로 발달하는 것을 어렵게 만든다. 마찬가지로 일곱 살에 오이디푸스 욕망에 직면한 거세 불안의 위기가 닥친 시기에 부모의 태도와 아이의 발달을 지나치게 불안하게 만들면서 방해할 수 있다.

아이가 부모 각자의 교육적 태도에 있어서 불일치를 발견하게 될 때가 그런 경우이다. 그래서 그는 무의식적으로, 그에게는 위험스러운, 한쪽의 인자한 약점과 다른 한쪽의 퇴행적이고 지나치게 공격적인 힘을 이용하려고 할 수 있다. 오이디푸스 삼각형의 그릇된 중심, 가정의 우선적 대상, 관심의 중심이 되고 싶은 욕망에서 도착된 방식으로 그를 유지시키는 것이다. 이처럼 그것은 죄의식과 동시에 향락적인 오이디푸스 거세의 불안 속에서 유지되고, 유아의 정신·신체적이거나 정동적인 정체(停滯)의 근원이 될 것이다. 아이의 불안이 부부의 화목을 깨뜨리고, 교육적 관심과 반응이 부모의 창조적이고 사회적인 삶과 동업에 대한 다른 관심사보다 우선시될 때, 아이는 오이디푸스 욕망의 비극과 자신의 리비도의 무의식적 구조에서 일으키는 거세의 불안을 극복할 수 없다.

인격체의 가치와 성기의 가치는 전적으로 근친상간의 욕망과 관계 있고, 일곱 살 무렵에 이런 욕망은 아주 다행스럽게도 대개는 사춘기까지 생식 욕동의 생리적 억제에 따른다. 그때 아이는 우리가 생리적 잠재기라 부르는 시기에 들어간다. 만약 **근친상간의 금지 법칙**이 아이에게 명확하게 **자신과 마찬가지로 형제와 부모에게 부여된 법칙**을 의미하지 않는다면, 아이는 사춘기까지 극복되지 않는 잠재적으로 갈등을 일으키는 오이디푸스 구조 상태에 머물 수 있다. 그 나이의 생리적 욕동은 성적 욕망 그 자체를 포기하기로 결심하기까지 근친상간의 욕망과 그와 연결된 불안의 갈등을 불러일으킬 것이다. 그래서 성적 욕망은 모든 청소년의 삶에서 완전히 억압될 수 있는데, 이것이 확실한 신경증을 유발한다.

반대로 일곱 살 무렵, 아이에게 그 자신과 마찬가지로 형제, 부모, 모든 인간들이 따르고 있는 공동 법칙을 가르쳐 주는 근친상간 금지의 명확한 개념이 발생할 때, 리비도의 구조적 수정은 잠재기에 들어가기 전에 일어난다. 성적 욕망과 부모 형제에 대한 순결한 사랑 사이의 분열은 자아의 나르시시즘에 상상적 유아의 목표를 포기하게 한다. 이상적 자아의 첫번째 두 대표자를 향한 공격적이고 성적인 욕동에 완전히 의존하는 것을 포기하는 동시에, 오이디푸스 삼각형의 대상들과 더 이상 혼동되지 않는 자아 이상이라 불리는, 근친상간 금지의 수호자인 생식적 초자아에 따르는 자율적 자아가 나타난다. 자아 이상은 생식적으로 지배적인 욕망의 윤리, 즉 자율적 도덕 의식과 그것의 말과 행동의 책임의 의미가 될 윤리에 대한 매력이 된다.

오이디푸스 시기 이전에 비록 아이가 항상 여성적 혹은 남성적 욕동으로 자극받는다 해도, 그의 도덕심은 오락가락하고, 부모·대상의 사랑을 통제하려는 목적으로 유혹하라는 명령에 그날그날 지배된다. 그런 부모·대상은 아이가 갖고 싶어하고, 라이벌 부모·대상에게 두려움을 주고 공모를 원하며, 거북하고 위험하기까지 한 제삼자로 느끼고, 서로 화해하거나 공격성을 약화시켜야만 하는 존재이다. 오이디푸스 콤플렉스의 해소 후에야 비로소 소년 혹은 소녀는 근친상간을 목표로 부모를 유혹하려는, 그리고 그의 눈에 어리석고도 유치하고 케케묵은 자매나 형제를 유혹하려는 영원히 파괴된 희망의 폐허 위에서 가족 바깥에 있는, 동성이든 아니든 다소는 사랑이 있는 두 사람의 우정을 찾을 수 있다. 거기서 그들의 이중주에 참여하고 싶어하는 제삼자에 대해 질투하는 근친상간적이고 공격적이며 소유하려는 욕망의 마지막 불꽃은 제자리에 있지 못한 채 소멸된다. 그는 특히 시련의 동료들을 찾는다. 동성의 친구들은 그들 역시 근친상간의 금지를 나타내고, 그들과 함께 사회에서 문화의 정복이 형성되는 '보조 자아들'이다.

아이는 '보조 자아들'을 가족 외부에서 구하는 동일한 연령층의 동료들에게서 발견한다.

여덟아홉 살부터 아이는 이웃이나 사촌들을 제외하고 부모들끼리 서로 모르는 아이들과 관계 맺기를 좋아한다. 부모가 개입되면 우정은 더 이상 매력이 없다(그에게 제기된 "그의 부모는 무슨 일을 하니?" 라는 질문은 마치 그것이 아주 하찮은 것처럼 혐오스럽다!). 아동 사회학은 그들 부모의 사회학의 기준에 완전히 부합하지는 않는다. 오이디푸스 해소를 바탕으로, 그리고 오이디푸스 해소의 현상학적 측면 중의 하나로, 많은 부모들은 그것을 금지하면서 잠재기에서 그 승화를 지연시킨다. 그때 부모는 불안으로 인해 아이들을 통제함으로써, 그들의 감정적이고 유희적인 활동이 가족 바깥에서 발휘되는 것을 금지한다. 그것은 내심 성인들과 마주하여 그들이 서로 사랑하고 존경하며 미워하고 사이가 나빠지며 화해하기를 바라는 것이고, 부모들이 이해할 수 없는 이유들 때문이기도 하다. 친구들과 함께 그들은 교사나 학교의 주목받는 선배 혹은 문학 · 영화 · 라디오 · 텔레비전의 주인공에 관해 의견을 같이하거나 대립한다. 선택된 자신의 집단에서 '유행'하는 스포츠, 문화, 예술계의 명사들 속에서 긍정적 혹은 부정적 '모델'을 찾는다. 그들은 겉보기에는 오이디푸스 모델에 가능한 가장 먼 나르시스적 선택에 부합하고, 시기에 따라 달라진다. 이러한 열광은 사회 생활에서 숭배하는 사람들의 지도를 받아 자기 자신을 발견하게 하는 일시적 동일시의 환상을 지지한다.

초자아

그때까지 프시케의 형성자였던 근친상간 욕망을 거세당한 자율적 자아가 무의식 속에서 시작되는 동시에, 법칙이 혈통과 연결하는 욕망의 윤리를 드러내는 상속인인 초자아는 근친간의 생식 욕망의 충족을 금지한다. 오이디푸스적 초자아는 근친상간의 생식 욕망을 포기하는 대가에서 생긴 생존의 보증인이다. 다시 말해 주체가 거세 불안으로 돌아가는 것을 막아주는 억압적이고 신중한 심급이다. 이러한 심급은 아이의 생존 시초의 원초적 장면과 연결되는 법칙의 투입과 자신의 혈통의 기원을 통해 무의식적이 된다.

따라서 초자아는 전오이디푸스의 이상적 자아의 사후 상속인이다. 그것은 근친상간을 목표로 하는 자위의 환상을 계기로 깨어난 거세 불안을 통해 근친상간 금지를 지탱하는 역할을 한다. 초자아는 생식 충동을 억압하는데, 이 충동은 흔히 무의식적인 터부 속에서 근친상간적인 몸의 접촉에 대한 환상과 근친상간적인 임신의 욕망을 형성한다. 그러므로 초자아는 설령 자아가 환상 속에서조차 거세의 불안을 속이고 법칙을 왜곡하려 할지라도 거세의 불안을 일깨우는 효과를 지닌다. 생식적 초자아는 가족 외부의 이성애 대상을 향한 생식 충동을 금하지 않는다. 반대로 그것은 사회에서 전문적이고 문화적인 경쟁에서의 성공과 가족 외부의 사랑 획득이라는 의미에서 자기 성기의 특성 속에 나르시시즘이 뚜렷이 드러나도록 한다.

자아 이상

거세 콤플렉스를 일으키는 근친상간 욕망의 금지에 직면한 생식 욕동은 부모 · 대상들을 목표로 삼지 않는다. 생식 욕동은 억압되어 아이 자신의 몸에 결부된 나르시시즘으로 물러난다. 아이 자신에게 몸은 성장하면서 결혼 적령기의 이차적 특성들에 접근하게 되리라는 사실을 아는 미래를 기대하면서 소중한 것이 된다. 아이는 문화적 요구에 부응하면서 미래를 준비한다. 이 약속된 미래는 잠재기의 환상이 지닌 매혹적인 중심축이다. 장기간의 계획으로 형성되고, 오이디푸스 해소와 공존하는 새로운 심급이 초점을 맞추는 환상, 이것이 바로 자아 이상이다.

근친상간 욕망의 잔해에서 생긴 자아 이상은 자아를 어머니나 아버지에게 쾌락을 주면서 그들을 유혹하는 것과는 다른 쾌락을 위해서 가족 외부 사회에서 가치 있는 문화적인 실행으로 끌어당기고 자극한다. 자아 이상은 주체가 자기 또래의 아이들과 동성의 연장자들 가운데서 본래 도달하기 불가능한, 이러한 자아 이상의 실현을 향해 그를 이끄는 동일한 성장의 가치들을 발견하는 만큼 더욱더 강화──나는 어떤 주체에 대해 응집한다고 말할 것이다──된다. 본래 불가능하다는 것은 자아 이상이 한 인간 존재에 의해 현실로 나타나지 않기 때문이다. 그것은 그날그날 창조적인 자주적 행동들 속에서 사회에서 가치 있고 다른 사람들에게 인정을 받은 욕동, 즉 승화를 집중시키는 효과를 갖는 윤리이다. 초자아는 주체가 승화를 통해 자아 이상에 부합하는 성공을 열망하도록 인도하는 자신의 욕동들의 매개체로부터 주체를 왜곡시킬지도 모를 욕동들을 억제하는 효과를 갖는다.

사실상 아이의 성에 있어 가치 있고, 자신의 진실에 대해 책임지고 보증하는 대표자에 의한 법의 암묵적인 발화 내용은 아이를 사회에서 남성이나 여성에 속하는 욕망으로서 성을 가진 존재와 그 가치에 대한 혼란 상태에 머물게 한다.

거기로부터 우리는 만약 아이들이 오이디푸스의 생리학적인 시기에 생식적으로 구조화되지 않았다면 그들은 잠재기 동안 여전히 오이디푸스 거세의 불안에 지배되고, 그들이 찬양하거나 두려워하는 사람들의 본보기와 말, 그들 또래의 젊은이들, 그리고 연장자들에게 매우 쉽게 영향을 받는다는 사실을 이해한다. 이러한 '보조 자아들'은 자신들이 법 안에 있지 않을 때, 분명 무효가 되어 버렸을지도 모르는 오이디푸스적 유형의 유혹자인 이상적 자아를 그들에게 계속적으로 보여줌으로써 그들의 자아 이상을 왜곡할 수 있다.

사실상 이드의 리비도 자산 속에 포함된 유전 가능성들에서부터 자아 이상까지 이어지는 연속된 축이 있다. 이드의 유전 능력은 오이디푸스 콤플렉스 시기까지 아이의 이상적 자아의 역할을 했던 인격체들에 의해 왜곡될 수 있었다. 그러나 아이가 자신의 욕망을 그들의 욕망과 동일시하는 것을 확실히 포기한 이후——특히 만약 부모가 더 이상 아이에게 자신을 투사하지 않는다면——아이의 자아는 실제로 자신의 욕망에 대한 부모의 생식 모델 없이 진화한다. 아이는 근친의 대상들을 향해 자신의 생식 욕망을 충족하려는 희망을 더 이상 가질 수 없다는 것을 알게 된다. 아이의 자아는 마침내 근친상간의 쟁취에 대한 관심을 포기할 수 있고, 소년인 경우에는 더 이상 어머니를 즐겁게 해주기를 열망하지도 않고 그녀의 배우자가 아버지든 아니든 끊임없이 그의 동의를 구하려고 애쓰지도 않거나, 혹은 소녀인 경우에는 아버지의 배우자가 어머니든 아니든 그녀와의 불화를 피하면서 아버지와 오빠들을 유혹하려고 애쓰지 않고도 자신의 가능성에 맞추어 성장할 수 있다.

남자나 여자아이들에게 도착적이고 범죄적인 구조는 잘못 체험된 오이디푸스 콤플렉스로부터, 그리고 자기 어머니에게 아직도 고착된 아버지에 의해서거나 자기 아버지에게 아직도 고착된, 또는 자신의 아이들과 '인형' 놀이를 하는 어머니에 의해서 잘못 수용된 오이디푸스적 거세로부터 발전할 수 있다. 만약 가정에서 생식적이고 창조적인 의사소통의 명백한 수준에 이른 성인들을 대표하는 어머니와 아버지가 사실상 미숙하고 두렵고 강박적이거나 히스테릭하다면, 잠재기의 아이가 동성애적이고 나르시스적이며 이전 상태로 퇴행할 수 있다는 점에서 어려움이 생겨난다. 가정에서 오이디푸스적인 아이의 존재는 동성애적이고 나르시스적인 억압된 리비도, 즉 전생식기의 자리들 위에 있는 생식기의 자리들로부터 일상적으로 억압된 리비도를 그들 속에서 일깨우는 기회가 된다. 이런 부모의 아이들은 아홉 살 무렵에, 그들의 성기를 자랑스러워하지 않고 거의 성을 갖지 않은 중성적인 존재처럼 생리적인 잠재기에 들어간다. 그래서 심각한 문제가 제기되는 것은 바로 사춘기 때이다. 사춘기는 학교 생활의 성공이 유지되는 만큼 더욱 생식력을 억제하는 신경증으로 이어지고,[3] 부모에게 만족을 주며, 회피하고 두려워하는 다른 젊은이들과 만날 수 없는 아이의 리비도에 매달리며, 자위행위에 연결된 오이디푸스적 거세의 불안을 수반하는 환상이 상상적이거나 접근할 수 없는 대상, 즉 부모의 가면을 쓴 대리인을 정복하려는 목표를 가졌기 때문에 자위행위와 그러한 거세의 불안 속에 흡수된다.

자아 이상이 오이디푸스적 이상적 자아의 영속성으로 인해 왜곡되거나, 혹은 부모 중의 한 사람을 통해서든, 부모가 모델로 부여한 삶의 양식을 통해서든, 윤리적 판단의 개인적인 형성을 전적으로 대신하는 부모의 교훈적인 말들을 통해 나타난 경우가 문제된다. 죄책감

---

3) 문화에 대한 진정한 접근 수단 없이 유일한 경쟁적 결과에 강박적인 고착을 통한 성공이 문제가 된다. 교사에 대한 동성애적 혹은 이성애적 고착은 아이가 그 앞에서 타락하지 않게 한다. 아이는 자기 또래의 모든 다른 관심들에 무관심해지고, 학교 생활에 지나치게 열중하며, 자신의 실패로 불안해진다. 그런데 그의 상처받은 나르시시즘은 그런 실패를 자기 욕망과 동일시하는 교사의 욕망의 불만족으로 느낀다. 그래서 그를 사로잡는 과도한 긴장은 만성적인 우울증 상태로 이끌 수 있다.

은 나르시시즘을 압박한다.

이러한 왜곡된 자아 이상은 현재의 생식 단계의 욕동과 마찬가지로 시원적인 성애적 단계들의 욕동을 집중시킬 수 없다. 욕망의 대상과 작품(창조적 작업과 생식)을 추구하기 위해 생식 욕동과 일치해야만 할 공격적이고 능동적이며 수동적인 모든 욕동들은 구별 없이 전오이디푸스적으로 남아 있는 가짜 초자아로 인해 억압된다. **이런 퇴보적인 초자아**는 흔히 신체적 증상으로 나타난(피곤, 불면, 내장 장애) 거세 불안의 고통 속에서, **당연한 듯한 자아 이상이 아니라 이상적 자아**, 다시 말해 누군가와 **일치하도록 강요한다**. 주체에게 행동을 명령하는 사람은 더 이상 전적으로 아버지가 아니라 생각하는 지배자, 주체의 외부에서 오는 '확실한' 심급이다. 그것은 단지 동성의 선배에게 솔직한 동성애적 고착과 관련 없는 경우에 종교적이고 의학적이며 노조적인 심급이다.

그러므로 자아의 의존 관계가 있으며, 그래서 운명적으로 생식 욕동들의 총체적인 역동성이 부족한 것이다. 주체는 부분적으로 유아적인(그리고 이론의 여지 없는 종속 속에서 흔히 영웅적인) 자아 속에서 자신의 욕동들을 무엇으로 구성할지 모른다. 자아 이상이 있을 때 쾌락의 솔직한 요청에 이끌린 생식 욕망을 이용하는 자아의 계획은 현실의 명확한 관점을 방해하는 안개와 같은 환상에 뒤섞인다. 그의 계획은 그것을 달성하든 쾌락을 얻든 실패한다. 성을 가진 생식 경쟁은 무기력하게 죄의식을 느끼게 한다. 그것은 욕망의 사용에 책임 있는 행동에 맞설 수 없다. 실패의 두려움은 그것을 피하려는 에너지를 지나치게 축적하기 때문에 죄의식을 만족시키고 주체를 지친 상태로 내버려둠으로써 실패가 일어난다. 만약 그것을 지배하는 것이 두려움이 아니라면 그것은 망설임이거나 이상적 자아, 즉 초자아가 마련하게 하는 타인의 이런저런 의견과 완전히 일치하지 않는다는 걱정이다. 반대로 오이디푸스에서 완전히 벗어난 경우에, 충분히 책임감을 느끼는 생식 욕동을 사용하는 개인에게는 이드로부터 투입된 법칙의 초자아가 감시하는 자아를 거쳐 자아 이상으로 나아가는 방향에 따른, 리비도의 자유로운 순환이 있다. 욕망은 자유 감정을 동반한 채, 힘을 낭비하지 않고도 자기 목표를 달성한 쾌락 속의 자기 성취라는 성공을 향해 집중된다. 그리고 설령 성공에 도달하지 못한다 하더라도, 그것이 죄의식의 감정이나 나르시스적 상처를 유발하지는 않는다. 즉 주체는 이런 실패로부터 자아를 위한 현실 경험을 획득하고 자아 이상의 목표를 보존한다. 임박한 생식 욕동들은 주체의 목표, 즉 쾌락을 얻기 위한 자기 욕망의 대상을 획득하는 데 더 잘 적응할 것이다. 이처럼 성숙한 성년의 리비도적 '건강'은 형성된다. 그것은 불안이나 퇴행 증상 없이 욕망의 새로운 상징화를 유도하는, 여자에게는 폐경, 남자에게는 남성 갱년기라는 새로운 거세(자연스러운)의 생리학적 연령에 이를 때까지 간다.

신경증과 정신병

앞서 언급된 것에서 신경증이 인간 존재에게 생기는 경우가 있다. 그 인간 존재의 리비도적 무질서는 1차 거세가 극복된 이후에야 확립된다. 또한 그는 성적 특징에 자랑스러워하고 오이디푸스 콤플렉스를 완전히 해소하지 못한 채 체험했던 인간이기도 하다. 그래서 여기로부터 대부분 전적으로 무의식적인 생식 거세에 대한 잠재적 불안이 생긴다. 이런 불안은 증상들 속에서 표출되고, 인간 존재는 그런 증상들이 가져다주는 장애만큼이나 자신이 지배할 수 없다고 느끼는 죄책감을 통해 일부러 증상들로 괴로워한다. 그러나 신경증에서 특징적인 것은 주체가 꿈속에서조차도 자신의 성이 아닌, 그리고 인간 존재가 아닌 자아로는 결코 퇴행할 수 없다는 것이다.

반대로 정신병은 세 살 이전 전자아의 나이에 이상적 자아의 지원자로서 자신의 남성성을 자랑스러워하는 아버지와 여성성을 자랑스러워하는 어머니를 가지지 못하고, 그것을 이해하는 것에 행복해하고 자신의 성을 가지고 태어났다는 것에 행복해하는 인간에게 나타난다. 아버지와 어머니 자신들도 그들의 오이디푸스 콤플렉스를 해소하지 못하고 자기 자신과 그 자손의 물질적 부양 속에 갇혀 있을 때 이런 현상이 발생한다. 그들은 자신의 생식 욕망을 억압하는 성인들이다. 그들은 '일을 하며' '교육자들'이다. 그들의 아이들은 그들이 표현하기를 부끄러워하는 욕망의 결실이다. 그들은 위험스런 죄라고 느끼는 성욕에 대한 불안과 유아스러움 속에서 아이들을 키운다. 그러한 부모들은 분명 그들이 거의 교제하지 않는 다른 성인들의 사회에 대해 두려워한다. 그리고 이러한 신경증의 근원인 조부모들이 조금이라도 부모가 된 자식들의 가정에서 혹은 손자들의 교육에서 훨씬 지배적인 역할을 한다면, 손자들은 그들의 리비도 구조를 방해하는 심각한 정신적 외상을 입을 것이다.

따라서 정신병이 나타나기 위해서는 세 세대가 필요하다. 즉 개인이 정신병이 되기 위해서는 그의 유전학 속에서 신경증이 있는 조부모와 부모라는 두 세대가 있다. 개인의 부모들 중 한 명이 자신의 성장 단계들 중의 하나에서 리비도의 오이디푸스나 전오이디푸스 구조에 결함을 가지고 있거나, 그가 무의식적 구조에서 자신과 유사한 결핍을 지닌 배우자를——적어도 부모 중의 한 사람에게서 유래한——

갖고 있어야 한다. 우리가 정신질환자를 분석하면 환자는 어릴 때부터 생식적으로 커플이 된 부모 성인을 통해서든, 현실 속에서든, 혹은 상징적으로든 대표되는 이상적 자아를 갖지 못했다. 아버지-어머니-아이 삼각형 속에서 에로스화된 부분적 대상의 관계적 상황은 이상적 자아 역할을 하는 부모 대상의 허약함과 현실 속에서 오이디푸스적 라이벌의 취약함으로 인해 자신의 성에 대한 불안을 불러일으켰다. 오이디푸스 해소의 시기에 부모의 생식 리비도는 실제적으로 만족스러운 성인의 성생활 속에 집중되지 못한 채 부모가 유아적 상태의 가짜 초자아로 인한 거세 불안 때문에 그들의 자손——이런 사실로 인해 자손들은 모든 독립의 표현에 대해 죄의식을 느끼게 된다——에 고착되게 하고, 그들이 에로틱한 상태로 죄의식을 갖는 유년기의 혼란 속에서 벗어나지 못하게 한다. 그들의 교육적 태도는 경찰의 통제 방식이거나 불안한 사랑으로 격앙된다. 그들은 자녀들에게 가족 외부에서 유희적인 리비도 발현의 권리와 심지어는 모든 자율적인 창조 행위를 부정한다.[4] 우리가 정신분석 분야를 벗어나서 잘 알 수 없는 사실은, 성인에게는 현상적으로 완전히 알아챌 수 없는 정신병적이고 도착적인 구조들이 있다는 것이다. 그런 구조는 성격 장애 행동으로 위장되어 그것을 무시할 수 있는 사회에서 어느 정도 허용된다. 아이들은 바로 이렇게 무의식적으로 도착적이거나 잠재적인 정신병을 지닌 성인들의 교육적인 영향을 받고 성장한다. 이런 성인들은 성장 단계에서 구조적 부재를 통해 그들이 무의식 속에서 내맡겨 있던 죽음의 본능을

---

4) 유년기에 아이들에 있어 이상적 전자아의 대표자인 아이의 유모와 하녀의 역할은 부모의 리비도적 구조의 결핍을 악화시키거나 완화한다. 잠재기와 사춘기에 아이가 자신의 성기에 대해 자부심을 갖지 않고, 오이디푸스 콤플렉스를 해결하지 않으며, 근친상간의 금지에 관한 명확한 정보가 결핍된 채 기숙사에 있을 때, 교육자에게도 사정은 마찬가지이다.

강조한다. 아이들의 이런 상황은 분명히 부모들에게서 비롯되는데, 그들의 명백한 행위와 이를 수반하는 발언은 아이들에 대하여 내밀하게 그들을 부추기는 의식적인 도착적 욕망이나 억압된 욕망의 진실과는 부합하지 않는다. 게다가 사회에 적응할 수 없는 자기 아이들의 존재는 성인들이 익숙한 자신들의 눈에 학교에서만 적응하는 아이들의 신경증을 무시하게 하거나, 직장에서만 적응하는 자신들의 신경증 혹은 잠재적 정신병을 무시하게 만든다. 또한 정신병 아동들의 치료는 아이의 형제와 부모와 함께하는 정신분석적 작업을 포함한다. 즉 정신 질환자에게 있어 이상적 자아의 대표자들 역할을 하면서 그들의 관점에서 자신이 불안의 상징적 의사소통을 통해 자신의 나르시시즘을 유지할 수 없는 사람들과 함께한다. 이런 의사소통은 부모가 아이와의 관계를 에로틱하게 만들지 않는 것을, 다시 말해 부모 자신이 각 단계에서 인간화의 거세를 받았기를 부모로부터 요구한다.

사실 가장 심각한 장애를 나타내는 리비도를 가장 많이 부여받는 이는 가족 중 아이들이다. 왜냐하면 누구보다도 아이는 자신의 욕망의 힘을 통해 허약한 성인들 속에 있는 참을 수 없는 불안을 일깨우기 때문이다. 그리고 성인들은 아이의 욕망의 표현을 억제하는데, 아이의 자연스런 조숙함과 감성의 풍부함은 그들의 무의식적인 리비도의 불안정한 균형 상태를 깨뜨릴 위험이 있기 때문이다.[5]

정신병을 치료할 때, 우리는 환자가 점차 나아지면서 다음과 같은 장면을 보고 놀란다. 즉 만약 우리가 부모와 형제를 돌보지 않으면, 형제나 자매들 중의 한 명 또는 부모 중의 한 명이 신경증이나 **행동화**[6]나 사고 또는 정신 신체적 장애를 통해 기능을 상실한다. 그때에 흔히 부모들은 아이의 치료를 중단한다. 혹은 이러한 기능 상실과 싸우기 위해 부모들은 적응하고 치유된 아이에게 완전히 무관심해진다. 사실

이러한 치료는 원래 그들의 가장 소중한 욕망인 것처럼 보였다. 이런 반응을 예측하고 이해하는 것은 아주 중요하다. 왜냐하면 근친의 파괴를 대가로 하는 정신질환자의 치료는 부차적으로 그에게 죄의식을 느끼게 하고, 그의 진화를 멈추게 하거나 그가 사고사 또는 자살을 하도록 부추길 위험이 있다. 만약 우리가 가족을 돌보고 환자의 치료와 동시에 부모의 신경증을 변화시킬 수 있다면, 그런 것들을 피할 수

---

5) 그 모든 것은 당연하다. 성장 과정에서 욕망은 신경생리학적 성숙을 하는 변화에 따라 지배적인 성감대 주변에서 연속적으로 구성된다. 각 단계에서 리비도적 욕동들 가운데 어떤 것들은 제한된 만족을 경험한다. 그것은 사물들의 본성 때문이기도 하고 성인이 욕망을 표현하는 데 있어서 한계가 있기 때문이기도 하다. 그러나 에너지의 변화와 다음 구성 단계로의 이행을 나타내는 중요한 사실은 그 단계의 욕동들의 어떤 목표에 표시된 완전한 금지이다. 이러한 욕동들의 목표에 대한 총체적인 금지는 그때까지 비록 타인의 몸에 있다고 해도 자신과 같은 성질을 지니고 자신의 욕망의 환상에 필수적이었던 부분으로부터 기능적인 몸의 이미지를 분리한다. 정신분석의 어휘로는 이것을 거세라고 한다. 이러한 거세의 영향은 주체에게 그것이 상징적 관점에서 구조적일 수 있고 또 상처받거나 훼손당할 수 있다는 것이다. 발생하는 순간과 실행자인 주체의 감정적 관계에 관한 모든 것은 그 사건의 양태에 달려 있다. 이런 거세의 인간화의 가치는 유사 거세가 실질적으로 그에게 금지를 부여하고 욕망의 주체로서 아이를 존경하거나 하지 않는 타자에 의해 주어진다는 사실에 달려 있다. 인격과 성의 존엄성을 지닌 인간 주체의 상호적인 인식 가치는 거세가 어떤 욕동들에 부여한 '탈 결핍' 이후에 결과를 낳기 위해서는 필수적이다. 즉 집단 속에서 장려되고, 인간화되는 행동들 속에서 금지되는 욕동들의 승화라는 결과를 낳기 위해서 말이다. 자신의 욕망에서 형성된 금지의 법칙을 따르는 주체는 고통받는다. 그러나 주체는 그에게 금지를 의미하는 것을 미래의 자신의 가치 있는 이미지로 생각한다. 그것은 성인에 대한 아이의 경우이다. 아이는, 신경생리학적 성장 덕분에, 자신의 욕동이 장차 발견하고 향락을 찾게 될 허용되었거나 새로운 목표 속에서 자신의 욕망을 표현하려고 애쓴다. 사회 집단에 소속되기 전에 자신들에게 적응하지 못하는 아이들의 부모나 교육자는 자신들도 모르는 이유로 인해 잘못 거세된 유년기로부터 불안을 가지고 있는 성인들이다. 이런 불안은 아이와의 관계를 통해 구순·항문기 혹은 성기기에 욕망의 표현을 계기로 되살아난다. 그들은 아이를(U자관으로 된 감정적인 무의식적 관계로 인해) 자신의 욕망에 대해 지속적인 불안 상태에 머물게 한다. 따라서 이 욕망의 목표에 대한 어떤 금지도 조직이 그것에서 벗어나는 것을 허용하지 않는다.

6) acting out. 불합리한 충동성.

있다.

신경증이 주체의 오이디푸스 콤플렉스에 대한 분석과 그 극복을 통해 치료되는 반면, 어떤 젊은 정신질환자의 치료는 환자가 자신의 정신분석가와 함께 부활시키고 재조직한 시원적 단계들과 관련된 자신의 구조를 재구성할 때까지 끝나지 않았다. 사실상 그 환자는 구순·항문기 욕동들의 승화에 있어 상당한 지체를 보였다. 특히 부적응의 시기가 유년기의 오랜 부분, 다시 말해 다섯 살에서 여덟 살까지 기초학교 교육과 오이디푸스기 이후의 문화 습득을 하는 대부분의 기간을 차지했던 경우라서, 자기 또래에 비해 적응하지 못한 정신착란의 시기 중에는 이러한 승화가 이루어지지 못했다.

비록 청소년과 성인에게서 나타나는 정신병이 문제라고 해도, 오이디푸스기 이전에 조용히 남아 있던 퇴행적 부분 때문에 생식 욕동은 조직된 것처럼 보였던 것에서 해체된 것으로 드러난다. 또한 뒤늦게 재확립된 오이디푸스 구조를 지닌 개인은 거의 피할 수 없는 **행동화**를 수반한 가짜 잠재기의 뒤늦은 인위적 시기를 보내야만 한다. 그리고 그는 자신의 욕동적인 자산과 가족 사회적인 환경, 자기 또래와 관련하여 사회에서 가치 있는 창조 행위를 해야만 한다. 이것은 정신분석의 관할이 아니라 정신요법과 교육적인, 또는 직업적인 환경에 속하는 것이다. 그래서 정신병을 치료했지만 아직 또래의 사람들에 비해 경쟁력이 부족해서, 그대로 두면 학교나 직장의 현실 생활에서 자신이 생식 욕동을 책임질 수 없는 주체들이 자유롭게 쓸 수 있는 사회적 수단을 도입한다. 또한 단지 일시적이고 보상적인 나르시스적 선택이 아닌 배우자의 선택과 부성과 모성을 책임질 수 있는 성숙을 얻는 것보다 먼저 존재하는 사회적이고 문화적인 만남의 현실에서도 사정은 마찬가지이다.

그래서 정신질환 아동이나 청소년을 가족이 부양하는 것은 바람직하고, 또한 정신병을 치료한 성인, 청소년, 아이가 그 자신이 할 수 있을 때 가족 집단이나 임시 사회 집단의 사회에서 보조적인 도움을 발견할 수 있도록 그 가족을 돌보는 것도 중요하다. 소위 선진국의 사회도 불행하게도 늦은 학교 교육이나 학위 없는 취업 같은 문제에 대해 아직 잘 정비되지 않았다. 정신병 때문에 학창 시절이나 직업 교육 시기를 이용하지 못한 채 보내 버린 아이나 청소년들, 그리고 정신질환적인 기능 상실로 인해 직장을 잃은 성인들이 그런 경우라 할 수 있다. 아직은 사회의 선택받은 계층에 한정되고, 비용이 많이, 들며 개인적인 해결을 해야 하는 것도 문제이다.

결론: 아동의 정신병과 신경증을 예방할 수 있는가?

이와 같은 모든 것이 가족이 모르는 사이에 이미 자기들 나이의 사회 생활에 부적응하고 유치원에 다니는 것도 만약 부모와 아이의 정신분석 치료요법이 선행되지도 않고 수반되지도 않는다면 문제를 더 악화시킬 뿐인 세 살 이전의 아이들에 대한 소아과 의사의 진단과 정신분석의 발전을 옹호한다.

또한 드러난 장애가 없고 학교 생활에 지적으로 잘 적응하지만 성적·정서적인 지체를 보이는 여덟 살 이전의 아이들을 진단하는 것도 신경 써야만 한다. 아이나 청소년의 지적인 면이나 학교 생활 면에서 좋은 수준이, 우리가 결코 충분히 말할 수는 없지만, 정서적·정신적 또는 도덕적 건강의 기준이 되지는 않는다. 나쁜 수준 역시 비록 때로 그것이 발전시킨 학교에서의 실패와 열등감으로 인해 수동적 부적응이나 청소년 범죄를 조장할 수 있다고 해도, 신경증의 기준이 되지는 않는다.

어떤 아이가 만약 정서적으로 건강하고 육체적으로 능숙하며 사회에서 잘 대처하지만 학교 생활에서 지체를 보인다면, 그 아이는 자립하지 못하고 가족이나 기숙사 같은 보호받는 환경 이외의 학교 생활을 할 수 없으며 불안해하고 두려워하며 조심스러워하지만, 학교 생활을 잘하는 아이보다는 그의 성장 발달의 측면에서 덜 위험스럽다.

앞서 말한 것처럼 20분마다 부적응 아이가 태어난다는 것은 사실이 아니다. 그러나 도시 생활의 증가, 유아 사망률의 감소, 유아 관련 정책의 부재, 그리고 부모에 대한(게다가 두 전쟁으로 인해 충격을 받은) 교육 지원 부족으로 인해, 영유아의 45퍼센트 이상이 발성의 · 상상의 · 운동의 놀이 생활을 하지 못하고 또래의 아이들과 접촉하거나 의사소통을 하지 못한다는 것은 사실이다. 이것은 세 살까지 아이들이 건강하게 성장하는 데 필수적이다. 왜냐하면 인간은 관계와 의사소통의 존재이고, 표현의 자유와 동료들과의 의견 교환을 필요로 하기 때문이다.[7]

의학, 외과학의 비약적 발전과 신체질환의 예방을 위한 노력은 아이가 가정에서 떨어져 있지 않도록 하는 데 필요한 의사와 간호사들의 엄청난 정보 수집 노력을 통해 지금도 계속되어야 한다. 거기서는 걸음마를 하는 나이부터 유치원에 다니는 나이까지 아주 어린아이들의 교육을 위한, 그리고 여덟 살에서 아홉 살까지 학교 생활 중에 정서

---

7) 이 모든 것은 교육의 지능을 필요로 한다. 왜냐하면 아이는 조작적 거세, 즉 시기가 좋을 때는 받고 나쁠 때는 받지 않는 거세를 대가로 해서 자신의 성장 과정 중에 인격을 부여받기 때문이다. 즉 금지로 억압된 욕동이 동시에 부분적으로 견고한 무의식적 금기로 구성될 수 있는 반면, 자유로운 욕동은 리비도의 다음 단계를 획득하면서 쾌락을 얻을 수 있다.

적·성적인 장애의 예방을 위한 엄청난 사회적인 노력을 통해 아이를 지원하는 것이 필요하다. 여덟 살에서 열네 살까지, 학교 생활과 직업 교육을 받기 훨씬 이전에 음악·신체·놀이·스포츠 같은 문화적 가능성과 손으로 다루는 창조적인 가능성을 열어주는 소년과 소녀들의 교육에 대한 많은 노력이 전개되어야 한다. 결국 사춘기 이전부터 성적이고 동시에 법적인 정보는 책임의 욕망을 가지는 나이인 사춘기에 공동 생활 혹은 시민 생활의 참여로 이어지고, 지적·문화적·직업의 교육을 받는 것과 함께 부분적으로 노동에 동화된다.

유아와 어린아이들의 신체 건강에 대한 지나친 걱정——아이의 신체장애들의 기원으로서 아버지-어머니-아이 상징 관계의 혼란에서 생긴 불안 증세를 불러일으키는 과정을 이해하지 못하거나, 혹은 출산 때와 9개월 이전에 입원할 경우 어머니와 아이가 이별하고 다섯 살 이전에 건강상의 이유로 가족과의 떨어지는 불안에 대한 정신병의 역할을 이해하지 못하면서——은 발음과 정신 운동의 장애나 두렵고 강박적인 상태, 그리고 조발성 외상 신경증의 신호로서 한참 후에 나타나는 가짜 정신박약의 원인과 같다.

여기서는 1차·2차 시기의 정신 신체적 성장과 관련하여 소아과 의사들의 정보가 부족하다는 것이 문제이다. 소아과 의사들이 아직 정보——그들에게는 전혀 쓸모없는 정신의학에 관한 것이 아니라——를 갖지 못한다는 것은 아주 유감스러운 일인데, 이런 정보는 부모와 아이의 관계에 있어서 0살에서 일곱 살까지 심리적·정서적인 구조의 일상적인 사고들에 관한 정신 예방의 명확한 개념들과 관계 있는 것이다. 장애 초기에 지적으로 도움을 주는 너그러운 태도, 권위 있는 의사가 아이 자신과 부모에게 하는 정확한 말, 그리고 부모에게 하는 간단한 조언들은 아이가 흔히 도움을 받지 못해 빠지게 되는, 그러나 진실을 얘기할 수 있고 이해받을 수 있게 되면 되돌릴 수 있는, 퇴행적인 반응의 태도에서 벗어날 수 있게 한다. 퇴행하는 외상적인 우발증상이 있은 지 몇 개월 혹은 몇 년 뒤에 생겨난 동일한 결과는 장기간의 정신요법을 필요로 하는데, 왜냐하면 세상에 적응하는 방식으로 구성되면서 자기 나이의 창조 행위와 의사소통에는 적응하지 못하는 결과를 보이는 새로운 증상이 초기의 억제에 덧붙여지기 때문이다. 따라서 모든 행동은 인간성 상실이 작동중이라는 것을 나타낸다.

많은 경우 부모들은 수없이 도움과 이해를 구했지만, 약과 인내나 관용에 관한 충고——"시간이 지나면 괜찮아질 겁니다" "당신이 더 이상 참을 수 없을 때까지 그를 내버려두세요"——혹은 치유 불능이라는 결정적 진단, 부적응자의 반이나 특별 기숙사에——거기서 아이들은 부모와 마찬가지로 또래들에게 거부당한 대상으로 격리되어 역시 동료들에 비해 격리된 교사들에 의해 지도를 받는다——보내라는 조언 외의 다른 것을 얻지 못한다. 그러한 교사들의 교육 능력은 때로 예외적이고 소위 적응한 아이들에게는 바람직할 것이다. 비록 그가 학생들을 학교에 거의 적응시킨다 하더라도, 그는 정신분석적 정신요법의 작업에만 속하는 무질서를 지닌 아이들에게서 건강한 상징구조를 회복시킬 수 없다. 그런 작업의 실효성은 아이만큼이나 부모와도 관련된다. 그때 아이는 개인적 요청을 제외하고는 오이디푸스 해소기까지 적응한 아이만큼이나 자신을 부양하는 데 도움을 주었던 가족과 떨어지지 않을 것임을 확신해야만 한다.

확실히 우리 정신분석가들은 소아과 의사들에게 충분한 정보를 주지 않았다. 분명 우리는 아이들 문제의 **도구적인** 재교육이 위험하다고 충분히 말하지 않았다. 아이의 증상은 **폐제된 욕망**에서 기원한 **구조적** 무질서를 표현한다. 거기서 문제는 '교정하거나' 명백한 도구적 무능력을 회복하기보다는 분석하는 것이다. 이처럼 인간 주체의 가치를 인정받지 못한 아이, 자율적 리비도 욕망에서 벗어난 학교나 직장에서의 행동을 '훈련받은' 아이의 미래는 어둡다. 성인이 되면 시민이 될 것이다. 그들은 비록 그들의 일이 그들을 생존하게 한다고 해도 자신이 책임지지 않을 살덩어리 아이를 임신할 것이다. 어린 시절부터 자유롭고 인간적으로 자신의 욕망과 사회에 동화를 수용할 수 없었던 부모에게서 태어난 아이인 그들의 자손은 실패하게 될 것이다. 이른바 사회보장의 책임자들이나 공교육의 책임자들은 현재 '보조 지원'에 도취되어 부적응 아이들을 생각하는가? 매년 프랑스에서 75명의 부적응 아이들이 태어나고(신생아의 기형에 의한 생리적 기형아를 제외하고!) 욕망의 상징적 기능에 일찍 외상을 입게 될 아이들이 문제이다. 그 아이들의 부적응은 무의식적으로 애정 결핍 상태이고, 불안해하며, 외상을 가진 부모들의 상징적인 적응 방식일 것이다. 치료나 이른바 영양·어머니·소아과 관리에 관한 강요된 방법들은 아이들에게 성장하는 동안 어린아이의 감정 구조와 반대되는 시련을 추가한다. 아이는 본질적으로 우선은 상징적인 생명의 위험이 없다면 자신의 이름과 성과 분리할 수 없는 언어 활동의 존재이고, 다음으로 여덟 살까지는 아버지·어머니·형제의 존재이며, 혹은 그들이 없으면 자립하기 전에, 적어도 다섯 살까지, 원초적인 양육 환경의 존재이다. 만약 이 시기에 불가피하게 격리되게 되면 그는 다섯 살에서 사춘기까지 동일한 후견의 교육 환경에 머물러야만 할 것이다.

걸음마를 할 때까지 어머니가 하루 종일 아이에게 젖을 먹일 수 있고 보러 갈 수 있는 유아방이 어머니의 직장에 있어야만 한다. 아버지, 어머니, 형제자매가 자주 갈 수 있는 조그만 탁아소가 필요할 것이다. 피곤한 어머니가 아직 그녀를 필요로 하는 자녀들과 함께 호텔

같은 접대를 받을 수 있고, 아버지가 저녁이나 쉬는 날 그들을 보러 올 수 있는 산모의 집이 필요하다. 완벽하게 걸을 수 있을 때부터 유치원에 가는 연령까지 아이들에게 많은 탁아소가 필요할 것이다. 탁아소는 부모에게 개방되어 거기서 그들은 자녀들이 다른 아이들과 접촉하는 것을 발견하게 될 것이고, 유치원 교사들과 상의하고 그들의 본보기를 보고 자신들의 교육적 행동의 중요성을 깨닫게 될 것이다. 유치원 교사들 각자는 4-5명의 아이들을 맡아서 부모의 보조자로서의 교육적 역할을 인식하고, 절대로 학교 생활과 같지 않은 분위기 속에서 단지 놀이 계획과 아이들의 적응 계획만을 책임진다. 교사들은 일시적인 퇴행에 너그럽고, 세 살 이전에 정서적으로 고통받는 모든 아이들에게 필요한 회복을 주며, 동시에 아이에게 자기 신체의 유지와 완벽한 구어 활동, 리듬과 음악에서 신체적이고 손으로 다루는 능력과 관련된 모든 것에 대한 자립을 가르쳐 주는 사람이다. 이처럼 모든 아이들은 이미 자기 연령층에 동화되고 자기 가족에 적응되어서 유치원에 입학할 나이가 된다. 그 나이는 세 살에서 다섯 살까지로 아이들에 따라 달라진다. 아이가 다른 아이들과 교제하는 것이 필요하거나, 어머니가 일을 해야만 하거나, 실질적으로 다른 해결책이 없을 경우에는 더 빨라질 수 있다. 그러나 유치원에서 한 명의 교사가, 아무리 그녀가 완벽하다고 해도, 15명 이상의 아이들을——아이들이 이미 완벽하게 언어를 학습하여 아이들끼리나 교사와 의사소통을 할 수 있다는 조건에서——돌보게 되면 유익한 일을 할 수가 없게 된다.

알다시피 가정에 남아 있는 아이가 어릴 때부터 수동적이거나 능동적이고, 동년배의 아이들과 매일 어울리고, 일시적이거나 지속적인 부적응이라는 명목으로 다른 아이들의 사회에서 결코 격리되지 않는 것을 목표로 하는 정책이 문제가 된다. 그것은 아이에 따라 일곱-아홉 살까지의 나이에 해당되고, 어떠한 희생을 치르더라도, 다시 말해 어떤 신체적인 건강상의 사고가 있다 하더라도 이 연령까지에 해당된다. 그리고 아이가 결코 혼자 있거나 부모와 형제와의 잦은 만남에서 격리되지 않을 전오이디푸스 교육에 대한 정책과 관련된다.

어떤 사람들은 불가능하고 무능력한 가정 환경이 있다고 반대할 것이다. 반대로 어떤 사람들은 부모들에게 그들이 원하는 대로 아이를 키울 권리를 주기를 요구할 것이다. 거기에 나는 국가 권력이 감시와 의학적 예방, 백신을 강제한다고 대답할 것이다. 그리고 문명 국가는 위생 상태와 유아 사망률 감소를 자랑한다. 반대로 신경증과 정신병, 대부분의 정신적·정서적인 성장의 장애들인 상징적 사망률과 발병률에 관련될 때, 그리고 우리가 그런 질병들의 조발성 구조적 기원(인간 상호간의 진정한 의사소통의 부재, 아이 각자에게 인격을 부여하려는 요청에 대한 응답의 의미로서 '교육'의 부재)을 알고 있을 때, 우리가 예방할 수 있음에도 사후에 교정하고 사후에 계속 도와줄 것인가?

오늘날 유년기와 소년기에 관한 정책을 바라는 것은 이상일까? 그리고 아이를 부모로부터 결코 격리하지 않으면서——만약 전오이디푸스 구조가 아주 견고했고, 아이가 자신의 원천인 가족 곁에서 다른 가족들의 아이들과 즐겁게 어울리면서 컸다면 기꺼이 받아들일 수 있는 자신의 욕망이 나타나는 시기 전까지는——아버지·어머니·아이라는 삼각형 각각의 근본적인 독창성을 존중하는 정책을 희망하는 것은 이상일까? 사회 생활과 가정 생활 사이에는 대립이 없으며, 모든 아이들에게는 상보성이 있다. 문명 사회는 우리 사회가 그래야만 하듯이 다음과 같이 할 의무가 있지 않은가?

— 아동 인구 구성원을 보호하고 언어와 창조적 교류를 교육하기.

— 전청소년기의 인구 구성원이 집단에 실질적으로 유익한 유급의

자유로운 일을 통해 동화와 자의식을 가질 수 있게 하고, 자유로이 쓸 수 있는 시설을 통해 문화와 여가에서 자신의 창조성을 키우고, 이웃한 가족이나 개인과 단체 휴가의 집단에서 체류함으로써 가족 외부에서 자신의 재능을 발휘할 수 있게 하기. 거기서 그는 자신이 합류해야만 했던 어떤 시기에 일시적인 집단 속에서 하는 관찰과 자신의 역할과 상황의 다양성을 통해, 원천이 되는 자신의 가족이 자신에게 알려준 언어 및 행동 양식의 지나친 의존으로 인해 유년기에 항상 왜곡되었던 판단을 상기하게 된다.

— 어린이가 초등학교부터 자신의 개인 상호적 · 성적 · 정치적 책임에 대해 인식하게 하고, 자신의 욕망으로 인해 개인적으로 자신을 책임지게 되면서부터 유년기의 틀 바깥에서 자유로운 해방을 인식하게 하기. 성장한 아이와 청소년들에게는 수많은 가정이 필요하다. 그들은 거기서 접대와 가족으로부터의 해방——가정에서 그들은 길거리의 위험이나 고용주의 착취 또는 이른바 도착된 후원자의 위험으로부터 보호를 받으면서도 답답해한다——을 느낄 것이다. 동시에 그들은 융통성 있고 안정감을 주는 환경 속에서 학교 교육을 보완해 주는 것을 습득할 수 있을 것이다.

— 성인이 자신의 시민적이고 가족적인 활동의 본보기를 통해 자녀들에게 제공한 교육에서처럼 생식 능력에서 책임감의 의미를 알게 하기. 자신들의 장애를 이해하면서 서로를 도와줄 부모 집단을 구성해야만 한다.

— 실현 가능한 정부 주택 정책을 통해 노령 인구 구성원의 사회적 동화——대표자가 부족한 수많은 활동 영역에서 연륜을 통해 쇄신되고 인정받은 동화——를 유지하고 격려하기. 생명 연장과 함께 성인이 적응한 직업 활동 이후에 한참 늦게 오는 '은퇴'가 대부분 상징적

죽음과 남자 또는 여자의 거부로 인한 정신적 외상——마치 노인은 더 이상 인간이 아닌 것처럼——이라는 것은 있을 수 없는 일이다. 노인들의 건강은 자신이 유익하다고 느끼면 더 좋아질 것이다. 왜냐하면 나는 여기서 일하지 않는 노인들의 보조 지원에 대해서 말하지 않을 것인데, 많은 도시에서 이미 비공식적인 사업과 병행하여 신경을 쓰고 있다. 나는 예순에서 일흔 살까지의 고독할 수밖에 없는 건강한 남녀들에 대해 말하고 있다. 그들은 일자리가 없어 정신 신체장애 속에 빠져 있거나 대도시에서는 그들 자녀의 집에서 기생한다. 그들은 비좁은 주택에서 가족 문제를 복잡하게 만들면서 자식들에게 부담이 되는 것을 자각하고 기분이 상한다.

사회의 모든 구성원들 사이의 의사소통의 연결고리는 단지 언어 활동——상호 인간적이고 상호 가족적인 언어 활동——만이 명령하는 문화의 상징적 생명력과 언어 활동이 살아 있는 모든 구성원들 사이에 확립한 의사소통이 아닐까? 입법자와 대표자들의 주된 근심은 모든 수준에서 관료적인 정서적 익명이 아니라, 각자의 개별화——오직 이것만이 사회가 살아 있는 연대를 위해 자신에게 부여한 법칙들에 가치를 부여한다——의 존중이 되어야만 하지 않을까?

색 인

1차 거세 castration primaire 126,127,
171,182,183,278,279,280,293
CEM(표시연구센터)
  Centre d'Études sur la Marque 17
EEG(뇌파) électro-encéphalogram 22
OPHS(사회위생시설사무소)
  Office Privé d'Hygiène Sociale 57
구순기 stade oral 88,92,277
구순화 oralisation 277
구심적 페니스 pénis centripète 176
구조 상실 déstructuration 173,224,261,
264,273
나르시시즘 narcissisme 10,104,133,150,
172,180,201,213,214,215,220,240,241,244,
248,249,263,267,268,274,281,283,286,288,
292,296
남근 phallus 63,76,78,82,83,84,85,92,93,94,
96,116,126,151,157,169,170,183,222,225,
230,265,278
남근 숭배 phallisme 170,173,230
노출증 exhibitionnisme 280
대표자, 표본 représentant 15,224,231,
241,246,261,263,264,265,270,275,278,279,
286,289,296,305,307
동일시 identification 46,62,81,83,86,92,95,
96,101,139,150,165,166,167,170,224,227,
230,249,251,265,279,280,282,287,290
면담 entretien 15,38,45,49,50,56,61,101,
108,111,116,165,190,202,210,244
모형 modelage 10,11,15,16,20,38,39,51,61,
64,67,68,74,78,80,81,82,85,89,101,116,119,
120,127,132,143,151,153,164,181,192,194,
197,198,200,201,207,209,210,243,255,257,
261,262,269
무언증 mutisme 22,25,30,226,240
물신 fétiche 171,176,225,229

물신 숭배 fétichisme 85,96,127,174,180
보조 자아 moi auxiliaire 286,290
삶 욕동 pulsion de vie 220,268
상담 séance 9,10,11,12,15,45,50,51,61,68,
69,71,81,84,87,93,97,99,104,105,108,119,126,
127,129,135,137,143,145,149,155,157,165,
167,168,182,183,184,185,186,187,188,190,
197,199,200,201,203,240,243,246,255,258,
260,261,262,269
성기기 stade génital 93
식인 환상 cannibalisme 149,200,230,277
신경증 névrose 179,202,213,214,219,257,
258,259,285,291,293,294,296,297,298,299,
300,301,305
신체 도식 schéma corporel 172,235,249,
250,252,269
실제 행동 불능증 apragmatisme 88
양성 환상 ambisexualité 126
에로스화 érotisation 241,255,295
역(閾) liminaire 241
역동성 dynamisme 12,56,78,97,169,173,
201,213,219,231,244,261,267,268,279,292
역전이 contre-transfert 9,10,11,97
오이디푸스 거세 castration oedipienne
104,283,284,285,289
외상 trauma 84,105,169,172,200,202,213,
215,219,253,263,266,267,268,281,294,303,
307
요도기 stade urétral 239,277
원심적 페니스 pénis centrifuge 175,183
원초적 장면 scène primitive 88,148,157,
220,224,245,288
유사자 semblable 176
이상적 자아 moi idéal 104,127,165,172,
214,222,225,230,264,269,273,275,276,278,
279,283,286,288,290,291,292,294,295,296

인간화 humanisation 12,171,220,232,281,
  296
자각적 환각증 hallucinose 67,230
자아 moi 172,175,184,225,273,274,279,286,
  288,289,290,292,293,294
자아 이상 idéal du moi 78,171,183,184,
  199,214,229,230,269,273,286,289,290,292,
  293
자율성, 자립 autonomie 175,185,215,244,
  255,258,277,279,300,303,304
자지 pipi 137,279
전성기기의 prégenital 168
전오이디푸스 pré-oedipien 172,214,288,
  294,305
전이 transfert 9,10,11,56,63,68,78,83,184,
  185,186,214,240,241,253,256,259,260,261,
  262,265,266,267,268,269
전이상적자아 pré-Moi-idéal 172
전자아 prémoi 276,278,294
정동 affect 93,100,248,252
정신병 psychose 22,179,202,213,214,219,
  227,257,258,260,265,268,293,294,295,296,
  298,299,305
정신분열증 schizophrénie 15,96
정신요법 psychothérapie 22,185,187,202,
  203,213,219,298,302
조발성 précocissime 214,244,301,305

주체, 환자 sujet 10,11,12,69,81,84,85,86,
  91,152,180,182,184,185,186,195,198,213,
  214,215,238,240,241,243,244,245,246,247,
  248,249,250,251,252,253,256,261,262,263,
  265,266,267,268,269,273,274,275,279,282,
  288,289,292,293,294,296,297,298,303
죽음 욕동 pulsion de mort 220,267,268,
  284
체형 habitus 88,235,236,237,238,239,240,
  260,270
초자아 sur-moi 200,214,268,273,286,287,
  288,289,292,293,295
탈나르시시즘화 dénarcissisation 176
탈오이디푸스화된 déoedipisé 168
폐제 forclusion 68,83,85,117,166,171,179,
  181,182,183,220,225,229,262,263,268,302
포포 popo 106,182,224
프시케 Psyché 273,275,287
피로스 Pyrrhus 168
항문기 stade anal 277,298
항문화 analisation 277
행동화 acting out 296,298
현재화 présentification 165,169,182,241
환각 hallucination 67,200,230,258
훼손 mutilation 118,173,176,248,260,278,
  279,284
흡혈광 vampirisme 277

김승철
부산대 불어불문학과 대학원 졸업
불문학박사
마르셀 프루스트 전공
논문: 〈마르셀 프루스트의 소설언어창조〉〈프루스트의 인상주의적 글쓰기〉
저서: 《잃어버린 시간을 찾아서》
역서: 《동물성》《진리의 길》《증오의 모호한 대상》
《마지막 말 마지막 미소》

문예신서
321

도미니크 이야기

초판발행 : 2006년 4월 25일

東文選

제10-64호, 78. 12. 16 등록
110-300 서울 종로구 관훈동 74번지
전화 : 737-2795

편집설계 : 李姃兒

ISBN 89-8038-574-9 94180
ISBN 89-8038-000-3(세트/문예신서)

東文選 文藝新書 2001

우리 아이들에게
어떤 지표를 주어야 할까?

장 뤽 오베르 / 이창실 옮김

가족이 해체되고, 종교와 신앙·가치들이 의문에 부쳐지고, 권위와 교육적 기준들이 흔들리고 있다. 오늘날 전통적 지표들이 동요하고 있는 것이다. 그런데 아이가 밝고 건강하게 자라기 위해서는 반드시 지표들이 주어져야 한다. 그렇지 못할 경우에 극단적인 태도로 기울어질 위험이 있기 때문이다.

교육심리학자이자 여러 저서의 저자이기도 한 장 뤽 오베르는, 아이들과 부모들에 대한 일상의 관찰에 힘입어 다음의 질문들에 대답하고 있다.

- 갓난아이, 어린아이, 청소년에게는 어떤 지표들이 반드시 필요한가?
- 아이를 과잉보호하지 않고 어떻게 안심시킬 수 있을까?
- 왜 다른 교육이 필요한가?
- 청소년기의 위기 앞에서 어떻게 반응해야 할까?
- 건전한 지표들과 불건전한 지표들을 어떻게 구별할 수 있을까?
- 무엇이 아이에게 강한 정체성을 부여하는 것일까?
- 쾌락과 관련된 지표들이 어떤 점에서 중요한가?
- 아이들은 신앙을 필요로 하는가?

본서는 부모들의 필독서로서, 그들에게 반성의 실마리 및 조언을 주어 자녀들이 절대적으로 필요로 하는 지표들을 제공할 수 있도록 한다. 그리하여 아동이 속박이나 염려스러운 불분명함 속에 방치되는 일 없이 교육을 통해 적절한 균형을 찾을 수 있도록 도와 준다. 또한 현재와 미래의 행복한 삶을 위한 성공의 조건들을 하나하나 제시해 나간다.

東文選 文藝新書 2005

부모들이여, '안 돼' 라고 말하라!

파트릭 들라로슈 / 김주경 옮김

"금지하는 것은 금지되었다." 이 역설은 부모의 권위가 실추되어 가고 있는 사회를 폭로한다. 그 사회에서 어머니들은 너무 권위적이 되는 것을 두려워하는 반면, 아버지들은 아버지 이미지가 점차 약해져 가는 것을 두려워한다. 그런데 체험된 경험과 임상실험에 의한 관찰은 아이가 어른으로 성숙해 가기 위해서는 반드시 한계선을 필요로 한다는 것을 증명해 준다. 자녀에게 감히 '안 돼' 라고 말하지 못하는 부모들의 태도는 교육을 돕기보다는 교육의 기준을 무너뜨리고 있다.

- 어디에서 금지가 필요한가?
- 무엇을 거부해야 할까?
- 벌을 꼭 주어야만 할까?
  벌을 줘야 한다면 어떻게 주어야 할까?
- 위반에 대해서 어떻게 반응해야 할까?
- 성에 관한 문제에서는 어떤 태도를 취해야 할까?

정신분석가이자 소아정신과 의사이며, 《문제 있는 청소년기》의 저자인 파트릭 들라로슈 박사는 감히 한번도 안 된다고 말해 보지 못한 많은 아버지와 어머니들이 제기하는 이런 문제들에 답하고 있다. 그는 자녀에게 해서는 안 되는 것을 금지할 때 부모 각자가 해야 할 역할과 기능을 설명하고 금지의 필요성을 정의하면서, 확고하면서도 결코 지나치게 엄격하지 않은 교육을 옹호한다. 그것이야말로 아이가 훗날 의무와 구속의 사회 속에 제대로 자리잡을 수 있도록 도와 주는 유일한 방법이 아니겠는가? 이 요청은 심리학적 개념들이 너무나 자주 잘못 이해되고 있는 탓에 희생자가 되어 버린 많은 부모들을 죄책감에서 해방시켜 줄 것이다.

東文選 文藝新書 2006

엄마 아빠, 전 못하겠어요!

엠마누엘 리공 / 이창실 옮김

"아이가 자신감이 없어요. 금세 좌절해 버려요. 자기 능력을 의심해요……"라는 말을 부모로부터 자주 듣게 되는데, 이런 지적을 무심코 넘겨서는 안 된다. 아주 어린 시절에 이미 행복하고 균형 잡힌 삶의 바탕이 되는 자긍심이 형성되기 때문이다. 그런데 자아에 대한 내면의 가치 의식이 때로는 나이에 상관없이 아이들에게 결여될 수 있다.

임상심리학자이자 심리치료사인 엠마누엘 리공은 이 책에서 아이가 확고한 자아를 확립하고 안정감을 가질 수 있도록 도우면서, 부모들이 제기하는 다음의 질문들에 답변한다.

- 자긍심은 어떻게 형성되는가?
- 외부의 영향력은 얼마나 큰 비중을 차지하는가?
- 교육의 원칙들로 말미암아 아이가 스스로를 평가절하할 수도 있을까?
- 아이는 어떤 행동들을 통해 자신감의 결여를 드러내는가?
- 어떻게 '적절한 정도'의 칭찬을 해줄 수 있는가?
- 어린아이도 자신을 의심할 수 있을까?
- 자신을 사랑하지 않는 청소년에게 어떤 도움을 줄 수 있을까?

아이가 자신을 사랑하고 존중하도록 돕기. 삶의 각 단계를 넘어설 수 있도록 아이에게 근본적인 신뢰감을 부여하기. 본서는 우리에게 이런 가르침을 주며, 지금까지 너무 자주 소홀히 여겨져 온 주제에 대해 새로운 시야를 열어 보인다.

東文選 文藝新書 277

자유와 결정론

오스카 브르니피에 [외]

최은영 옮김

　지금의 내 모습을 결정한 사람은 과연 누구일까. 나 자신일까, 아니면 다른 사람일까.
　나는 성장하면서 교육을 받았고, 문화를 경험하고 있다.
　그렇다면 교육을 내가 선택했을까.
　엄밀히 말하자면 나는 교육을 선택함에 자유롭지 못했다.
　나는 부모와 교사의 도움으로 교육을 받아 왔다. 문화의 현장에서
……
　나는 부모를 선택했는가, 아니다. 나는 부모의 자녀로 선택받았다.
　지금의 내가 있기까지의 역사를 되돌아보면, 나는 지금의 내 모습을 전적으로 선택한 것 같지 않다.
　주변에서 존재하라는 대로 존재하고 있다…….
　그렇다면 지금의 내 모습을 결정지은 사람은 과연 나 자신일까……
　이러한 내가 지금 과연 자유로운 사람일까……

　자유란 자신이 원하는 것과 원하지 않는 것을 동시에 알고 있으면서 자신이 원하는 것을 선택하는 것이다.
　아는 것이 없는 상태에서 선택을 할 수 있을까.
　무지한 사람은 자신이 알고 있는 것만을 선택하거나 되는 대로 선택을 한다.
　진정한 선택이라 할 수 있을까. 진정한 자유라 할 수 있을까……

　철학적으로 사고한다는 것은 무엇보다도 질문할 줄 알고, 이성적 사유를 구축할 줄 알며, 혼자서 생각할 줄 안다는 것이다.
　이 책은 대화의 진행을 바라보면서 스스로 생각하는 법과 철학하는 방법의 기초를 닦을 수 있도록 도와 주고 있다.

東文選 現代新書 113

쥐 비 알

알렉상드르 자르댕

김남주 옮김

아버지의 유산, 우리들 가슴속엔 어떤 아버지가 자리하고 있는가?

정신적 지주였던 아버지에 관한 자전적 이야기인 이 작품은, 소설보다 더 소설적인 부자(父子)의 삶을 감동적으로 담아내고 있다. 자녀들에게 쥐비알이라는 애칭으로 불렸던 그의 아버지 파스칼 자르댕은 여러 편의 소설과 1백여 편의 시나리오를 남겼다. 그 또한 자신의 아버지, 그러니까 저자의 할아버지에 대한 소설 《노란 곱추》를 발표하였으며, 이 작품 또한 수년 전 한국에 소개된 바 있다. 하지만 자유 그 자체였던 그의 존재 이유는 무엇보다도 여자를 사랑하는 일에 있었다. 그의 진정한 일은 여인을 사랑하는 것이었다, 특히 자신의 아내를.

그는 열여섯의 나이에 아버지의 여자친구인 거대한 재산 상속녀의 침대로 기운차게 뛰어들어 그녀의 정부가 되었으며, 자신들의 관계를 기념하기 위해 베르사유궁의 프티 트리아농과 똑같은 저택을 짓게 하고 파티를 열어 그의 아버지를 초대하는가 하면, 창녀를 친구로 사귀어 몇 달 동안 하루도 거르지 않고 서너 차례씩 꽃다발을 보내어 관리인으로 하여금 그녀가 혹시 공주가 아닐까 하는 착각에 빠지게끔 만들기도 하였다. 그런가 하면 자신의 어머니의 절친한 연인의 해골과 뼈를 집 안에 들여다 놓고, 그것이 저 유명한 나폴레옹 외무상이었던 탈레랑의 뼈라고 능청스레 둘러대다가 탄로나서 집 안을 발칵 뒤집히게 하는 등, 기상천외한 기행과 사랑의 모험을 한순간도 멈추지 않았다. 심지어 죽어서까지 그의 영원한 연인이자 아내였던 저자의 어머니에게 끊임없이 무덤으로부터 열렬한 사랑의 편지가 배달되게 하는가 하면, 17년이 지난 오늘날까지 그의 아내를 포함하여 그를 사랑했던 30여 명의 여인들을 해마다 그가 죽은 날을 기해 성당에 모여 눈물을 흘리게 하여, 그가 죽음으로써 안도의 숨을 내쉬었던 그녀들의 남자들을 참담하게 만들기도 하였다. 스위스의 그의 무덤에는 하루도 빠짐없이 지금까지도 제비꽃 다발이 놓이고 있다.

東文選 現代新書 109

도덕에 관한 에세이

크리스티앙 로슈 外

고수현 옮김

전쟁, 학살, 시체더미들, 멈출 줄 모르는 인간 사냥, 이보다 더 끔찍한 것은 살인자들이 살인을 자행하면서 느끼는 불온한 쾌감, 희생자가 겪는 고통 앞에서 느끼는 황홀감이다. 인간은 처벌의 공포만 사라지면 악행에서 쾌락을 얻는다.

공민 교육이라는 구실하에 학교에서 도덕을 가르치는 것에 대해 찬성해야 할까, 반대해야 할까?

도덕은 가르칠 수 있는 것일까? 도덕은 무엇을 근거로 세워진 것인가? 도덕의 가치를 어떻게 정의내릴 수 있을까?

세계화라는 강요된 대세에 눌린 우리 시대, 냉혹한 자유 경제 논리에 가정이 짓밟히는 듯한 느낌이 점점 고조되는 이때에 다시금 도덕적 데카당스를 비난하는 목소리가 높아지고 있다. 물론 여기에는 파시스트적인 질서를 바라는 의심스러운 분노도 뒤섞여 있다. 또한 다른 사람들에 대한 온화한 존경심에서 우러나온 예의 범절이라는 규범적인 이상을 꿈꾸면서 금기와 도덕 규범으로 되돌아갈 것을 요구하는 사람도 있고, 교훈적인 도덕의 이름을 내세우며 강경한 억압책에 호소하는 사람들도 있다.

하지만 어떻게 억지로, 혹은 도덕 강의로 도덕적 위기에 의해 붕괴되어 가는 가정 속에서 잘못된 삶을 사는 청소년들을 '일으켜 세울' 수 있다고 생각할 수 있는가? 도덕이라는 현대적 변명은 그 되풀이되는 시도 및 협정과 더불어, 단순히 담론적인 덕을 통해 사회 문제를 해결하지 못하는 모종의 무능력함을 몰아내고자 하는 것은 아닐까?

나비가 되어 날아간 한 남자의 치열하고도 아름다운 생의 마지막 노래. 세상에서 가장 아름답고도 애절한 이야기가 비틀스의 노래와 함께 펼쳐진다.

잠수복과 나비

장 도미니크 보비 / 양영란 옮김

장 도미니크 보비. 프랑스 《엘르》지 편집장. 저명한 저널리스트이며 두 아이를 둔 자상한 아버지. 멋진 말을 골라 쓰는 유머러스한 남자. 앞서가는 정신의 소유자로서 누구보다도 자유를 구가하던 그는 1995년 12월 8일 금요일 오후 갑작스런 뇌졸중으로 쓰러졌다. 3주 후 의식을 회복했으나, 그가 움직일 수 있는 것은 오직 왼쪽 눈꺼풀뿐. 그로부터 그의 또 다른 인생, 비록 15개월 남짓에 불과한 '새로운' 인생이 시작되었다.

유일한 의사 소통 수단인 왼쪽 눈꺼풀을 20만 번 이상 깜박거려 15개월 만에 완성한 책 《잠수복과 나비》. 마지막 생명력을 쏟아부어 쓴 이 책은, 길지 않은 그의 삶에서 일어났던 일화들을 진솔하게 묘사하고 있다.

그러나 그의 이야기는 유머와 풍자로 가득 차 있다. 슬프지만 측은하지 않으며, 억지로 눈물과 동정을 유도할 만큼 감상적이지도 않다. 오히려 멋진 문장들로 읽는 이를 즐겁게 해준다. 그리하여 살아남은 자들에게 희망과 용기를 주며, 삶의 그 모든 것들이 얼마나 소중한가를 새삼 일깨워 준다. 아무튼 독자들은 이제껏 경험해 보지 못한 진한 감동과 형언할 수 없는 경건함을 맛보게 될 것이다.

《잠수복과 나비》는 출간되자마자 프랑스 출판사상 그 유례가 없는 엄청난 베스트셀러가 되었으며, 보비는 자기만의 필법으로 쓴 자신의 책을 그의 소중한 한쪽 눈으로 확인한 사흘 후 옥죄던 잠수복을 벗어 던지고 나비가 되어 날아갔다. 자유로운 그만의 세계로……

국영 프랑스 TV는 그의 치열하고도 아름다운 마지막 삶을 다큐멘터리로 2회에 걸쳐 방영하였으며, 프랑스 전국민들은 이 젊은 지식인의 죽음 앞에 최대한의 존경과 애도를 보냈다.

東文選 現代新書 180

사물들과 철학하기

로제-폴 드루아

박선주 옮김

　말 없고 의식도 없으며 무기력하고 감각도 없는 사물들에 대해 생각하는 일이 무슨 소용이 있을까? 우리가 사물들을 대하는 태도는 우리 자신에 대해 말해 주기 때문에 주변의 사물들을 사유하는 일이 결코 무의미하지는 않을 것이라고 저자는 생각한다. 사물들의 세계로의 여행은 끝이 없다. 이제는 우리가 생활 속에서 한번쯤은 이 여행을 떠나 볼 일이다.

　로제-폴 드루아는 프랑스의 철학자로서, 현대인들에게 철학을 쉽게 소개하는 글을 쓰는 것으로 유명하다. 제목에서 알 수 있듯이 그의 사유 방식은 독특하다. 일상적인 인사말을 그냥 지나치지 않고 거기에서 생각할 거리를 찾아낸다. 착상이 매우 기발하고, 우리가 매일 사용하는 주변의 일상적 사물들에서부터 사유를 시작한다는 점에서 친근하며, 어렵지 않으면서도 그 내용이 결코 가볍지 않다.

　"당신들은 클립 하나가 윤리의 한 면을 담고 있다는 사실을 이미 알아차렸나요? 열쇠 꾸러미 또는 가로등이 사랑에 대해 논할 수 있다는 사실은? 세탁기가 영혼의 윤회를, 쇼핑 카트가 감각들의 혼란에 대해 알려 준다는 사실을 알고 있었나요? 쓰레기통의 형이상학과 우산의 지혜, 진공청소기의 회전을 어렴풋이나마 느껴 본 적이 있나요? 당신들 주변을 살펴보세요. 생활 속에 인간들만 존재하는 것은 아니에요! 일상적인 사물들과 철학적인 경험을 해보세요. 그것들로 인해 놀라고, 당황하며, 안심할 수 있다는 사실을 발견해 보세요. 세세한 주의력과 탁월한 유머, 아주 약간의 터무니없는 말들이, 사물들을 다른 식으로 볼 수 있는 어떤 길을 보여 줄 것입니다."

로제-폴 드루아

東文選 現代新書 174

교육은 자기 교육이다

한스 게오르크 가다머
손승남 옮김

30쪽 분량도 채 안 되는, 책이랄 것도 없는 이 작은 문건이 파문을 던진 것은 너무나 평범하면서도 핵심을 찌르는 통찰을 담고 있기 때문이다. 가다머는 "교육은 언제 시작되는가"라는 물음을 던지면서 이야기를 시작한다. "말을 배우기 이전에 이미 아기는 뭔가를 잡을 수 있다는 것에 대해 만족스러워하며 그때 최초의 행복감을 느끼고 있음을 알 수 있습니다. 여기서 아기는 집에 있는 것과 같은 편안함을 느낍니다. 그러나 아기들은 자기가 극복하기 힘든 낯선 환경에 처하면 심하게 울게 됩니다."

'집에 있는 것과 같은 편안함과 낯선 환경의 도전'은 인간이 성장하는 매 단계에서도 반복된다는 것이 가다머의 주장이다. 그런 점에서 부모가 모두 직장에 나가서 아이들이 TV 앞에 방치되는 상황의 문제점을 지적한다. "대중매체가 인간 형성에 줄 수 있는 위험성을 우리는 결코 과소평가해서는 안 됩니다. 올바른 인간성을 길러주는 데 있어 자신의 고유한 판단력을 계발하고 실행하도록 가르치는 일만큼 중요한 것도 없습니다."

외국어 학습도 예외는 아니다. "교재를 읽거나 쓰는 식의 외국어 습득은 정상적인 방법이 아닙니다. 정상적인 방법은 대화를 통해서입니다. 그래야 낯선 감을 느끼고 대화를 통해 극복함으로써 다시 '집에 있는 것과 같은 편안함'을 되찾게 되는 것입니다."

이런 맥락에서 가다머는 교육은 교사가 학생들에게 어떤 결과물을 넣어주는 것이 아니라 "새로운 세대로 하여금 자기 활동을 통해 자신의 결함을 극복할 수 있도록 능력을 길러주는 일"이라고 정의한다.

東文選 文藝新書 292

교육론

장 피아제
이병애 옮김

　피아제의 관심은 지성이 어떻게 우리에게 생기는가이다. 그는 아이들에게 어떻게 인지 능력이 생겨나고, 지성이 발달하는지를 이해하고자 하였다. 그리하여 지성의 발달에는 단계가 있고, 가르침에 의해서보다 주체의 활동에 의해서 앎이 이루어진다는 것을 알았다. 따라서 학교에서 교사의 주입식 교육보다 학생의 능동적 참여를 강조하게 된다. 사실 피아제는 교육학자라기보다는 심리학자 · 인식론자 · 생물학자로서 많은 연구 업적을 쌓았다. 그러나 이러한 과학적인 발달 이론을 적용하여 효과적인 교육을 할 수 있다고 보았으므로 교육에 지속적인 관심을 갖고 있었다.

　아동 교육에서 선생의 역할은 무엇이며, 그 중요성은 어떠한가? 아동의 정신 안에 세계를 이해하게 할 도구나 방법을 형성해 주어야 하는가? 아동의 질문에 대답해 주어야 할까, 아니면 반대로 권위적인 방식으로 지식을 물어보아야 할까? 아동이 자기 것으로 만들 수 있도록 하려면 어떻게 활동을 제시해야 할까?
　교육 방법론, 교사의 역할, 아동의 자율성, 장 피아제는 일생 동안 이러한 주제들을 끊임없이 문제삼았다. 이 책이 말하고 있는 것은 그러한 것들이다. 이 책은 지금까지 일반인들에게 폭넓게 알려지지 않았던 텍스트들을 그 연속성 안에서 이해할 수 있게 해줄 것이다.

　아동 인지 발달 이론의 전문가인 장 피아제(1896-1980)는 20세기의 가장 위대한 심리학자라고 모든 사람이 생각하고 있다.